ÉTUDE HISTORIQUE
SUR LES JURIDICTIONS CONSULAIRES

LE TRIBUNAL
DE COMMERCE
DE SAINT-ÉTIENNE

ET SON AÏEULE,

La Conservation de Lyon.

AVEC UN TABLEAU
CHRONOLOGIQUE ET SYNOPTIQUE
DES MOUVEMENTS DU TRIBUNAL DE COMMERCE DE SAINT-ÉTIENNE
CONTENANT TOUS LES NOMS DES PRÉSIDENTS, JUGES ET SUPPLÉANTS
DEPUIS LA CRÉATION DU TRIBUNAL EN 1791

PAR

Antonin PORTALLIER

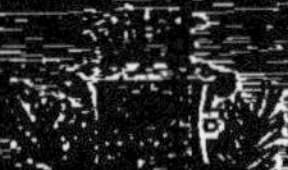

OUVRAGE ILLUSTRÉ

ÉTUDE HISTORIQUE

SAINT-ÉTIENNE

Le Tribunal de Commerce

DE SAINT-ÉTIENNE

ET SON AÏEULE,

La Conservation de Lyon.

LE TRIBUNAL
DE COMMERCE
DE SAINT-ÉTIENNE

ET SON AIEULE,

La Conservation de Lyon.

AVEC UN TABLEAU
CHRONOLOGIQUE ET SYNOPTIQUE
DES MOUVEMENTS DU TRIBUNAL DE COMMERCE DE SAINT-ÉTIENNE,
CONTENANT TOUS LES NOMS DES PRÉSIDENTS, JUGES ET SUPPLÉANTS
DEPUIS LA CRÉATION DU TRIBUNAL EN 1792 ;

PAR

Antonin PORTALLIER

OUVRAGE ILLUSTRÉ
de plus de 100 reproductions dont 28 grands portraits photocollographiques
et honoré des souscriptions du Tribunal de Commerce de Saint-Etienne
et de ses membres, anciens ou en fonctions.

SAINT-ÉTIENNE
SOCIÉTÉ DE L'IMPRIMERIE THÉOLIER. — J. THOMAS ET Cie
12, Rue Gérentet, 12

JANVIER 1909

À Monsieur

Étienne Giron,

Président
du Tribunal de Commerce de Saint-Étienne,

ET

À Monsieur

Jacques Barrailler,

Ancien Président
du même Tribunal, de 1902 à 1906,

Hommage, Reconnaissance
et
Souvenir affectueux d'une vieille amitié
qui vivra aussi longtemps
que ce livre.

COMPOSITION

DU

TRIBUNAL DE COMMERCE DE SAINT-ÉTIENNE

en 1908

Chambre du Mardi :

M. Etienne GIRON, Président du Tribunal ;
M. Mathieu CHATAIGNIER, juge titulaire ;
M. Barthélemy ROUSSET, juge titulaire ;
M. Antoine GOTARD, juge suppléant ;
M. Joannès MONTMARTIN, juge suppléant.

Chambre du Mercrédi :

M. Paul DUMOND, 1er juge, Président ;
M. Antoine DREVARD ✻, juge titulaire ;
M. Joseph COROMPT, juge titulaire ;
M. Paul FERRIER, juge suppléant ;
M. Auguste VALANCOGNE, juge suppléant.

Chambre du Jeudi :

M. Pierre MONMILLION, 2e juge, Président ;
M. Mathieu BRENIER, juge titulaire ;
M. Jean-Léon CHORLIER, juge titulaire ;
M. Fleury MINAIRE, juge suppléant ;
M. Adrien VICAT, juge suppléant.

Nous devons ajouter à ces noms ceux des membres du Tribunal qui ont terminé leur mandat en décembre 1907 et qui ont, avec leurs collègues, encouragé la publication de cet ouvrage ; ce sont :

M. Jean-Baptiste DEVILLE ✻, ancien 1er juge et Président d'une Chambre ;
M. Joannès TERRAT, ancien 2e juge et Président d'une Chambre ;
M. Jean-Baptiste PREYNAT, ancien juge titulaire.

SAINT-ÉTIENNE — Façade du Palais de Justice

ÉTUDE HISTORIQUE SUR LES JURIDICTIONS CONSULAIRES

1908

Photot. Bellotti

AVERTISSEMENT

ADRESSÉ AUX SOUSCRIPTEURS DONT LES NOMS FIGURENT

A LA FIN DE CE LIVRE.

TOUT *commerçant* « **recommandable par la probité, l'esprit d'ordre et d'économie** » *peut être appelé aujourd'hui à siéger au Tribunal de Commerce de sa ville. Quel que soit le degré d'instruction qu'il ait reçu, il trouve dans le Code et dans l'expérience de ses collègues plus anciens, tout ce dont il a besoin pour se prononcer sur les différends qu'il est appelé à résoudre. Mais s'il désire connaître l'origine des Juridictions Consulaires, leur fonctionnement avant et après la Révolution, leur institution dans les principales villes, et en particulier la création du Tribunal de Commerce de Saint-Etienne, le nom de ses devanciers, les faits principaux et particuliers du Tribunal de Commerce dans lequel il va siéger, il ne trouve aucun ouvrage pour le renseigner ; et, s'il voulait avoir ces renseignements, il serait obligé d'employer un temps considérable à faire des recherches très longues et très difficiles.*

L'auteur a fait ces recherches. Il les a résumées sous la forme d'une simple causerie, où les documents authentiques parlent plus souvent que lui. L'ouvrage qu'il a mis en souscription sur les conseils de personnes compétentes et avec l'assentiment de MM. les Membres du Tribunal de Commerce de Saint-Etienne répond à ce désir et à ce but.

Antonin PORTALLIER.

Saint-Just-sur-Loire, le 19 mars 1908.

Nous adressons nos sincères remerciements à MM. les souscripteurs qui ont bien voulu, par leur adhésion, encourager la publication de cet ouvrage, et au Tribunal de Commerce qui, sur la proposition de son Président, M. Etienne Giron, a pris une délibération en date du 2 décembre 1907, par laquelle le Tribunal consentait à participer généreusement aux premiers frais de publicité et à souscrire de nombreux exemplaires pour ses membres en fonctions et pour ses membres futurs.

INTRODUCTION

Ancienneté et excellence de l'institution des Tribunaux de Commerce ; — La Conservation de Lyon est le premier Tribunal de Commerce établi en France ; — Edit de 1563 ; — Jalousie des hommes de loi envers les Juges-Consuls ; — Election et organisation des Tribunaux de Commerce depuis leur création ; — Variation du mode d'élection des Juges de Commerce ; — Les femmes commerçantes inscrites sur la liste électorale ; — Fonctions laborieuses des Juges Consulaires ; — Juridiction arbitrale ; — Juridiction gracieuse du Président du Tribunal de Commerce ; — Esprit de justice et de dévouement des Magistrats Consulaires ; — But de cette étude.

L'ORGANISATION des tribunaux de commerce est une des plus admirables institutions que nous ait léguées l'Ancien Régime, régime quatorze fois séculaire, si inconsciemment critiqué de nos jours (1) et auquel nous

(1) Nous pensons qu'il n'y a, pour les nations pas plus que pour les individus, ni profit, ni dignité, à renier leurs ancêtres et qu'entre les générations successives d'un même peuple, il existe une nécessaire et féconde solidarité de gloire, de travail, de tempérament même et d'esprit patriotique. Si, par une métempsycose à rebours, nous nous trouvions soudain transportés deux ou trois siècles en arrière, et que nos ancêtres prennent notre place, ils trouveraient sans doute les conditions de notre existence aussi intolérables que nous paraîtraient les leurs. Chacun de nous peut s'en rendre compte en lisant les œuvres des auteurs qui ont étudié, sans parti pris, les détails de l'ancien Régime et ceux de la Révolution, Tissot, Taine, etc.

empruntons souvent le meilleur de nos conceptions. Il est vrai que l'institution de la Juridiction Consulaire, en prenant naissance sous la Monarchie, fut moins le fait du gouvernement que celui des simples commerçants qui reconnurent la nécessité d'organiser un pouvoir judiciaire particulier, intervenant dans leurs discussions pour assurer l'accomplissement des contrats commerciaux ; mais il faut louer la Monarchie d'avoir consacré par ses ordonnances une juridiction, que des citoyens s'étaient donnée avec une entière liberté, et de lui avoir conservé une indépendance relative. D'ailleurs, cette juridiction spéciale est si bien adaptée au caractère français qu'elle a conservé, avec moins d'altération que tout autre, son caractère originel à travers les vicissitudes des révolutions.

Lisez l'édit de novembre 1563, rédigé par l'illustre chancelier de L'Hospital et rendu par Charles IX, vous y trouverez, sans changements appréciables, les principales dispositions que nos lois contemporaines ont consacrées, c'est-à-dire que la Juridiction Consulaire est restée, de nos jours comme dans le principe, *élective, temporaire* et *gratuite*. Sans doute, le chancelier de L'Hospital n'a pas créé d'un seul trait de plume un si beau monument de sagesse et de justice ; il s'est inspiré des ordonnances précédentes qui, elles-mêmes, n'avaient fait que consacrer les organisations établies dans plusieurs villes, au milieu desquelles Lyon dominait par son antique et fier tribunal de la Conservation.

La plupart des auteurs qui ont écrit sur les tribunaux de commerce ont négligé de parler du tribunal de la *Conservation de Lyon*. Ce tribunal est cependant le premier en date. Créé par une ordonnance de Louis XI, en mars 1462, il a une antériorité de 87 ans sur celui de Toulouse (1549), de 94 ans sur celui de Rouen (1556) et de 101 ans sur celui de Paris (1563). C'est ce dernier tribunal que Charles IX créait par l'ordonnance datée de Moulins en novembre 1563. Cette ordonnance, rédigée par L'Hospital, est le premier document dont toutes les améliorations successives ne sont que les déductions.

L'édit de 1563 est un chef-d'œuvre de pensée et de rédaction, et les tribunaux de commerce sont encore aujourd'hui ce que L'Hospital les a faits. Il n'est peut-être pas une seule institution qui, comme celle-là, ait traversé intacte toutes les révolutions. En effet, on trouve dans ce premier édit l'ordre donné aux prévôt et échevins de convoquer une assemblée de notables bourgeois pour l'élection des marchands aux fonctions de Juges Consulaires. Ce tribunal devait se renouveler annuellement pour que les fonctions ne pussent être perpétuées dans les mêmes mains. Quant à la compétence et à la manière de procéder, les articles du Code de Commerce n'ont fait encore que reproduire les dispositions de l'ancienne ordonnance. Les Juges-Consuls sont élus pour vider à bref délai gratuitement et sans avoués, suivant les principes, les différends entre commerçants.

Quoique si bien appropriée aux besoins qu'elle était appelée à satisfaire, et de nature en même temps à mettre à profit certaines aptitudes propres au caractère français, ce n'est pas toutefois sans avoir souvent excité la jalousie des gens de loi par profession que l'institution a pu arriver jusqu'à nous. Il aurait fallu une grande dose de philosophie de la part de ceux qui ont fait leur carrière des fonctions judiciaires, qui ne sont arrivés aux postes qu'ils occupent qu'après des études sérieuses et de longs noviciats, pour qu'ils voient de sang-froid de simples marchands, improvisés juges par l'élection, se permettant de rendre sans salaire au moins tout aussi bonne justice qu'eux-mêmes.

A peine le chancelier de L'Hospital avait-il cessé de vivre, que l'on vit déjà se manifester l'esprit jaloux de l'ancienne magistrature, soit urbaine, soit parlementaire. Les événements et les troubles politiques avaient amené en beaucoup plus grand nombre les gens de robe parmi les députés aux Etats-Généraux de 1576, et ils réussirent à faire passer dans les cahiers du tiers état une demande de suppression des tribunaux de commerce, que le gouvernement eut la sagesse de ne pas écouter.

Si on compare l'état actuel de l'institution consulaire avec son état antérieur et primitif, on est surpris de voir de combien peu diffère ce qui se fait aujourd'hui de ce qui se faisait autrefois. A l'égard de la compétence, les anciennes ordonnances disaient : « que les consuls sont des juges élus entre les marchands pour « vider sur-le-champ, gratuitement et sans procédure, suivant « les principes, les différends et demandes sur le fait de la « marchandise, du négoce, des lettres et billets de change, et « autres matières concernant le commerce ». Ouvrez le Code de Commerce au titre II du livre IV, et vous n'y trouverez pas un détail qui échappe à cette définition.

A l'égard de l'élection, bien qu'on puisse dire qu'elle présentait plus de gages de vérité et d'indépendance sous les anciennes ordonnances que sous la loi actuelle, il faut reconnaître que les conditions voulues dans les candidats étaient celles qui sont encore exigées aujourd'hui :

1° Avoir été marchand ou l'être actuellement ;

2° Etre originaire du royaume, ou avoir été admis à être Français ;

3° Etre demeurant dans la ville du Consulat ;

4° Etre de bonnes mœurs et sans reproche.

Les autres formalités avaient toutes pour but de rehausser la magistrature temporaire et élective au niveau de la magistrature perpétuelle et vénale. Mais ce qui frappe le plus dans les anciennes lois, c'est que la nomination n'a jamais été une faveur et que l'élection imposait à l'élu le devoir d'exercer sa charge sous peine d'y être contraint par les mêmes moyens que l'on employait pour les autres charges de la ville.

Le Code de Commerce a, pour ainsi dire, repris l'organisation des tribunaux de commerce au point où l'avaient laissée les ordonnances royales, mais en leur enlevant les libertés que ces tribunaux avaient obtenues par leur sagesse et leur expérience. Rédigé sous l'Empire, au sortir d'une tourmente où tout avait été remis en question, ce Code révèle l'inspiration commune à tous les esprits, de centraliser autant que possible tous les ressorts de l'Etat. Aussi le pouvoir d'alors essaya-t-il par tous les moyens de ressaisir les juridictions commerciales qui avaient échappé à ses prédécesseurs et de les soumettre à son action unitaire. Ainsi, un règlement d'administration publique déterminera le nombre des tribunaux de commerce, et les villes qui seront susceptibles d'en recevoir par l'étendue de leur commerce et de leur industrie ; ainsi la liste des notables qui éliront les juges dépendra de l'administration ; ainsi les jugements des tribunaux de commerce, rendus au-dessus de 1.000 francs (1), seront soumis à l'appel des tribunaux civils supérieurs ; ainsi les magistrats consulaires prêteront serment devant les cours d'appel ; ainsi, enfin, les tribunaux de commerce entreront dans les attributions et sous la surveillance du ministre de la justice.

Le mode de nomination des Juges Consulaires a souvent varié, principalement dans la manière de former la liste des électeurs. D'après l'ordonnance de Charles IX, l'élection devait être faite à Paris par cent notables bourgeois, appelés et convoqués par les officiers municipaux, prévôt et échevins. L'article 618 du Code de 1807 porte que « les membres des tribunaux de commerce « seront élus dans une assemblée de notables, et principalement « des chefs des maisons les plus anciennes et les plus recomman- « dées par la probité, par l'esprit d'ordre et d'économie ».

Personne ne pouvait réclamer contre une semblable disposition, mais la difficulté était de donner à une autorité compétente l'appréciation de notabilité commerciale, et bientôt l'esprit d'unité et de concentration du pouvoir dans les mains du chef de l'Etat fit attribuer aux préfets le droit de dresser seuls les listes de notables, sauf l'approbation du ministre. Ainsi disparais-

---

(1) La loi de 1840 a élevé cette limite à 1.500 francs (article 639 du Code de Commerce).

sait toute intervention d'une municipalité élective comme point de départ de la formation des tribunaux consulaires.

Aucun inconvénient grave ne s'est cependant manifesté de ces dispositions, sauf en 1815 et 1816, où, dans quelques villes, les opinions politiques firent asseoir sur les sièges consulaires des hommes qui se sont montrés incapables de remplir des fonctions auxquelles ils étaient appelés. Sous le gouvernement de Juillet et en 1840, on a cherché à donner des garanties nouvelles aux élections consulaires. Le préfet, avant d'arrêter les listes des notables, consultait le Tribunal lui-même, la Chambre de Commerce et les Maires.

Sous la République de 1848, alors que tout devait passer sous un même niveau, on introduisit le suffrage universel des patentés pour l'élection des juges des tribunaux de commerce ; mais les citoyens se montrèrent peu empressés d'exercer les droits qu'on revendiquait pour eux. Sur 80.000 patentés, il n'y eut, dans la Seine, que 1.200 à 1.300 votants. De coupables ambitions auraient pu abuser de la facilité qu'un nombre proportionnellement si faible d'électeurs offrait pour surprendre un résultat, et l'on est revenu aux dispositions premières du Code de Commerce jusqu'en 1883, époque où, par la loi du 8 décembre, tous les commerçants français, patentés depuis cinq ans, sont électeurs, même les femmes commerçantes, auxquelles la loi du 23 janvier 1898 a conféré l'électorat.

Les femmes commerçantes, qui sont portées sur la liste des électeurs, ne peuvent être élues aux fonctions de juges. Ces fonctions sont d'autant plus laborieuses qu'en dehors des travaux de l'audience il y a encore, pour ces magistrats, à exercer une tutelle constante sur la liquidation des affaires des négociants faillis. En déclarant la faillite, le tribunal de commerce nomme un de ses membres Juge-Commissaire. Celui-ci préside les assemblées de créanciers, dirige et contrôle les syndics, et est chargé de l'instruction préalable de tous les procès qui peuvent naître de la faillite. Le Juge-Commissaire a d'autant

Aux Présidents
en or

Aux Juges
en argent

ÉTUDE HISTORIQUE SUR LES JURIDICTIONS CONSULAIRES

Grav. Chaplain et Dubois

Photot. Bellotti, 1909

plus de peine dans l'exercice de son mandat qu'il est, en général, peu secondé dans sa mission par les créanciers du failli. Les commerçants, après un premier mouvement de colère, s'occupent généralement fort peu d'une liquidation dans laquelle ils n'entrevoient que de faibles dividendes. Une apathie pareille et plus prononcée se retrouve pour des cas analogues dans tous les pays, notamment en Angleterre et surtout aux Etats-Unis. Il est assez curieux de voir en France un négociant qui a lui-même, dans le cours de sa carrière commerciale, négligé souvent de s'occuper de la liquidation des faillites dans lesquelles ses intérêts étaient plus ou moins engagés, suivre au contraire avec persistance et gratuitement, comme Juge-Commissaire, l'apurement de créances sur la rentrée desquelles il n'a rien à prétendre.

Pour les affaires qui demandent une instruction préparatoire et ne dépendant pas d'une faillite, les tribunaux de commerce prononcent le renvoi devant un arbitre, qui est chargé de concilier les parties, s'il le peut, sinon d'adresser un rapport au Tribunal. Lorsqu'il s'agit de contestations entre associés pour raisons de société, le renvoi devant les arbitres-juges est obligatoire. Cette juridiction arbitrale se justifie en ce que le plus souvent les contestations entre associés ne peuvent être tranchées qu'après un examen de compte et de correspondance qui ne pourrait se faire à l'audience, et surtout en ce qu'on évite ainsi de voir se produire des discussions sur d'anciens rapports intimes que la publicité des débats pourrait rendre plus aigres et plus longues. Les inconvénients et les délais qu'entraîne la juridiction arbitrale engagent les commerçants qui se respectent à recourir souvent à des arbitres amiables, non seulement pour des affaires concernant les sociétés, mais encore pour toute autre contestation. En plus des attributions non contentieuses que les tribunaux de commerce possèdent, le Président du Tribunal a lui-même personnellement une juridiction gracieuse, dans laquelle il peut se faire remplacer.

pàr un juge. Cette juridiction gracieuse a une sphère très restreinte, mais elle rend parfois de grands services. Il est de notoriété publique que souvent le Président, en raison de son autorité, de sa droiture et de sa perspicacité, a su dissiper les causes de conflit et ramener l'union et la concorde entre confrères que des malentendus divisaient.

Le Président du Tribunal de Commerce possède, de même que les présidents de toute juridiction, des attributions générales pour l'administration intérieure du tribunal et pour la police des audiences. Mais il jouit encore d'assez nombreuses attributions personnelles. Lui, ou le Juge qui le remplace, peut notamment : autoriser à assigner de jour à jour, d'heure à heure, et permettre la saisie conservatoire ; recevoir des rapports de mer des capitaines de navires ; nommer des experts en cas de refus ou de contestations pour la réception des objets transportés ; ordonner le dépôt de ces objets dans un dépôt public et en prescrire la vente ; désigner, s'il y a lieu, pour procéder à la vente d'un gage commercial, un officier public autre qu'un courtier ; nommer des commissaires de surveillance pour une société anonyme dans l'hypothèse prévue par l'article 32 de la loi du 24 juillet 1867. Pour faire face à toutes ces obligations, le Président du Tribunal de Commerce est obligé de se tenir tous les jours, à heure fixe, à la disposition des commerçants.

Comme on le voit, il faut aux Juges Consulaires et surtout au Président, une grande dose d'abnégation, de désintéressement et de dévouement pour remplir gratuitement d'aussi multiples fonctions ; ils sont obligés de prélever sur les occupations de leur commerce un temps précieux pour le consacrer à rendre la justice envers leurs confrères, leurs pairs et leurs égaux. Il ne faut pas s'en étonner, car, en France, un certain esprit chevaleresque rehausse beaucoup les fonctions gratuites. Ces fonctions ont fourni à beaucoup d'hommes de mérite l'occasion de se produire, et elles ont été de plus en plus, sinon recherchées, du moins très appréciées. Les Français, d'ailleurs, attachent un grand prix à montrer leur aptitude à passer facilement d'un emploi à un autre, en se montrant toujours à la hauteur de ce qu'on attend d'eux. Mettez un fusil sur l'épaule d'un négociant français, donnez-lui un uniforme et vous en faites, sans autre façon, un excellent soldat; mettez-lui une robe et un bonnet carré, et, presque sans noviciat, vous en faites un bon juge.

En effet, il est généralement reconnu que les jugements rendus par les tribunaux de commerce sont ceux qui conservent le mieux, dans toutes leurs applications, le sentiment vrai de la justice. Rendus par des hommes qui n'ont pas entrevu, dans le cours de leurs travaux, la magistrature comme un but pécuniaire, comme un moyen d'existence à la fois lucratif et honorable, leurs jugements se défendent contre la critique tout autant par leur forme que par leur esprit. Or, quand on sait que ce résultat est obtenu gratuitement et qu'il donne même une possibilité d'apprécier des qualités éminentes qui, faute de ce moyen, resteraient obscures, on est convaincu de l'excellence de cette institution plusieurs fois séculaire.

De ces considérations préliminaires (1) découle le but de cette étude, qui est d'exposer l'antique origine de la juridiction commerciale, les services que cette institution a rendus au commerce français et en particulier à notre région, et enfin d'attirer sur les Juges Consulaires la reconnaissance qui leur est due pour leur désintéressement et leur dévouement ; ce que nous ne pouvons mieux faire qu'en perpétuant le souvenir de leur magistrature et en reproduisant leurs portraits.

Dans la première partie, nous jetterons un coup d'œil sur l'origine des tribunaux pour y découvrir les premières apparitions de la justice commerciale. Nous initierons particulièrement le lecteur à l'organisation de la *Conservation*, qui fut établie à Lyon pour conserver les privilèges royaux des foires de cette

(1) Tirées de nombreux articles parus dans divers ouvrages et signées de B. Pance, Horace Say, Victor Savarot, etc.

ville, et que l'on peut considérer comme l'aïeule du Tribunal de Commerce de Saint-Etienne. [Les négociants et industriels stéphanois portaient leurs produits aux foires de Lyon, et leurs différends ressortissaient alors du tribunal de la Conservation, le seul de ce genre qui existât dans la Généralité de Lyon, dont le Forez faisait partie. D'ailleurs, la subordination de Saint-Etienne aux autorités de Lyon était fréquente. Ainsi, le Prévôt des marchands et les échevins de Lyon approuvaient les statuts des corporations de métiers de Saint-Etienne. Ainsi la Chambre de Commerce de Lyon s'occupait des intérêts des industries stéphanoises.] (1).

Dans la deuxième partie, nous nous étendrons sur l'organisation du Tribunal de Commerce de Saint-Etienne depuis son établissement jusqu'à nos jours. Ce travail n'a jamais été fait complètement. Quelques écrivains stéphanois nous ont cependant initié aux péripéties de la création de ce tribunal. Ce sont : M. Barthélemy Braud ✪, ancien greffier de ce tribunal, et M. A. Delmont ✪, secrétaire de la Présidence du même tribunal, qui ont collaboré au livre édité pour le Congrès scientifique de 1897, à Saint-Etienne. Nous avons été aidé et encouragé par M. L.-J. Gras ✪, secrétaire général de la Chambre de Commerce de Saint-Etienne, dont on connaît les nombreux ouvrages sur les industries stéphanoises, ouvrages dans lesquels on ne sait ce qu'il faut le plus louer, la rapidité de l'exécution, l'érudition, la précision ou la correction du style (2).

Nous devons surtout une reconnaissance particulière au dernier Président, sorti du Tribunal de Commerce de Saint-

---

(1) L.-J. Gras : *Histoire de l'Armurerie*, p. 20; *Histoire de la Quincaillerie*, p. 65.

(2) Nous conservons aussi un bon souvenir de l'accueil obligeant qui nous a été fait dans les divers établissements, Archives, Bibliothèques et Greffes, principalement par M. A. Delmont ✪, secrétaire de la Présidence du Tribunal de Commerce; par M. Rioufol ✪, ancien greffier en chef du Tribunal Civil de Saint-Etienne; par M. de Fréminville ✪, archiviste en chef du département de la Loire; par M. Joseph Maissiat, ancien bibliothécaire de la ville de Saint-Etienne, décédé en 1905 et remplacé par le très aimable et très sympathique M. Lévêque ✪, archiviste-paléographe; par M. Jouve ✪, archiviste de la ville de Saint-Etienne.

Etienne, M. Jacques Barrailler, et au Président, actuellement
en exercice, M. Etienne Giron; le premier, pour nous avoir
ouvert les Archives du Tribunal avec une rare aménité et une
bonne grâce parfaite; le second, pour nous avoir facilité la
publication de cette étude, avec une gracieuse urbanité et une
magnanimité qui lui est naturelle et dont sa famille est
coutumière. La bienveillante autorisation de l'un, le généreux
appui de l'autre, nous permettent d'éditer un travail de première
main, fait sur des documents authentiques. Nous sommes
heureux de leur adresser ici même nos plus vifs remerciements
pour avoir aplani les difficultés de la tâche que nous nous
sommes proposée, tâche qui contribuera à sauver de l'oubli le
nom de MM. les Juges Consulaires et à conserver, en même
temps que leurs portraits, le souvenir de leur judicature dans
les nombreuses familles qui ont procuré des magistrats au
Tribunal de Commerce et qui aiment à garder religieusement
la mémoire de leurs ancêtres.

En livrant cette modeste étude à l'impression, nous avons
l'espoir que, malgré ses imperfections, le public voudra bien lui
faire un aussi bon accueil que celui qu'elle a reçu du Tribunal
de Commerce de Saint-Etienne et de tous ses membres, en
l'honorant d'une souscription collective et de nombreuses
souscriptions particulières. Notre seule ambition est d'ajouter
quelques documents de plus à l'Histoire commerciale de la
Petite Patrie!

Antonin Portallier.

Saint-Just-sur-Loire, le 1ᵉʳ novembre 1908.

(Voir à la fin du volume un post-scriptum qui n'a pu trouver sa place ici.)

Le Tribunal de Commerce
DE SAINT-ÉTIENNE
ET SON AIEULE,
La Conservation de Lyon.

PREMIÈRE PARTIE

Les Juridictions Consulaires avant la Révolution.
La Conservation de Lyon.

CHAPITRE PREMIER

Coup d'œil sur l'origine des Tribunaux (1); — Chez les Hébreux;
— A Athènes; — A Sparte; — A Rome; — Dans les Gaules; —
Au Moyen Age; — Aux XII° et XIII° siècles; — Organisation des
Parlements; — Principales juridictions existant avant 1790; —
Le Tribunal du Point d'honneur *(En note).*

Aussi haut que l'on peut remonter dans l'histoire des
peuples, on trouve des échanges de marchandises faits
entre eux, et par conséquent des commerçants. Comme
il est dans la nature de l'homme de trouver toujours un côté
par lequel il se croit lésé, on peut dire que, dès qu'il y eut des

(1) Tiré des ouvrages de jurisprudence, DALLOZ, SIREY, etc.

commerçants, il y eut des contestations et par suite des arbitres pour trancher les différends, ou des magistrats spéciaux.

Chez les Hébreux, l'organisation judiciaire se confondait à peu près avec l'organisation administrative. Trois tribunaux formaient leur hiérarchie judiciaire : — le tribunal ordinaire, qui était un tribunal arbitral pour juger les affaires ordinaires ; il devait prononcer sur les différends survenus dans les échanges de marchandises ; — le Conseil des Anciens des villes qui avait une autorité juridique ; il décidait du sens de la loi et condamnait à mort ; — au-dessus se trouvait le Grand Conseil ou Sanhédrin ; c'était le Sénat des Juifs ; il avait des attributions plus politiques que judiciaires ; il jugeait souverainement les crimes d'Etat. C'est le Sanhédrin qui condamna Jésus-Christ. Cette organisation judiciaire persista chez les Hébreux, malgré les changements qui eurent lieu dans l'organisation politique par l'établissement des juges d'abord et ensuite des rois ; elle survécut même à la conquête romaine ; mais depuis cette conquête les condamnations à mort, prononcées par le tribunal des Anciens ou par le Sanhédrin, durent être contresignées par le gouverneur de la province, comme nous voyons que cela eut lieu pour le procès de Jésus-Christ. En général, les juges devaient être d'une science et d'une probité reconnues.

A Athènes, la confusion dans les mêmes corps politiques du pouvoir administratif et du pouvoir judiciaire était encore plus sensible que chez les Hébreux. La justice émanait particulièrement des archontes, magistrats suprêmes de la République athénienne dont la charge était élective et annuelle. Les archontes étaient au nombre de neuf. Les trois premiers, l'éponyme, le roi et le polémarque, avaient chacun un tribunal où ils rendaient la justice avec l'aide de deux assesseurs, nommés proèdres. Les six autres archontes, désignés sous le nom de Thesmothètes, jugeaient concurremment avec les premiers, mais seulement en première instance, les dénonciations publiques et les plaintes des citoyens. L'appel de leur jugement était alors porté, d'après une loi de Solon, au tribunal des Héliastes. Outre cette juridiction, les Thesmothètes en exerçaient une autre dans les affaires de commerce et de police. Ils formaient alors, pour

Alexandre-Gaëtan GONTARD

Président du Tribunal de Commerce
de Saint-Etienne

Elu le 16 Janvier 1792

ÉTUDE HISTORIQUE SUR LES JURIDICTIONS CONSULAIRES

Peintre : Besson, 1874

Photot. Belloiti, 1908

ces causes, un tribunal et prononçaient tous ensemble. Les Héliastes, dont nous venons de prononcer le nom, formaient un corps de six mille citoyens, âgés d'au moins trente ans, et désignés par le sort parmi les citoyens jouissant d'une bonne renommée et n'étant pas débiteurs du trésor public. Les Héliastes, ainsi nommés de ce qu'ils siégeaient sur la place Héliée (au soleil), connaissaient de l'appel des jugements des archontes rendus sur une dénonciation publique ou sur la plainte d'un citoyen. En outre, ils connaissaient des causes les plus graves et des délits politiques. C'est devant le tribunal des Héliastes que comparut Socrate. Ils jugeaient alors, soit tous ensemble, soit par commission de 500, de 1.000 ou de 1.500.

Telles étaient les principales juridictions à Athènes. Mais au-dessus de toutes les juridictions et de toute l'administration dominait l'Aréopage qui fut une partie de la gloire athénienne.

L'Aréopage avait la garde des lois et la surveillance de toute l'administration. Sa juridiction était illimitée et s'étendait à tous les objets. Les causes qui en ressortissaient exclusivement étaient d'abord celles relatives au culte des dieux. C'est ainsi que nous voyons saint Paul conduit devant l'Aréopage comme enseignant une religion nouvelle. L'Aréopage était ce que nous appellerions une haute cour de justice criminelle et jugeait les crimes d'Etat. Sur ce point, sa juridiction paraît se confondre avec celle des Héliastes. L'Aréopage était un collège aristocratique. Il se recrutait, comme tous les pouvoirs à Athènes depuis Solon, à l'exception du corps des Héliastes, par l'élection, mais il pouvait dans les élections écarter les candidats qu'il ne croyait pas suffisamment dignes.

La République de Sparte était toute militaire et agricole, et, comme la constitution de la propriété se rapprochait de la communauté, Sparte n'avait pas, à proprement parler, d'ordre et d'organisation judiciaires.

Les premiers temps de l'histoire de *Rome* sont de la plus grande obscurité. Sous la République, les lois étaient tenues secrètes, c'est-à-dire sacrées. Cependant, les indiscrétions d'un Flavius et d'un Œlius avaient dissipé une partie des mystères de la loi. Lorsque Tibérius Coruncanus fut élevé au Pontificat, il enseigna le droit publiquement; la partie théocratique sacrée de la jurisprudence romaine cessa d'être un secret. D'ailleurs, la rédaction des Douzes Tables de la loi avait mis la loi à la portée de tous. Le consul avait l'autorité suprême, mais le préteur remplissait les fonctions judiciaires plus spécialement. Sous l'empire romain, le préteur était nommé par l'empereur. Puis les édiles furent institués. Ils étaient juges, entre autres, des difficultés relatives à la vente des animaux et des esclaves. Avec l'empire, furent établis les préfets du prétoire, parmi lesquels on distingue les plus grands jurisconsultes, les Papinien, les Ulpien, les Paul. Au temps d'Ulpien, le Préfet de la ville était parvenu à se créer, par des empiètements successifs, tout un ensemble d'attributions judiciaires. Dans les cités des provinces, le pouvoir du Préfet de la ville était divisé entre plusieurs magistrats. Ainsi il y avait le *Prefectus annonæ*, chargé de l'approvisionnement de la ville et juge dans les contestations auxquelles ce service donnait lieu. Il y avait, en outre, plusieurs juridictions spéciales, une juridiction militaire et une juridiction ecclésiastique, qui s'établit après que l'Eglise chrétienne fut reconnue dans l'empire. Les évêques prononçaient comme arbitres ; mais il fallait recourir aux magistrats pour l'exécution des décisions épiscopales. Justinien étendit leur juridiction en donnant aux ecclésiastiques le droit d'être jugés par leurs supérieurs. Dans tous les temps, les magistrats se faisaient assister d'assesseurs librement choisis, et consultaient les grands jurisconsultes. Il n'y avait pas de juridiction commerciale spéciale.

L'organisation judiciaire dans *les Gaules* était la même que celle des provinces romaines. Elle ne périt même pas complètement sous les barbares. Les lois barbares étaient personnelles ; chacun, Wisigoth, Bourguignon, Germain, était jugé suivant les lois de sa nation, dans quelque pays qu'il se trouvât. Les Gaules, en effet, ne furent pendant longtemps qu'un vaste camp où se trouvaient mélangées des peuplades d'origines diverses, régies chacune par la loi de son pays. Pour tous, c'était l'autorité du chef qui était souveraine, car il serait difficile de reconnaître dans ces sociétés rudimentaires un pouvoir constitué. Les droits privés n'avaient qu'une garantie très précaire. Il en résulta que ne pouvant obtenir une justice régulière, les individus se faisaient justice eux-mêmes. De là, des rixes, des combats, des vengeances particulières. Pour prévenir des représailles et dans l'intérêt de l'offenseur, on lui imposa de payer à l'offensé ou à sa famille une amende. Ainsi s'établit l'usage des compositions. Le chef militaire ou civil qui fixait la somme de la composition fut le premier juge. Cette fixation n'était pas arbitraire, elle était déterminée dans la loi salique et dans la loi ripuaire. Les barbares, en s'implantant dans le sol gaulois, y apportèrent leurs lois avec des institutions qui s'y développèrent.

Plus tard, des institutions régulières s'organisèrent : les assemblées (*placita*), les assemblées de la nation (*placita majora*) et les assemblées des comtes (*placita minora*). Elles nommèrent des hommes libres pour juges, nommés *rachimbourgs*. Le comte ou centenier présidait ou plutôt recevait la décision pour la faire exécuter. On recourait aux ordalies pour les preuves, c'est-à-dire que les parties étaient soumises à des épreuves corporelles par l'eau, le feu, etc. La juridiction des rachimbourgs et des tribunaux municipaux, ceux-ci se maintenant plus particulièrement dans le midi des Gaules, se prolongea jusqu'à Charlemagne sans changement notable. Les vicomtes, vidames, viguiers dont il est question avant les capitulaires, n'étaient comme les centeniers que les délégués du comte à l'effet d'administrer la justice. Charlemagne remplaça la juridiction des rachimbourgs, qui n'avaient pas le caractère officiel de magistrats, par celle des *Scabini*.

Les *Scabins*, d'où sortirent plus tard les échevins des villes que nous trouvons encore en exercice quand la Révolution éclata, avaient des attributions judiciaires et administratives. A la différence des rachimbourgs, qui étaient choisis librement par le comte, les scabins étaient institués par le prince. Le prince surveillait la justice par ses *Missi Dominici*. Les *Missi Dominici* (c'est-à-dire les envoyés du maître) étaient de hauts commissaires qui étaient envoyés dans les provinces par les rois mérovingiens et carolingiens, mais surtout à partir de Charlemagne, qui en fit un rouage caractéristique de sa politique, pour inspecter, juger, et, en général « corriger tout ce qu'il y avait lieu de corriger ». Ils pouvaient réformer les jugements des comtes auxquels ils étaient supérieurs parce qu'ils les surveillaient, parce qu'ils étaient les représentants les plus directs du prince, et parce qu'ils transmettaient et promulguaient les capitulaires. Les *Missi Dominici* avaient des attributions mal définies. Pendant un certain temps, ils jugèrent concurremment avec les autres tribunaux. Plus tard, ils ne purent juger là où la justice était bien administrée. Il faut noter qu'à toutes les époques, sous les lois barbares comme sous le régime des capitulaires, dans les placita comme dans les tribunaux des scabins, la justice fut rendue publiquement.

La décomposition du grand empire de Charlemagne et l'établissement du *Régime féodal* amenèrent un changement complet dans l'administration de la justice. La juridiction des scabins disparut, et chaque seigneur devint juge dans son fief des différends survenus entre ses vassaux. Tout fut dès lors arbitraire. Le régime féodal pourrait se figurer sous l'aspect d'une pyramide composée de souverainetés subordonnées. Chaque seigneur, lié à son suzerain par la foi et l'hommage, était maître absolu dans son fief. Cependant la juridiction des hommes libres, au moins en fait, ne périt pas complètement. Le droit féodal admit de bonne heure cette maxime que « nul ne pouvait être jugé que par ses pairs ». Comme d'un autre côté le seigneur déléguait la juridiction et ne participait pas personnellement aux jugements, la justice, après une période obscure, redevint de fait à peu près ce qu'elle était sous les scabins. Les cours féodales devaient être suffisamment garnies de pairs, sans qu'on sache à quel nombre devaient s'élever les juges. La cour féodale d'un fief jugeait les différends entre les vassaux ; si une contestation s'élevait entre les vassaux de deux seigneurs différents, elle était portée à la cour du seigneur supérieur, en remontant de supérieur en supérieur jusqu'à la cour du roi, grand « fieffeux » du royaume. On pense généralement qu'il n'y avait pas de juridiction pour les contestations nées entre le vassal et son seigneur ; ce qui est confirmé par la maxime bien connue : « Entre toi et le seigneur, nul juge fors Dieu ! »

Les justices seigneuriales étaient de trois sortes : les basses justices, les moyennes justices et les hautes justices. Les basses justices n'avaient de juridiction que sur les affaires de moindre importance. Aux moyennes justices se portaient les affaires ordinaires du fief et des basses justices qui en dépendaient. Dans les hautes justices se jugeaient les affaires les plus considérables du fief et des fiefs subordonnés, notamment les grandes affaires criminelles, celles où l'accusé pouvait perdre la vie ou un membre. Les seigneurs hauts justiciers avaient seuls le droit d'avoir un gibet dans leur fief. Les justices s'appelaient prévôtés, châtellenies, vicomtés, vigueries, et les juges prévôts, châtelains, vicomtes, viguiers. Avant saint Louis, le combat judiciaire était un moyen de preuve et de jugement. On ne connaissait pas encore l'appel. Dès lors, il y eut l'appel de faux jugement, l'appel pour défaut de droit, c'est-à-dire pour déni de justice réel ou déguisé. Saint Louis ayant aboli le combat judiciaire, permit de fausser le jugement sans combattre. Le mot seul fut conservé et non la chose. La voie d'appel était alors ouverte aux parties. Mais par un ressouvenir des anciens usages du temps du combat judiciaire, le juge payait l'amende en cas de réformation. L'appel devait être formé à l'instant même où le jugement était rendu. En pleine féodalité, les justices étaient toutes seigneuriales, même celles du roi qui était le grand « fieffeux » du royaume. Le droit de justice était l'apanage des fiefs ; plus tard les justicières et les fiefs se détachèrent, d'où la maxime : « Fief et justice n'ont rien de commun. »

Aux xiie et xiiie siècles, des garanties nouvelles furent ajoutées dans l'administration de la justice. Les seigneurs furent obligés de commettre des juges. Les cours féodales jugeaient souverainement ; on put appeler des justices seigneuriales aux justices royales. Enfin, les justices seigneuriales subirent une dernière atteinte dans leur juridiction par l'introduction des cas royaux. La nomination des juges appartenait au seigneur. De bonne heure, la justice fut un des revenus du fief ; car dès le temps de saint Louis, les places de juges s'affermaient, ainsi qu'on le voit par une ordonnance de 1256 (art. 19 et 20). Comme le fermage de ces officiers se payait annuellement, la nomination du juge et les revenus de justice appartenaient à l'usufruitier du fief, quand la nue propriété et l'usufruit se trouvaient dans des mains différentes. Si le seigneur était incapable par défaut d'âge ou quelque cause accidentelle, la nomination appartenait à son mandataire légal. Les juges devaient présenter certaines garanties, certaines conditions d'aptitude; ils étaient le plus communément choisis parmi les clercs. La justice seigneuriale ne tarda pas à subir de graves atteintes à mesure que l'autorité royale se développait. Le roi fit aboutir dans ses justices les appels portés contre les sentences des juges seigneuriaux. Pour faciliter les appels, Philippe-Auguste et après lui saint Louis, à qui on doit tant d'amélioration, créèrent des bailliages où se portaient les griefs que les justiciables pouvaient avoir contre les justices seigneuriales. Outre les appels ordinaires, les baillis eurent à juger des cas royaux. Les seigneurs luttèrent vivement. Finalement, la suprématie du roi prévalut. On comprend combien ces restrictions apportées aux justices seigneuriales fortifiaient l'autorité royale. Mais les justices seigneuriales devaient recevoir un coup plus rude par l'institution des recours au *Parlement royal* dans la nouvelle période française.

De tous temps le prince avait eu un conseil où se décidaient les affaires administratives et les affaires judiciaires. Cette cour du roi s'appelait le *Parlement;* elle suivait le roi dans ses voyages, puis elle devint permanente à Paris. Ensuite, des délégations du Parlement central furent envoyées en province. Déjà, au xiii° siècle, c'était une commission du Parlement de Paris, qui se transportait à Troyes pour y tenir les Grands-Jours de Champagne, à Rouen pour y tenir l'Echiquier de Normandie. Charles VI et Charles VII instituèrent temporairement des Grands-Jours en Valois, en Languedoc, en Poitou, en Guyenne. Les derniers Grands-Jours furent tenus en 1665 à Clermont-Ferrand, sous Louis XIV; ils sont particulièrement connus par la relation qu'en a laissé Fléchier. Les Parlements n'étaient qu'une émanation du roi et le roi conserva toujours la connaissance des erreurs et des ambiguïtés des décisions du Parlement. Après les démêlés de Philippe le Bel et de Boniface VIII, le Parlement acquit la connaissance des cas d'abus, et, pour arrêter le développement des tribunaux ecclésiastiques, on établit le recours pour abus, que l'on a appelé plus tard *l'appel comme d'abus*. Les offices de judicature se vendaient bien avant François Ier, qui poussa au dernier excès cet usage. Les Parlements acquirent le droit d'enregistrer les ordonnances royales, les lettres-patentes, et quelquefois ils les refusèrent.

C'est du Parlement de Paris que furent tirés les membres des premiers parlements de province. Cette institution fut établie successivement du xve au xviiie siècle dans l'ordre suivant :

à Toulouse,	en 1443		à Pau,	en 1620
à Bordeaux,	en 1451		à Metz,	en 1633
à Grenoble,	en 1451		à Dôle-Besançon,	en 1676
à Dijon,	en 1477		à Trévoux,	en 1696
à Rennes,	en 1553		à Douai,	en 1713
à Aix,	en 1561		à Nancy,	en 1775

Il n'y eut jamais de Parlement à Lyon, mais nous verrons dans les chapitres suivants que la Conservation de Lyon, qui n'était pas autre chose qu'un tribunal de commerce, chercha souvent à s'attribuer les prérogatives d'un Parlement, et étendit sa juridiction dans toute la France et même à l'étranger.

L'organisation judiciaire ne subit pas de changements notables dans les deux derniers siècles de l'ancienne monarchie, à l'exception de la suppression des justices seigneuriales à la veille de la Révolution.

Pour nous résumer et compléter cette rapide esquisse, voici quelles étaient les principales autorités judiciaires, avant 1790 :

1° La juridiction de la Prévôté de l'hôtel du roi;

2° La Cour du Parlement qui se divisait en deux Chambres : La Grand'Chambre avec le premier président et neuf présidents à mortier;

La Chambre de la Tournelle avec les mêmes présidents à tour de rôle;

Trois Chambres des Enquêtes avec six présidents;

La Chambre des Requêtes avec deux présidents;

La Chambre de la Marée avec un président;

Le Parquet avec trois avocats généraux et un procureur général;

3° La Chambre des Comptes avec treize présidents;

4° La Cour des Aides avec trois Chambres et trois présidents;

5° La Cour des Monnaies avec sept présidents;

6° L'Amirauté dont les présidents s'appelaient lieutenant criminel et lieutenant particulier;

7° La Table de marbre (1) pour les Eaux et Forêts;

8° L'élection de Paris pour les tailles et les aides;

9° La Chambre des bâtiments;

10° La Prévôté de Paris, ou Châtelet, divisée en plusieurs chambres;

11° Les Juges-Consuls.

C'est de ces derniers seuls dont nous avons à nous occuper et qui sont l'objet de notre étude.

(1) On a aussi appelé Table de marbre, une autre juridiction qui a disparu et qui était connue sous le nom de *Tribunal du Point d'honneur*. Depuis 1356, la Connétablie était la juridiction tant civile que militaire d'un connétable, et plus tard d'un maréchal de France. La Connétablie ou Maréchaussée de France siégeait à la table de marbre du palais, d'où lui est venu ce nom. La Connétablie se tenait aussi au palais de la Tournelle et enfin chez le doyen des maréchaux de France, qui représentait le connétable; c'est chez lui que s'assemblaient les autres maréchaux pour juger sans appel ce qui regardait le *Point d'honneur*, nom qui a été donné à ce tribunal jusqu'à sa disparition pendant la Révolution de 89. Après la suppression de la charge de connétable, en 1626, les attributions de ce tribunal avaient été données au corps des maréchaux de France. Louis XIV rendit un édit en 1651 et une nouvelle ordonnance, qui fut proprement appelée l'*Edit des duels*, parce qu'elle a définitivement fixé la législation sur cette matière. Ses dispositions avaient un double but : prévenir les duels et les réprimer. La connaissance des affaires d'honneur fut dévolue aux maréchaux de France comme aux juges naturels de la noblesse et de l'armée. Les maréchaux étaient suppléés dans les provinces par les gouverneurs; en l'absence de ces derniers, le même pouvoir appartenait aux lieutenants-généraux. Les maréchaux pouvaient commettre dans chaque bailliage ou sénéchaussée un ou plusieurs gentilshommes pour recevoir les avis des différends qui survenaient et transmettre un avis aux gouverneurs de province ou à la compagnie des maréchaux.

C'est ainsi que nous voyons à Saint-Etienne noble François Jovin, secrétaire-greffier du Point d'honneur avant la Révolution. François Jovin était aussi premier échevin de la ville de Saint-Etienne en 1772, et il fut un des premiers Juges Consulaires nommés à Saint-Etienne, en vertu de la loi du 24 août 1790 sur l'organisation des tribunaux de commerce. Elu, en 1797, président du Tribunal de Commerce de Saint-Etienne en remplacement de M. Gontard, M. Jovin fut le deuxième président de ce tribunal.

François JOVIN

Président du Tribunal de Commerce
de Saint-Étienne

Elu le 24 Floréal an V

ÉTUDE HISTORIQUE SUR LES JURIDICTIONS CONSULAIRES

Peintre : Besson   Photot. Bellotti, 1908

CHAPITRE II

E nom de Juges-Consuls, attribué aux juges de commerce, tire son origine de la plus haute antiquité. La plupart des hommes de loi qui ont écrit sur l'organisation des tribunaux de commerce ne se sont pas donné la peine de remonter aussi haut, et ils ont fait ressortir, avec ironie et dédain, que les juges de commerce étaient appelés, au Moyen Age, « gardes des foires ».

Chacun sait que les Consuls sont des fonctionnaires délégués qu'un gouvernement entretient en pays étranger pour y protéger les opérations commerciales et les personnes de ses nationaux. C'est en Egypte que l'on retrouve les premières traces d'une institution protectrice du commerce et de la navigation. Hérodote nous apprend, en effet, qu'en l'année 526 avant Jésus-Christ, Amasis permit aux Hellènes et leur accorda le droit de choisir entre eux et d'instituer des magistrats autorisés à les juger conformément aux lois de leur patrie.

En Grèce, le peuple élisait des officiers appelés *proxènes*, chargés d'exercer l'hospitalité envers les étrangers et de statuer sur les contestations entre marchands étrangers. « Un Etat, dit « M. Pardessus, faisait souvent choix dans un autre Etat d'un « citoyen notable qui, en qualité de protecteur et d'hôte « commun, était chargé d'aider de ses conseils et de son crédit « les sujets de l'Etat qui l'avait choisi et de gérer leurs affaires. »

A Rome, dès le commencement du VIe siècle avant Jésus-Christ, un *préteur pérégrin* fut établi dans cette ville et chargé de statuer sur les contestations entre étrangers et entre citoyens romains et étrangers. La seule analogie qui existe entre les fonctions de ces magistrats et celles des consuls modernes, consiste en ce que les différends entre étrangers sont, dans les deux hypothèses, enlevés à la juridiction étrangère. Les dissemblances sont nombreuses ; le *prœtor peregrinus* était romain et choisi par le gouvernement romain, tandis que les consuls peuvent être choisis par le gouvernement parmi les étrangers ; ensuite, le *prœtor peregrinus* était le même pour les étrangers de tous pays, ce qui n'a pas lieu pour les consuls. Enfin, l'institution de la magistrature romaine faisait participer, par un moyen détourné, les étrangers au droit civil des Romains, tandis que la création des consuls a pour but de garantir aux étrangers le bénéfice de leur droit national. La loi des Wisigoths fait mention d'une magistrature spéciale instituée à l'effet de protéger les marchands qui voyageaient au dehors et de juger leurs différends suivant leurs lois nationales.

Au Moyen Age, la France méridionale avait des consuls de plusieurs espèces ; les uns étaient des officiers municipaux ayant, entre autres fonctions, la police des marchés ; d'autres étaient chargés de rendre la justice entre commerçants. C'est là que le nom de consuls servit à désigner pour la première fois des magistrats chargés de statuer sur les contestations commerciales de terre et de mer. Ce titre fut ensuite étendu par analogie aux délégués institués pour protéger à l'étranger les intérêts du commerce. Un des premiers actes qui fasse mention de la magistrature française à l'étranger émane du marquis de Montferrat qui, vers la fin du xiiᵉ siècle, accorda aux Marseillais des lettres-patentes, par lesquelles il les autorisait à faire le commerce dans la ville de Tyr sans payer aucun impôt et à y établir un consul pour leur administrer la justice. Ces lettres, citées par Ruffi, dans son *Histoire de Marseille*, sont conservées aux archives de Marseille. Jean d'Ibelin, seigneur de Berithe (Beyrouth), concéda, en 1223, aux Marseillais, la faculté d'avoir des consuls pour prendre décision des différends qui pourraient naître entre eux. Des traités conclus entre les Narbonnais et l'Espagne en 1148, 1271, 1297 et 1303 constatent l'existence d'établissements consulaires en Espagne. Dès l'année 1166, Narbonne fit avec Gênes un traité de commerce lui accordant l'institution de consuls. Montpellier avait un consul en 1254 dans le royaume de Chypre et Jérusalem, et en 1356 dans l'île de Rhodes.

Comme on le voit, les fonctions de Juges-Consuls ont existé de tout temps, mais le nom n'est constaté en France, d'une manière authentique, qu'à partir du Moyen Age.

§ 2. — **Les juges conservateurs des privilèges des foires, ou simplement gardes des foires ; — Premières ordonnances royales sur les foires; — Recherches sur l'époque des premières foires de Lyon; — Les premiers banquiers à Lyon.**

Le développement de l'organisation judiciaire rendit nécessaire la création de juridictions spéciales, notamment pour les affaires commerciales. Au Moyen Age, l'activité commerciale ayant lieu dans les foires, la juridiction commerciale était exercée par des gardes des foires, qui devinrent des juges conservateurs des privilèges des foires. Les premières foires en France nous sont révélées par les ordonnances des rois de France (1).

Les plus célèbres d'entre elles furent les foires de Champagne et Brie. Autorisées dès l'an 1317, elles reçurent une nouvelle consécration par l'édit de Philippe de Valois, daté de Vincennes le 6 août 1349. Dans cet édit, qui donnait aux foires un caractère officiel et une importance considérable, Philippe de Valois confirma les privilèges, franchises et libertés accordés antérieurement à ces foires, et fixa le taux de l'intérêt, alors appelé *change*, à 15 % par an, c'est-à-dire à 50 sous pour chacune des six foires. « Tous les marchands regnicoles ou étrangers, dit M. Fayard (2),

(1) Voici les dates des premières ordonnances des rois de France, autorisant l'établissement des foires et marchés en France : foires de Toury, 1118; de Lendit (Saint-Denis, près Paris), 1124; de Montagnac, 1226; de Tournay, 1284; de Champagne et Brie, 1317; de Berron, 1331; de Trèbes ou Trélis, 1358; de Bourganeuf, 1372; de Pont-du-Châtel, 1413; de Béziers, 1418; de Lyon, 1419. Cette dernière date est celle de la création officielle des foires de Lyon, qui devaient exister bien longtemps avant. Déjà, sous les empereurs romains, Lugdunum avait une importance considérable dans le commerce des Gaules.

(2) *Anciennes juridictions lyonnaises*, p. 3.

qui fréquentaient les foires de Champagne et Brie, devinrent justiciables des deux gardes et du chancelier dépositaire du sceau particulier de ces foires. Pour que les affaires ne fussent pas entravées par les longues procédures usitées dans les tribunaux ordinaires du royaume, les gardes des foires ne durent pas s'arrêter aux exceptions dilatoires, déclinatoires ou autres, et en cas d'appel ils durent statuer sur la demande principale. Aucune grâce ou lettre de répit ne pouvait être accordée aux marchands qui étaient soumis de plein droit à la contrainte corporelle pour toutes les conventions passées sous le scel des foires. Ces règlements obtinrent un beau triomphe sur les rivalités de pouvoir et de croyance qui divisaient alors et les provinces et les nations, car il y est dit : « Que pour ce, s'accordèrent « prélats, princes, barons, chrétiens et mécréants, en eux « soumettant la juridiction d'icelles foires et y donnèrent « obeyssance. »

Plusieurs jurisconsultes ont fait remonter l'existence officielle des foires de Lyon à l'ordonnance du 6 août 1349 (1). Cette ordonnance se rapporte seulement aux foires de Champagne et de Brie. Les dispositions des lettres-patentes de Philippe de Valois ne furent appliquées à Lyon qu'au commencement du xvᵉ siècle, lorsque Charles VII, régent du royaume pendant la démence du roi Charles VI, octroya à cette cité deux foires franches par lettres-patentes données à Vienne le 9 février 1419. Chacune de ces foires était de six jours : l'une commençait le troisième dimanche après Pâques, et l'autre le 15 novembre. En accordant ces deux foires, le régent avait voulu non seulement reconnaître l'accueil empressé dont il avait été l'objet de la part des Lyonnais, lorsqu'il était venu les visiter, mais encore faire de Lyon un grand centre de commerce. Il avait voulu aussi

(1) L'ordonnance du 6 août 1349 se trouve en tête des ouvrages qui parlent des foires de Lyon et de la Conservation ; on la trouve aussi en tête de l'inventaire manuscrit des Archives de Lyon rédigé au xvmᵉ siècle par Chappe. On finit par croire que cette ordonnance avait été rédigée spécialement pour régler les foires de Lyon et leur juridiction, et c'est ce qui explique que dans les textes considérés comme officiels, la Conservation soit placée chronologiquement en tête de toutes les juridictions commerciales à cette date de 1349. Cette erreur s'accrédita et des jurisconsultes de notre temps l'ont encore produite (J. VAISEN, *La Juridiction commerciale à Lyon*, p. 4).

repeupler cette cité qui avait beaucoup souffert des guerres, des famines et des passages de troupes.

Le commerce de Lyon avait toujours eu une très grande importance. Lyon avait ses banquiers indigènes depuis le XIIIe siècle, et Menestrier (1) cite un Ponce de Chaponay qui tenait alors un haut rang dans le commerce même international.

« Il y avait aussi en l'an 1219, dit-il, un Ponce de Chaponay
« qui estait si puissant qu'il avait des correspondances, non
« seulement dans tous les lieux de l'Europe, mais encore en Asie,
« où il estait si connu qu'au lieu de l'appeler de son nom,
« Ponce de Chaponay, on le nommait Ponce de Lyon, parce
« qu'il était comme le chef de commerce, et les princes et les
« princesses, sur les terres desquels il trafiquait, lui donnaient
« des gardes et sauf-conduits pour sa sûreté et pour la sûreté de
« son argent. Alix, duchesse de Bourgogne pria Blanche,
« comtesse de Champagne, l'an 1209, de faire des lettres de
« sauf-conduit à ce Ponce, semblables à celle qu'elle luy avait
« données et qu'elle se fit pleige et garant de sa conduite,
« s'obligeant à réparer tous les dommages qui pourraient lui
« arriver. Il presta aussi des sommes à la duchesse de Bourgogne,
« dont la comtesse de Champagne et son fils furent cautions
« pour les faire payer en quatre termes des foires de Bar. »

A la fin du XIIIe siècle, les Italiens, émigrés à Lyon, vinrent donner une nouvelle activité à une branche de trafic qui avait pris chez eux le plus grand développement, et la création officielle des foires au XVe siècle eut pour conséquence naturelle l'extension de la banque lyonnaise. Ces foires eurent peu d'importance dans le principe ; leur courte durée et les guerres continuelles ne permettaient pas de les fréquenter. Charles VIII, pour reconnaître la fidélité des Lyonnais à la couronne, concéda une troisième foire, avec la permission d'y user de toutes les monnaies étrangères. Il fixa à vingt jours la durée des foires ; celles-ci s'ouvraient le premier mercredi après Pâques, le 26 juillet et le 1er décembre. Ces trois foires furent d'abord peu suivies par les marchands étrangers qui préféraient se rendre à

(1) *Histoire de la ville de Lyon*, 1696, in-f°, p. 392.

celles de Genève, établies avec de grands privilèges par le duc
de Savoie. Pour détruire les foires de Genève, Charles VII
défendit, en 1445, d'y transporter des marchandises ou denrées;
et après lui, Louis XI étendit les privilèges des foires de Lyon,
en permettant à tous les marchands de quelque nation qu'ils
fussent, excepté les Anglais, nos anciens ennemis, de demeurer
à Lyon d'une foire à l'autre, et d'y tenir banc public de change.
Il permit également de se servir de la lettre de change sur quel
pays que ce fût, touchant les échanges de marchandises et de
contraindre à payer les intérêts comme le capital.

CHAPITRE III

§ 1. — **Origine de la Conservation de Lyon; — Situation admirable
de Lyon pour le Commerce; — Importance de ses foires et de
son Tribunal; — Origine du mot Conservateur.**

'HISTOIRE du commerce de Lyon et celle de la ville, dit
M. Vaesen (1), commencent le même jour. Sa situation
privilégiée au centre de la grande voie navigable de
notre pays, lui avait, dès sa naissance, assigné son rôle. Rendez-
vous des négociants gaulois sous les Romains, et peut-être avant
eux, Lyon était alors cité par Strabon comme « le marché de
toute la Gaule ». Elle perdit au Moyen Age cette réputation, mais
sans cesser jamais complètement de la mériter, et quand arriva la
décadence des foires de Champagne qui l'avaient éclipsée pour
un temps, Lyon fut leur héritière naturelle; les rois de France
dotèrent ses foires de tous les privilèges dont avaient joui
auparavant leurs rivales. Les grandes institutions que le
commerce avait fait naître sur les bords de la Marne, de l'Aube
et de la Seine, émigrèrent sur les bords du Rhône et de la
Saône, et parmi elles cette juridiction qui devait prendre plus
tard le nom de *Conservation des privilèges royaux des foires
de Lyon.*

« Ce fut, en effet, pendant quatre siècles et demi, le tribunal
commercial de la ville, et l'un des plus considérables de
l'Europe, tant par le nombre et la variété des affaires qui lui
étaient soumises que par l'originalité de son organisation.
Peut-être le nom, insignifiant aujourd'hui, qu'il portait alors,
a-t-il contribué à faire l'obscurité sur lui. Toujours est-il que
tous les auteurs qui ont écrit sur Lyon n'en ont presque pas parlé,

(1) *Livre cité*, p. 1.

ou n'ont débité sur son compte que des erreurs. Pourtant un tel sujet eût offert un égal intérêt à l'historien des institutions et au juriste.

« La longue carrière de la *Conservation* avait été bien remplie ; elle ne s'était pas arrêtée, comme celle de la plupart de nos corps judiciaires, aux premiers jours de la Révolution ; elle avait conquis un à un tous les privilèges dont les Lyonnais étaient si fiers ; elle avait tenu à Lyon la place d'un Parlement, vingt fois demandé et jamais obtenu, et peut-être comme un Parlement n'aurait pu la tenir ; elle avait contribué pour sa bonne part à créer cette jurisprudence dont notre code de commerce est devenu l'expression légale et définitive ; elle avait laissé après elle, comme un monument de son passé dans l'histoire, de précieuses archives amassées pendant des siècles.

« Si humble à son origine qu'on a peine à découvrir la date précise de sa naissance, la Conservation grandit rapidement par suite des circonstances qui firent de Lyon aux xvi° et xvii° siècles une des premières places de commerce de l'Europe, et aussi par les efforts persévérants des Lyonnais. Animés sans doute par la pensée qu'un jour cette juridiction serait la leur et deviendrait l'honneur de leur cité, tous leurs efforts pendant près de deux cents ans tendirent à accroître les privilèges comme s'ils eussent travaillé pour eux-mêmes, non pour les officiers royaux qui y siégeaient à ce moment. Enfin, l'heure arriva où Lyon, la grande ville de commerce de la France d'alors, eut son tribunal à elle, commercial comme elle, avec son organisation, sa procédure, sa législation à part, dont bien d'autres villes étaient jalouses. Elle en était fière, plus même qu'elle ne l'aurait dû, et regardait de bien haut ses rivales moins heureuses...

« On donnait sous l'ancien régime le nom de Conservateur au magistrat chargé de sauvegarder les privilèges d'un corps constitué, d'une classe de citoyens, et de juger les difficultés que soulevait leur application. Ainsi les Juifs, les Universités avaient leurs privilèges et un Conservateur de ces privilèges. Les foires de Champagne eurent les leurs, et il en fut de même de celles de Lyon, quand elles eurent reçu, au xv° siècle, avec l'investiture royale, les privilèges qu'elle entraînait. » Ce n'est en effet qu'au

JACQUES VÉRON

Président du Tribunal de Commerce
de Saint-Etienne

Elu le 11 Floréal an VII

ÉTUDE HISTORIQUE SUR LES JURIDICTIONS CONSULAIRES

Peintre : Besson, 1874   Photot. Bellotti, 1908

xve siècle que l'on trouve les foires de Lyon placées sous la protection officielle des rois de France ; auparavant la ville a des foires ; elle a une industrie et un commerce actif, mais qui ne jouissent d'aucuns privilèges spéciaux comme ils en acquirent à ce moment-là (1).

La Conservation n'en est pas moins l'un des plus anciens tribunaux de commerce qu'il y ait eus en France, car elle remonte officiellement au 8 mars 1463 (nouveau style), et celui qui jusqu'à présent vient immédiatement après elle, la Bourse de Toulouse, fut fondée seulement en 1549. Mais entre l'établissement des foires et la création du Conservateur, c'est-à-dire de 1420 à 1463, il y a un intervalle de 43 ans. Tout porte à croire que pendant ce temps la justice fut rendue aux foires de Lyon par un tribunal constitué comme celui des foires de Champagne. On trouve dans les textes anciens des citations qui disent qu' « anciennement le garde chancelier et juge des marchands prononçait *de plano* sur le dire des parties » et qu'avant la Conservation il y avait à Lyon « un garde et chancelier des foires », comme en Champagne et Brie.

§ 2. — Le premier Conservateur ; — Organisation de cette juridiction ; — Nomination des Courtiers et des Prud'hommes ; — Les foires de Lyon abolies et confirmées tour à tour ; — Querelle entre la Conservation et la Sénéchaussée ; — Droit de fabriquer à Lyon des Etoffes d'or, d'argent et de soie ; — Bibliographie de la Conservation *(En note).*

C'est Louis XI qui eut l'idée, pour détourner les étrangers des foires de Genève, de créer à Lyon une grande institution, qui

(1) S'il fallait ajouter foi à la plupart des textes qui se rapportent à leur origine, les privilèges des foires de Lyon remonteraient au 6 août 1349. Cette date est celle d'une ordonnance qui concerne les foires de Champagne et notamment les attributions de leur tribunal. Comme cette ordonnance donnait le dernier état de leur législation, et que les foires de Lyon leur empruntèrent d'abord, sinon toutes leurs institutions du moins tous leurs privilèges, elle leur servit pour ainsi dire de charte constitutionnelle et, à ce titre, figure en tête d'un recueil imprimé en 1560 par F. Pradin, intitulé : *Ordonnances et privilèges des foires de Lyon, et leur antiquité avec celles de Brie et Champagne et les confirmations d'icelles par sept rois de France depuis Philippe de Valois jusqu'à François second, à présent régnant.*

prit plus tard le nom de Conservation, pour ramener la confiance dans les foires de Lyon et fonder le crédit en donnant à tous les marchands les moyens d'échapper aux lenteurs judiciaires. Il chargea le bailli de Mâcon, sénéchal de Lyon, ou son lieutenant, de la surveillance des foires. Il lui donna le titre de Conservateur des foires et de Gardien de leurs privilèges. Il l'investit en outre de pouvoir juger « sans longs procès et figures de plaids » toutes les difficultés qui pouvaient s'élever entre toutes sortes de personnes pendant la durée ou à l'occasion des foires. Les créanciers se trouvaient ainsi dispensés de l'embarras d'aller chercher leurs débiteurs à des distances considérables et de les poursuivre devant les juges étrangers. Cette dérogation à la règle était commandée par l'intérêt bien entendu des foires franches. Cette juridiction eut bientôt le succès qu'on avait espéré et la confiance que ses décisions inspirèrent les fit accepter même par les puissances étrangères.

Plus tard Louis XI permit aux conseillers de la ville de Lyon de nommer une personne notable pour régler amiablement les différends survenus entre marchands pour faits de foires. Si cet arbitre ne pouvait mettre les parties d'accord, il les renvoyait devant le juge de la Conservation. Cette justice spéciale, sommaire, expéditive et sans frais, était fort appréciée des marchands étrangers comme des marchands français. Les habitants de Lyon, reconnaissants de pareils bienfaits, se prononcèrent hautement en faveur du roi pendant la *guerre dite du Bien public*. C'est ainsi que Lyon devint, grâce aux foires, un des grands entrepôts du monde ; de là, les marchandises de tous pays se répandaient dans le royaume. Ces foires, qui avaient créé sous le nom de Conservation le premier Tribunal de Commerce en France, donnèrent encore naissance à une autre institution caractéristique : le *Change*, origine de la Bourse.

Les lettres-patentes de mars 1462 et du 25 octobre de la même année, qui créaient la Conservation de Lyon, furent bientôt suivies de l'ordonnance du 8 mars 1463. Celle-ci définit et organise d'une façon quelque peu précise cette institution ; elle fut suivie elle-même d'une autre ordonnance, celle du 29 avril 1464, qui complète l'organisation. Cette organisation de la justice commer-

ciale, qui cesse d'être calquée sur celle des foires de Champagne,
devient alors spéciale aux foires de Lyon. Elle comprend trois
degrés de juridiction. Au sommet, le représentant du pouvoir
royal, le Sénéchal jugeant en dernier ressort les querelles entre
les marchands et leurs réclamations contre les officiers du roi,
réunissant, comme nous dirions aujourd'hui, le contentieux civil
et le contentieux administratif; au second degré, un prud'homme
« suffisant et idoine » représentant du pouvoir municipal chargé
de veiller lui aussi « à ce qu'aucun sergent ne fasse extortion ou
« vexation aux marchands, et de juger toutes les questions et
« débats qui surviendront entre iceux marchands pendant les
« dictes foires et à cause d'icelles ». Enfin, au plus bas de l'échelle,
et cette fois réduit aux cas les plus simples du contentieux
civil, deux arbitres dont l'intervention a toujours été usitée en
matière commerciale. Même répartition pour les attributions
administratives ; aux conseillers la police municipale des foires,
la fixation des emplacements où elles doivent avoir lieu, la nomination des courtiers (1), des prud'hommes chargés de connaître
pendant les foires de tous les débats qui pourraient s'élever
entre marchands ; mais, en somme, le dernier mot appartient à la
royauté en la personne du Sénéchal, puisque les appels du premier
et du deuxième degré finissent toujours par arriver au Sénéchal;
à lui seul il appartient aussi de prendre les mesures administratives destinées à assurer, en dehors de la ville et des limites
de l'autorité municipale, la sécurité des marchands et la
prospérité des foires.

L'équilibre auquel tendait cette organisation était peu durable ;
le consulat lyonnais devait bien vite trouver trop petite la part
qui lui avait été faite ; la royauté, ou plutôt ses officiers, regret-

---

(1) Le droit de nommer les courtiers avait été reconnu aux conseillers par un
acte du Sénéchal en date du 20 avril 1464, dans ces termes :

« Item, de eslire, nommer et présenter les corratiers propices et nécessaires
esdites foires. »

Ce droit leur fut confirmé par l'ordonnance du 29 avril suivant, qui dit :

« Et semblablement voulons que iceux conseillers de nostre dite ville et cité de
« Lyon puissent élire et nommer au baillif de Mâcon, séneschal de Lyon, ou son
« lieutenant, les courretiers qui seront à élire pour traiter et moyenner avec les
« dites marchandises. » (*Privilèges des foires de Lyon*, p. 75.)

tait déjà de la lui avoir faite trop grande. Chacune des deux parties allaient se servir des droits qui lui avaient été attribués pour conquérir ceux qui manquaient. Le Sénéchal prit les devants et trouva le moyen de sortir des limites qui lui avaient été tracées. Dans ses fonctions de Conservateur, le Sénéchal se faisait remplacer par son lieutenant. Les conseillers réclamèrent le droit que leur donnait l'ordonnance du 29 avril 1464 de commettre des agents chargés de protéger les marchands contre les vexations de l'autorité et des courtiers. Le lieutenant du bailli refusa : nouvelle demande des conseillers, nouveau refus du lieutenant, sous prétexte de l'absence du Sénéchal. Celui-ci poussé par les officiers du roi, qui regardaient d'un œil d'envie les privilèges municipaux, ne voulut pas se résigner à observer les prescriptions de l'ordonnance et en détourna les effets en se faisant remplacer par son lieutenant, comme le lui permettait l'ordonnance. Ce fut dans la suite le lieutenant du Sénéchal qui remplit réellement les fonctions de Conservateur jusqu'en 1494.

Mais entre temps, il y eut des événements qu'il importe de signaler. Les foires furent abolies, puis confirmées, suivant les vicissitudes de la politique. Louis XI, qui avait su apprécier l'importance de Lyon comme ville de commerce et d'entrepôt, résolut d'en faire une ville manufacturière. Il lui accorda, par lettres-patentes du 23 novembre 1466, le privilège de fabriquer des étoffes d'or, d'argent et de soie; mais, chose étrange, ces lettres-patentes (antérieures de quatre ans à celles octroyées à la ville de Tours) furent d'abord l'objet de réclamations de la part des échevins qui redoutaient la concurrence étrangère et les sacrifices que la ville serait obligée de s'imposer pour payer les métiers et les ouvriers qu'on devait faire venir d'Italie. Ces craintes n'étaient point fondées, et les échevins ne tardèrent pas à reconnaître leur erreur. L'industrie de la soie et les privilèges attachés aux foires de Lyon attirèrent dans cette ville un nombre considérable d'étrangers, dont la plupart cessèrent de se rendre aux foires de Genève. Aussi le duc de Savoie fit de grands efforts pour persuader à Louis XI qu'il y aurait avantage à établir à Genève deux des foires de Lyon. Il y eut de nombreuses conférences à ce sujet; une commission

fut même nommée (22 juillet 1467) pour examiner la question.
Mais Louis XI, sur les observations des conseillers échevins,
confirma à perpétuité les quatre foires de Lyon (14 novembre
1467). La décision du roi fut accueillie avec des témoignages de
joie et de reconnaissance par les habitants de Lyon, qui s'empres-
sèrent d'offrir mille écus d'or à Sa Majesté pour subvenir à ses
affaires et nécessités. Charles VIII, appelé au trône en 1483,
confirma également les quatre foires de Lyon. L'existence de
ces foires paraissait assurée, lorsqu'en 1484 elles furent
abolies pour des motifs qu'il serait trop long d'exposer ici ; nous
le regrettons, car ils offriraient ·plus d'un enseignement. Nous
nous bornerons à dire que ce sont les Etats Généraux, tenus à
Blois en 1484, qui obligèrent Charles VIII de déposséder Lyon
de ses foires, au profit de Genève et de Bourges (2 août 1484).
Ces deux villes héritèrent chacune de deux foires jusqu'en 1494,
époque où Lyon les recouvra pour toujours et en assura la
célébrité. C'est la première phase de la Conservation, un peu
obscure, il est vrai, mais assez fournie de documents pour
revendiquer en faveur de Lyon la première organisation d'une
juridiction spéciale pour les commerçants (1).

(1) Outre les documents manuscrits, il y a eu de nombreux imprimés dont
voici la nomenclature :

BIBLIOGRAPHIE DE LA CONSERVATION :

— Ordonnances et privilèges des foires de Lyon, Brie et Champagne, édition 1537 ;
— Privilèges des foires de Lyon, édition 1649 ; — Stile de la juridiction de Lyon,
unie au Consulat en mai 1655, édition 1657 ; — Création de deux foires franches
à Lyon, édition 1661 ; — Procès en règlement de juridiction avec le Sénéchal,
édition 1668 ; — Règlement de la place des Changes de la ville de Lyon, édition
1678 ; — Règlements pour la discipline de la Conservation, édition 1688 ; —
GODARD : les foires de Lyon, édition vers 1700 ; — BOUTHILLIER: le banquier
français (Règlements et usages du change à Lyon), édition 1731 ; — Mémoires sur
les privilèges des Suisses, S. l., s. d.; — Notes sur les foires et la Conservation ;
— Recueils d'édits, déclarations, arrêts contre Grenoble, édition 1737 ; — ARMAND,
avocat: Mémoire contre la Conservation, édition 1737 ; — Réponse des procureurs
contre les avocats, édition 1737 ; — Recueil des pièces et mémoires de juridiction,
édition 1759 ; — Recueil de pièces justificatives contre un règlement, édition 1760 ;
— Recueil par ordre alphabétique des principales questions de droit, édition 1783 ;
— HUMLIN : Essai historique sur le droit des marchés et des foires, édition 1897 ;
— MOREL: Les juridictions commerciales au Moyen Age, édition 1897 ; — FAYARD:
Etudes sur les anciennes juridictions lyonnaises, édition 1863 ; — VAESEN : La
Juridiction commerciale à Lyon, édition 18-9 (épuisée en 1903).

Ce sont surtout ces deux derniers ouvrages qui nous ont servi à résumer
l'histoire de l'ancien tribunal de la Conservation et auxquels nous avons emprunté
de nombreux extraits.

Un nouvel ouvrage a été publié dernièrement : *La juridiction consulaire à Lyon*,
par M. Justin GODART (Lyon, A. Rey et Cie, 1905).

CHAPITRE IV

YON recouvra ses quatre foires à l'occasion du voyage de Charles VIII, qui vint à Lyon en 1494 avec la jeune reine, Anne de Bretagne. Le roi nourrissait alors de grands projets sur l'Italie. Une réception magnifique leur fut faite et le roi, pour témoigner sa satisfaction, ordonna l'établissement de quatre foires franches et perpétuelles à Lyon. Depuis lors, Lyon a retiré de grands avantages de cette institution commerciale qui attirait dans ses murs un immense concours d'étrangers et un mouvement très considérable d'affaires. C'est de cette cité que l'impulsion partait et se communiquait à tous les marchés de l'Europe. Les personnes qui n'étaient pas dans le commerce profitèrent de la liberté qui leur était offerte de faire valoir leur argent de foire en foire. Cette liberté leur devint d'autant plus avantageuse qu'elle leur permit de se soustraire aux entraves de la législation sur le prêt à intérêt. L'argent devint une véritable marchandise dont le prix varia suivant les circonstances et cette circulation rapide des capitaux contribua puissamment à la prospérité du commerce de Lyon. C'est depuis 1494 que les foires de Lyon devinrent célèbres. A partir de cette époque, qui est celle de l'institution définitive des foires franches de Lyon, les rois de France les confirmèrent par des actes géminés dont le dernier est de 1717 (1). Cependant elles furent transférées à Châlons pendant les troubles religieux de 1562, mais Charles IX les rétablit à Lyon dès l'année suivante, et depuis elles ont existé sans interruption jusqu'en 1790.

Les étrangers qui fréquentaient ces foires jouissaient de privilèges considérables. Ils avaient la faculté de tester comme les regnicoles, et ils étaient exempts de tous droits d'aubaine et de représailles (2). Ils n'étaient point tenus de donner caution, soit comme demandeurs, soit comme défendeurs; mais ils pouvaient, ainsi que les forains regnicoles, être amenés pied à pied devant le magistrat, toutes les fois que leurs créanciers le requéraient Quant aux marchandises, elles étaient affranchies de tous droits d'aides, impôts, subsides et autres charges. Il suffisait qu'elles fussent marquées des armes du Consulat pour qu'on les respectât à toutes les frontières. N'est-ce pas la première apparition du libre échange? Après chaque foire, les marchands de Lyon et ceux des nations étrangères se réunissaient sur la place du change dans la *loge des Florentins*, pour accepter ou refuser les lettres de change, qui avaient été tirées sur eux des diverses parties du monde commerçant et pour fixer la valeur de l'argent, soit à Lyon, soit dans les pays étrangers. Ces opérations commerciales dont la simplicité est remarquable se faisaient de trois manières : par acceptation, par virement de parties ou en argent comptant. Elles avaient lieu dans l'origine sous la présidence du consul des Florentins (3).

---

(1) Plus de quarante ordonnances, lettres-patentes ou édits ont été rendus sur les foires et en faveur de la Conservation de Lyon.

(2) « Le *droit de représailles* s'exerçait lorsqu'une guerre éclatait entre le roi de France et le pays dont l'étranger, résidant dans le royaume, était originaire. Celui-ci était alors considéré comme un ôtage, même comme belligérant; on l'emprisonnait parfois, toujours on saisissait cette occasion de le dépouiller de ses biens.

« Le *droit d'aubaine* était celui que s'arrogeait le roi en recueillant comme seul héritier, sans tenir compte des héritiers naturels ou des dispositions testamentaires, tous les biens possédés dans le royaume par l'étranger décédé.

« On comprend combien la possibilité de l'exercice de ces deux droits spoliateurs rendait incertaine et dangereuse la situation de l'étranger. Aussi les rois s'en désistèrent-ils à l'égard des marchands étrangers venant et séjournant aux foires de Lyon et s'établissant définitivement dans la ville. » (J. GODART, *La Juridiction consulaire à Lyon*, p. 40.)

(3) MONTFALCON, *Histoire de Lyon*, p. 546.

Ce fait qui peut paraître étrange trouve son explication dans la prépondérance que les banquiers de Florence, réfugiés à Lyon, avaient su acquérir au xv° siècle, en nous apportant leur industrie et leurs trésors. Plus tard, le Prévôt des marchands fut chargé de procéder à ces opérations. Grâce à ces privilèges et à ces franchises, le commerce de Lyon, qui conduisait à l'échevinage et à la noblesse (1) prit un immense développement et devint essentiellement international et le plus célèbre de l'Europe.

Après le Sénéchal de Lyon, ce fut Claude Thomassin qui devint Conservateur. Dès 1495 ou 1497, on le trouve mentionné dans les poursuites contre « ung prisonnier à Valence, qui à la « foyre dernière tua, ainsi qu'on dit, ung marchant mulatier « auprès de Saint-Bonnet-le-Froit et prins ses chevaux et les « balles qu'ilz portaient et les en menna (2) ».

Claude Thomassin, qui est le premier Conservateur nommé par le roi depuis l'inauguration du nouveau régime, fut appelé plusieurs fois à faire partie du Consulat, en 1503, 1510 et 1515. C'était un homme considérable. Sa fortune lui donnait autant d'autorité que les dignités dont il était revêtu. Ses mérites, ses services, sa popularité profitèrent à la juridiction nouvelle, l'affermissaient et retardaient ainsi l'éveil des aspirations lyonnaises à une organisation plus municipale de la justice des foires. Ses fonctions n'étaient pas exclusivement judiciaires ; de l'héritage du Sénéchal, il était resté bien des attributions administratives ; c'était le Conservateur qui présentait à l'approbation des conseillers les noms des marchands lyonnais ou étrangers qui lui avaient paru capables d'exercer les fonctions de courtiers ; à lui, incombait le soin de poursuivre ceux qui se seraient permis de faire le courtage sans y être autorisés; de protéger les marchands étrangers contre les vexations des officiers royaux qui s'arrogeaient parfois le droit d'ouvrir leurs livres, de lire leur correspondance, d'exiger le versement du montant des lettres de change qu'ils expédiaient au delà des

(1) Edit de décembre 1495.

(2) VAESEN, livre cité, p. 13.

Romain PEURIÈRE

Président du Tribunal de Commerce
de Saint-Etienne

Elu le 24 Vendémiaire an IX

ÉTUDE HISTORIQUE SUR LES JURIDICTIONS CONSULAIRES

Peintre : N.

Photot. Bellotti, 1908

monts, de défendre leurs intérêts devant le Consulat; enfin, et c'était là sa fonction principale, il rendait la justice aux marchands et, parmi les rares débris des archives de la Conservation antérieures au xviii° siècle, figurent un certain nombre de sentences prononcées par lui.

Claude Thomassin fut remplacé, comme Conservateur, par son fils Bonaventure, qui disparut au moment de la peste en 1520 (1).

François I⁰ʳ ne se montra pas moins favorable que ses prédécesseurs au progrès des foires franches de Lyon. Non seulement il les confirma, mais, sur les remontrances des conseillers-échevins, il révoqua les trois foires franches que le sieur de Saint-Paul, gouverneur du Dauphiné, avait établies à Grenoble (2). Il voulut surtout fixer la compétence du Juge Conservateur qui n'était pas suffisamment déterminée. Nous voyons, en effet, qu'en 1510, un nommé Duplantin, ayant volé à Tours une perle qui appartenait à la princesse de Talmont, fut arrêté à Lyon et condamné par le Juge Conservateur à être pendu; l'archevêque de Lyon prétendit que la justice de la ville lui appartenait et que ses officiers devaient seuls connaître de cette affaire, attendu qu'il ne s'agissait ni d'un commerçant, ni d'un fait de commerce. La sentence du Juge Conservateur fut néanmoins confirmée par arrêt du Parlement de Paris du 10 septembre 1510, sans préjudice, y est-il dit, de l'appel interjeté par l'archevêque (3).

---

(1) Voici les dates approximatives de l'installation des Conservateurs :

1494, Claude Thomassin.
1516, Bonaventure Thomassin.
1521, Néry Mazy.
1536, Nicolas de Chaponay.
1566, Jean de Chaponay.
1581, André Lorans fils.
1602, Charles de Luz.
1604, Jean Goujon.
1605, Jacques de Bais.
1616, Jean Dupré.
1631, Jean Minet ou Mynet jusqu'en 1655, époque où, par l'édit de réunion, le Prévôt des marchands devient Conservateur, c'est-à-dire président de la Conservation.

(2) *Lettres-patentes du 3 février 1530.*

(3) *Inventaire général*, par Chappe, t. IX, p. 228.

4

Par les lettres-patentes du 11 février 1524, données à Saint-Just-lès-Lyon, nous apprenons que le bailli de Mâcon avait toujours le titre de Conservateur et que, pour rendre plus prompte l'expédition des affaires, François Ier établit à Lyon, ou plutôt réorganisa un tribunal particulier, appelé la Conservation. Ce tribunal était alors composé d'un Juge Conservateur, d'un lieutenant, d'un procureur du roi et de deux avocats du roi. Un autre édit de février 1535 règle la compétence du Juge Conservateur. Dans cet édit, François Ier permit de poursuivre tous les faits et dettes pour foires devant le Conservateur, à Lyon, jusqu'à sentence définitive, nonobstant toute incompétence alléguée, quoique les débiteurs fussent domiciliés dans d'autres pays, provinces ou parlements. Il ordonna que les appels ressortiraient au Parlement de Paris, et que des sentences provisionnelles, comme de garnison, et autres interlocutoires du Conservateur, seraient exécutés tant contre les personnes que contre les biens des débiteurs sans placet ni paréatis, et sans que les dispositions de l'édit de 1535 pussent être empêchées par aucun privilège contraire.

Il était difficile que cet édit ne souffrît pas quelques contradictions de la part de ceux dont il limitait l'autorité. Aussi, dès l'année 1540, le syndic de la province du Languedoc y forma opposition et soutint que l'édit de 1535 et les privilèges de cette province ne permettaient pas d'évoquer les biens qui y étaient situés, mais il fut débouté de son opposition par arrêt contradictoire du 15 septembre 1542. Un arrêt du Parlement de Paris, du 14 août 1538, rendu à la requête des conseillers de la ville de Lyon, avait déjà enjoint au Prévôt de Paris et à tous autres officiers de son ressort d'obéir à cet édit. Un autre arrêt du même Parlement, du 9 mai 1534, avait décidé qu'un marchand pouvait être cité devant la Conservation hors le temps des quatre foires.

Tandis que la juridiction de la Conservation était ainsi assurée dans toute l'étendue de la France, François Ier lui attribuait encore la connaissance des banqueroutes (15 avril 1545). Ces attributions étendues furent l'occasion de conflits avec la Sénéchaussée et le Présidial de Lyon, dont l'importance se trouvait diminuée; et des lettres-patentes données à Saint-Germain-en-Laye, le 11 mai 1579, durent rappeler que les marchands, tant regnicoles qu'étrangers, qui fréquentaient les foires de Lyon, n'étaient justiciables que de la Conservation. Afin d'accélérer l'expédition des affaires, le Conservateur des privilèges des foires continua à suivre les formes abrégées qui avaient servi de modèle aux justices consulaires, alors récemment établies dans les principales villes du royaume.

CHAPITRE V

La Conservation de 1549 à 1594 ; — Création de la Bourse de Marchands, à Toulouse, des Tribunaux de Commerce de Rouen et de Paris ; — Mode d'élection et organisation de ces Tribunaux ; — Organisation différente de la Conservation ; — Le Consulat cherche à introduire ses membres dans la Conservation, il lui reproche la longueur des débats ; — Querelle et procès entre la Conservation et le Consulat.

'EST en 1549, par un édit du mois de juillet, que Henri II jeta les nouveaux fondements de la justice consulaire à Toulouse sous le nom de *Bourse des Marchands*. Cet édit permit aux habitants de la ville de Toulouse d'élire chaque année un prieur et deux consuls, pour connaître et décider en première instance de tous procès qui, à raison de marchandises, trafics, changes, commerce, etc., seraient intentés entre marchands ou autres personnes de quelque qualité qu'elles fussent (1).

En 1556, une pareille juridiction fut établie à Rouen avec les mêmes privilèges.

. Enfin, Charles IX, par son édit du mois de novembre 1563 dont le chancelier de L'Hospital fut l'inspirateur, créa le

---

(1) On peut consulter utilement un livre paru en 1903 et intitulé :
Inventaire des Archives de la Bourse des marchands de Toulouse, antérieures à 1790, par S. MACARY, archiviste-adjoint de la Haute-Garonne, section notariale, sous la direction de M. F. Pasquier, archiviste en chef de la Haute-Garonne.

Collaborateur : M. Ph. Arnauné, juge au Tribunal de Commerce de Toulouse.

Publié suivant la délibération du Tribunal de Commerce de Toulouse, en date du 3 juin 1901 (Toulouse, 1903).

La délibération du Tribunal porte que l'impression sera faite aux frais personnels des membres du Tribunal de Commerce de Toulouse, et que l'envoi d'un exemplaire en sera fait à diverses Sociétés savantes, ainsi qu'à MM. les Présidents des Tribunaux de Commerce de France, les plus importants. (Celui de Saint-Etienne a reçu un exemplaire.)

premier tribunal consulaire ou de commerce qui ait fonctionné à Paris. Cette juridiction eut, dès l'origine, le caractère électif qu'elle a invariablement conservé depuis. Le pouvoir royal n'institua point les magistrats qui devaient y être attachés; ces magistrats furent désignés par le libre suffrage de leurs pairs. L'édit de 1563 se borna à enjoindre au Prévôt des marchands et aux échevins de la ville de Paris de convoquer *cent notables* du commerce et de l'industrie; et ce fut l'Assemblée ainsi formée qui dut élire un juge des marchands pour Président et quatre consuls des marchands pour lui servir d'assesseurs. Le Juge et les Consuls prêtèrent serment devant le Prévôt et entrèrent en fonctions sans avoir à recevoir aucune investiture du pouvoir royal (1). Dès l'origine aussi, cette magistrature fut temporaire, et les membres de la juridiction commerciale furent soumis à des réélections annuelles. Leur office fut gratuit et purement honorifique. L'institution par L'Hospital des tribunaux de commerce réalisa un progrès considérable. Il existait, antérieurement et de toute ancienneté, des juges et des prud'hommes électifs dans chaque corporation de marchands et d'artisans. Ces juridictions particulières étaient éminemment utiles, mais la compétence de chacune d'elles était renfermée dans le cercle de la corporation à laquelle elle appartenait, et ne s'étendait pas au delà des différends qui pouvaient se produire entre les membres du même corps. C'était l'enfance de la juridiction consulaire. Les découvertes des célèbres navigateurs du xvᵉ siècle et les communications ouvertes avec les deux Indes donnèrent au commerce une expansion qui réclamait la création d'une juridiction plus étendue et plus générale; l'édit de L'Hospital répondit à ce besoin nouveau. Depuis, la juridiction consulaire fut établie successivement dans plusieurs centres industriels et

---

(1) Leur remplacement se fit avec une simplicité remarquable. « L'année suivante (février 1564, ou mieux 1565, nouveau style), sans aucun ordre du Conseil du Roi, ni du Parlement, ni d'aucune autre autorité, trois jours avant la date à laquelle expiraient leurs pouvoirs, les Juges et Consuls, en exécution de l'article 2 de l'Edit de création, firent convoquer par huissier 60 notables choisis par eux pendant leur exercice, et ces soixante notables désignèrent trente d'entre eux pour procéder séance tenante, avec les Juges et Consuls en charge, à l'élection de cinq nouveaux Juges et Consuls. » (Paul CAMBERLIN, *Manuel pratique des Tribunaux de Commerce*, Paris, 1903, p. 15.)

commerciaux. Il faut remarquer qu'à cette époque, quand le litige excédait 5oo livres, il pouvait être appelé de la sentence des Juges Consulaires au Parlement.

Mais la Conservation de Lyon, dont l'organisation était toute différente, avait obtenu des privilèges spéciaux, qu'elle chercha toujours à accroître. En effet, après la mort de Claude Thomassin qui eut lieu entre 1515 et 1520, l'histoire des Conservateurs, quoique obscure, est remplie par les tentatives que firent les conseillers pour donner à la Conservation un caractère plus municipal; les guerres de religion venaient alors de commencer; l'aristocratie protestante se soulevait contre la royauté au nom de la liberté de conscience. De son côté, la bourgeoisie catholique des villes s'armait pour défendre sa religion, et l'impuissance de la royauté laissant à ces villes leur liberté d'action, celles-ci devinrent indépendantes. Les trois ordres, clergé, noblesse et tiers-état parlèrent alors très haut pendant que la royauté se taisait; aussi, les vit-on demander réformes sur réformes, et les réunions des Etats-Généraux se multiplier. Dans toutes ces assemblées et dans toutes ces requêtes, les députés et les conseillers de la ville de Lyon firent toujours une place à la Conservation à côté des grands intérêts religieux et politiques du moment. A force de requêtes, vœux et manifestations, le Consulat était parvenu à introduire ses membres comme juges dans la Conservation, et finit par l'acquérir complètement en 1655.

C'était d'abord en 1575 que le Consulat demandait au roi d'accorder à la ville de Lyon une « bourse de juges de police, « comme aultres bonnes villes de ce royaulme, à la charge du « remboursement des offices de ladicte Conservation que les « marchands fréquentans les foires de ladicte ville offrent « faire (1) ». Au Conservateur, officier de robe longue, on reproche toujours la durée des débats si préjudiciables aux intérêts commerciaux, et qu'il regardait, lui, comme une condition essentielle de son prestige. Les Lyonnais et les étrangers qui fréquentaient leur ville comparaient la lenteur de cette procédure formaliste, commerciale de nom, mais qui avait retenu des

______

(1) VAESEN, livre cité, p. 41.

tribunaux ordinaires tout l'appareil inutile et encombrant, à l'expédition si prompte, si facile, si dépourvue de formes rigoureuses pratiquées par les Consuls, ces nouveaux juges créés à Toulouse, à Paris, et dans la plupart des grandes villes commerciales de France. Les Lyonnais demandaient eux aussi des juges de robe courte, dont l'absence pouvait éloigner le commerce de leurs murs, ou tout au moins, si le roi ne voulait pas remplacer par une institution nouvelle un tribunal déjà vieux de plus d'un siècle et en faveur duquel son ancienneté même était un argument, ils le priaient d'enjoindre au Conservateur et à son lieutenant « d'expédier les procès des marchands sommairement « et sur le champ, sans formalité ny longueur, et sans ministère « de procureurs ny d'advocatz, comme faisaient antiennement « les conservateurs de robbe courte (1) ».

Nous avons déjà vu, après la mort de Claude Thomassin, son fils lui succéder comme Conservateur, puis disparaître vers 1520. Les Conservateurs furent ensuite Néry Mazy vers 1521, Nicolas de Chaponay vers 1536, Jean de Chaponay vers 1566, et enfin Lorans fils vers 1581, époque où l'histoire de la Conservation devient moins obscure. Sous ce nouveau Conservateur, André Lorans, les querelles qui n'avaient presque jamais cessé entre la Conservation et le Consulat, recommencèrent plus vives qu'auparavant. Le signal des hostilités fut donné par un édit de Henri III en date du mois de mai 1583. Le désir du roi de se concilier l'affection d'une ville aussi importante que Lyon, au moment où il se sentait de plus en plus abandonné par ses sujets, lui faisait trouver bons des arguments déjà vainement présentés bien des fois. Néry Mazy, homme de robe courte, avait cédé, sans en avoir le droit, sa charge à Nicolas de Chaponay, homme de robe longue, et celui-ci avait amené avec lui, outre un lieutenant en titre d'office, jusqu'alors inconnu, tous les fâcheux usages des gens de sa classe, et surtout cette procédure sans fin des tribunaux ordinaires. Pour remédier aux abus qui s'étaient introduits, Henri III permit aux échevins de la ville de Lyon, assistés de quelques notables bourgeois et marchands,

(1) Vaesen, livre cité, p. 42.

d'élire deux notables marchands d'entre eux ou qui l'auraient été pour être assesseurs du Juge Conservateur. Le Conservateur ne pouvait se résigner à partager sans résistance son autorité avec de simples marchands, il fit opposition à l'édit du roi.

Un procès s'engagea en 1584 devant le Parlement, sollicité d'une part de vérifier l'édit du roi et de l'autre de refuser cette vérification. Le représentant des marchands lyonnais devint presque aussitôt celui du Consulat, intéressé lui aussi à nommer les deux assesseurs dont l'édit prescrivait l'adjonction au Conservateur; il s'appelait François de Rusinant ; il invoquait, comme précédent à l'appui de sa demande, des lettres déjà obtenues en 1565 par feu sieur Antonin Bonin et Me Lambert Penet, et la requête, déjà présentée par les députés aux Etats de Blois pour obtenir un conservateur de robe courte. La vérification eut lieu le 1er juin et les jours suivants; le 21 juin 1584, après une plaidoirie de Me René Choppin pour les marchands et de Me Simon Marion pour le Conservateur, le Parlement débouta les marchands de leur demande en enrégistrement. Cet arrêt n'avait rien que de très naturel ; il ne fallait pas attendre du Parlement qu'il sacrifiât la cause d'un homme de robe à celle des marchands, dont il regarderait l'admission aux fonctions judiciaires comme une atteinte portée à ses droits. Henri III n'était pas homme à imposer ses volontés au Parlement, surtout pour une question d'aussi mince importance. Les Lyonnais durent ajourner encore leurs espérances. Les Etats-Généraux de 1588 leur fournirent l'occasion de protester. Ils se plaignirent que les menées du Conservateur eussent trouvé plus de crédit et de rapport que les marchands, quelque justice qu'ils eussent, et ils demandèrent qu'au fur et à mesure des vacations, les assesseurs du Conservateur fussent remplacés par des gens de robe courte, qu'ils ne s'occupassent que des marchands et des paiements en foire et qu'ils expédiassent les affaires sommairement, sans frais d'avocat ni formalité de justice.

Mathieu-Etienne BESSY

*Président du Tribunal de Commerce
de Saint-Etienne*

Elu le 24 Messidor an X

ÉTUDE HISTORIQUE SUR LES JURIDICTIONS CONSULAIRES

CHAPITRE VI

La Conservation de 1594 à 1655 ; — Henri IV augmente les privilèges de la Conservation, mais en réformant la constitution
municipale ; — Lutte de la Conservation contre le Présidial ; —
Les Députés de Lyon aux Etats-Généraux de 1614 ; — Le Consulat
nomme une Commission chargée de trouver les fonds pour le
rachat des offices de la Conservation ; — Un Mémoire est rédigé
pour obtenir du roi l'union de la Conservation au Consulat.

ANS l'édit de mai 1594, le style commence à changer ;
les foires ne sont pas nommées dans l'énumération des
cas réservés au Conservateur ; il n'y est plus fait
mention que « des faicts de sociétez, changes, voitures, négoces et
marchandises et de tout ce qui en dépend ». Ainsi, en même temps
qu'apparaît dans les ordonnances l'indication aussi détaillée que
possible des faits qui sont de la compétence du Conservateur,
disparaît cette condition, auparavant essentielle, qu'ils doivent
s'être produits en foire ou pour cause de foire. Et il n'y a pas là,
à ce qu'il semble, une inadvertance, d'ailleurs peu explicable en
aussi grave matière. Les lettres royales du 2 décembre 1602
reviennent sur la même idée, et lui donnent tous les dévelop-
pements désirables. D'après elles, le Conservateur sera maintenu
dans son office « .....pour avoir aussi connaissance des compa-
« gnies d'entre lesdicts marchands fréquentans les dites foires
« et négotiations des particuliers faites pour raison desdites
« marchandises et debtes, des abus, malversations, vols, fraudes,
« banqueroutes, attermoyements volontaires, desconfitures,
« contraintes, criées, subhastations, voitures, courratage, manu-
« factures asseuretez, parties et toutes aultres affaires dépen-
« dantes du négoce en ladite ville soit en gros ou en détail,

tant en foires que hors foires... » (1). Ce dernier membre de phrase, intercalé à la suite d'une énumération plus complète que jamais des faits de commerce, avait-il pour résultat de rendre la compétence de la Conservation, auparavant restreinte à certains faits et à une certaine durée, permanente et générale? C'est au moins le sens que lui donna la Conservation, qui ne cessa pas dès lors d'opposer ce texte à toutes les juridictions qui lui reprochaient des abus de pouvoir.

Les événements semblaient d'ailleurs autoriser cette interprétation. Lyon, à cette date, venait de rentrer sous l'obéissance du roi, qui, pour prévenir un nouveau réveil de son esprit d'indépendance, avait modifié sa constitution municipale. Henri IV pouvait compter sur le Conservateur, André Lorans, qui était un de ses plus chauds partisans. D'ailleurs, augmenter les privilèges de la Conservation, quand le Conservateur était à la nomination du roi, c'était opposer un rival au Consulat; c'était aussi donner un semblant de satisfaction aux demandes dont la Conservation était l'objet depuis près d'un siècle. Si l'on n'y introduisait pas l'élément actif que réclamaient les Lyonnais, du moins on augmentait les privilèges et le prestige d'une juridiction dont, en somme, ils étaient fiers; on la mettait sous ce rapport au-dessus des justices consulaires, dont la création, alors récente, avait excité leur jalousie. Enfin, l'importance si grande des foires qui remplissaient, avec les payements dont chacune d'elles était suivie, à un mois de distance, les deux tiers de l'année, et dont les négociations étaient, même après la clôture, une source toujours ouverte de procès; cette importance, disons-nous, était un nouvel argument en faveur de la permanence de la juridiction des foires et de l'extension de ses privilèges. Le Parlement de Paris lui-même consacra cette réforme par son adhésion; par un arrêt du 7 septembre 1610, et tout en maintenant le Juge Conservateur dans toute la rigueur de son établissement, dans la connaissance des faits de foire, il ordonna « que ledit juge connaîtrait aussi les différens entre marchans « pour fait de marchandise, comme les autres juges consuls du

(1) VAESEN, livre cité, p. 105.

« royaume, et que, comme eux, il ne pourrait toutefois con-
« naître des différens pour le fait de marchandise entre autres
« que marchans, encore qu'ils eussent volontairement procédé
« avec lui (1) ».

C'est sous André Lorans, qui fut Conservateur de 1581 à
1602, que Henri IV, par son édit de décembre 1595, réduisit
l'administration municipale de Lyon à un prévôt des marchands
et quatre échevins, au lieu de douze échevins qu'elle avait
auparavant. La politique royale, dont le Conservateur se faisait
l'avocat, reconnaissait que le nombre excessif des échevins
avait été, pendant la Ligue, une cause de monopoles et de sédi-
tions. André Lorans fut remplacé par Charles de Luz, de 1602
à 1604, et par Jean Goujon, de 1604 à 1605. Ce dernier résigna
ses fonctions entre les mains de Jacques de Bais qui fut
nommé par lettres royales du 28 juin 1605. Jacques de Bais eut
à soutenir contre le Présidial une longue lutte. Dans une ville
comme Lyon, dont le commerce a toujours rempli l'existence,
la juridiction, chargée d'en sauvegarder les intérêts, était naturellement appelée à prendre le pas sur toutes les autres. Mais les
juridictions voisines, le Présidial notamment, ne pouvaient pas
ne pas prendre ombrage de cette autorité croissante, surtout en
un temps où, par suite de l'habitude des justiciables de payer
leurs juges, une diminution de procès se traduisait par une
diminution de revenus. L'amour-propre se joignait à l'intérêt
pour envenimer cette rivalité; c'était à qui, du Conservateur ou
des magistrats du Présidial, aurait le pas dans les assemblées et
les cérémonies publiques.

Ce n'était pas seulement sur de simples questions d'étiquette
que la lutte s'engageait entre les juridictions lyonnaises. En 1610,
un procès en règlement de juges eut lieu au Parlement de Paris
entre le Conservateur et la Sénéchaussée, l'une prétendant avoir
un droit de prévention sur tous les cas attribués à l'autre, et
celui-ci soutenant au contraire qu'il en devait connaître privativement à tous autres juges. On ignore ce qu'il advint de ce
procès, mais un des résultats fut de montrer quel désir le

(1) Vaesen, livre cité, p. 106.

Consulat conservait toujours de s'annexer la Conservation. Pendant que la Conservation prenait une importance de plus en plus grande, que le Parlement de Paris apprenait à la connaître, et que le Consulat faisait plus d'efforts pour l'acquérir, le rôle de Conservateur, au contraire, s'atténuait de plus en plus; ce n'était plus qu'un officier judiciaire renfermé dans les fonctions de sa profession, non un de ces hommes politiques qui prenaient part à toutes les grandes affaires de la cité.

Les Etats Généraux de 1614 fournirent aux Lyonnais l'occasion de renouveler le vœu de la réforme désirée; les députés de la ville, appelant l'antiquité à l'appui de leurs prétentions, demandèrent que « comme le préteur que les Romains appelaient « *peregrinus* estait étably pour ouïr les causes des étrangers « et les despêcher sur le champ, de même le Conservateur « despêchait les marchands forains sur le champ et sans forme « ny figure de procès, tandis que par suite de l'empiètement des « gens de robe longue, les mêmes formalités, fraiz et despenses « accoutumées es-cours ordinaires, s'étaient introduites dans la « cour du Conservateur ». Ils concluaient à ce qu'il fût ordonné « que ledict office demeurât supprimé par mort pour, ce fait, « la juridiction des foires estre réglée suivant la juridiction des « marchands de Paris, et que, cependant, fussent les causes « expédiées en ladicte juridiction, sommairement sans ministère « d'advocat ny procureurs, ny formalité de justice, ainsi que « es-dites juridictions et Bourse de Paris, Rouen et Toulouse (1) ». La mort du Conservateur Jacques de Bais sembla fournir l'occasion d'obtenir la réforme tant désirée.

Une Commission fut chargée de trouver des fonds pour rembourser les héritiers du Conservateur et d'obtenir de Sa Majesté que cette charge fût exercée par un marchand suivant l'élection qui en serait faite en assemblée. Le Consulat gagnait à lui l'opinion de tous les négociants et ne devait pas tarder à obtenir gain de cause. Cependant le roi nomma Jean Dupré Conservateur à la place de Jacques de Bais, par lettres du 16 décembre 1616. En attendant d'être propriétaires de la

---

(1) Vaesen, livre cité, p. 63.

Conservation, les échevins s'en firent les protecteurs. Le receveur des Consignations à Lyon, David Coursand, avait prétendu exercer les droits contre le Conservateur au sujet des effets mobiliers et immobiliers provenant des faillites ou banqueroutes, dont celui-ci était le juge en vertu des édits royaux ; le corps consulaire y fit opposition sous prétexte que le Conservateur était une juridiction toute spéciale. Ce n'était pas seulement contre l'exigence des droits indus que le Conservateur avait à se défendre. Les gaspillages de la régence de Marie de Médicis avaient épuisé le trésor qui faisait argent de tout. La création d'offices nouveaux était une de ses principales ressources. La Conservation, pas plus que les autres juridictions du royaume, ne pouvait y échapper. On l'avait vu aux prises avec cette difficulté et elle n'avait pas encore fini. Elle obtenait la suppression des offices, mais il fallut en rembourser le prix. D'accord avec le Consulat, elle faisait opposition aux créations d'office, mais cela lui coûtait. Cette situation ne pouvait durer longtemps tant pour la Conservation que pour le Consulat, qui ne voulait payer les frais de la guerre que pour en tirer profit. L'élévation à l'échevinage du Conservateur Jean Dupré permit un rapprochement. Et bien que les difficultés continuassent sous Jean Minet, nommé Conservateur en décembre 1631, celui-ci fut le dernier Conservateur jusqu'au rachat de la Conservation en 1655.

Le moment de la réforme, depuis si longtemps préparée et souhaitée, était enfin arrivé; elle était l'objet de tous les désirs du Consulat ; celui-ci avait réussi à les faire partager aux négociants, en leur montrant au terme de leur réalisation la gratuité de la justice. La royauté, d'autre part, n'en était plus à craindre, comme jadis, l'esprit d'indépendance des Lyonnais et à proscrire de parti pris tout ce qui aurait pu l'encourager. La réforme municipale de Henri IV avait mis à peu près les élections dans sa main, les échevins lyonnais pouvaient, sauf de très rares exceptions, être considérés comme des officiers royaux; le roi avait toute la réalité du pouvoir; il pouvait sans crainte en céder les apparences. Pour le Consulat, ce n'était plus guère qu'une question d'argent, mais telle quelle, c'était encore une grave question ; il fallait rembourser en effet les propriétaires d'offices déjà nombreux qui existaient dans la Conservation. Les charges du Conservateur, du lieutenant, du greffier et des deux avocats, coûtèrent au Consulat, avec les étrennes aux femmes des vendeurs, 253.964 livres tournois, 7 sols, 6 deniers; c'était cher pour ce temps-là, et le Consulat dut emprunter pour acquitter sa dette. Les offices rachetés, il s'agissait de s'entendre avec le roi; mais cette fois plus d'assemblée de négociants; on les avait assez souvent consultés depuis plus de cent ans pour savoir à quoi s'en tenir sur leur opinion. L'affaire se traita en petit comité entre le prévôt des marchands, M. Guignard, les échevins et leurs puissants protecteurs à la cour, l'archevêque de Lyon, Camille de Neuville et le maréchal de Villeroi. Un mémoire fut rédigé et porté à la cour par le prévôt des marchands. Il y était démontré combien la demande du Consulat était au fond peu extraordinaire. Pourquoi les droits concédés aux villes de Paris, Toulouse, Rouen et Bordeaux, ne seraient-ils pas accordés à la ville de Lyon, dont le commerce avait une si grande importance? Le Consulat ne se contentait pas d'exprimer un vœu, il indiquait la forme dans laquelle il désirait le voir réaliser. Il réclamait la disposition entière de la juridiction, le droit de nommer à tous les offices, sans avoir à le partager avec le roi, dans la crainte d'en être dépouillé un jour.

CHAPITRE VII

La Conservation unie au Consulat en 1655 ; — Rachat des offices
de la Conservation par le Consulat ; — Edit de Louis XIV
approuvant cette acquisition ; — Organisation de la Conservation ;
— Reconnaissance du Consulat envers l'Archevêque et le
Gouverneur de Lyon ; — Eloge funèbre de l'Archevêque, par
Massillon ; — Jalousie de la Sénéchaussée ; — Les Procureurs
supprimés.

ous avons vu quelles étaient l'organisation et les attributions du Tribunal de la Conservation jusqu'en 1655,
époque où un changement important se produisit dans
cet établissement. Le prévôt des marchands et les échevins de la
ville, désireux d'accroître l'utilité et l'importance de leurs charges,
offrirent d'exercer d'une manière gratuite et sommaire la juridiction de la Conservation pour le bien général du commerce.
Après avoir acquis pour 130.000 livres l'office du Juge Conservateur (M. Minet, le 24 janvier 1654), pour 63.000 livres celui du
lieutenant (M. Pratlong, le 30 avril 1654), pour 42.000 livres,
celui du greffier (M. Claude Pourrat, le 21 septembre 1654),
et après avoir payé 6.000 livres à chacun des avocats du roi
(MM. Bollioud et Deparettes, le 3 mai 1654), ils demandèrent la
réunion de cette juridiction au corps consulaire (1). Par un édit
du mois de mai 1655 (enregistré le 25 juin de la même année
par le Parlement de Paris), Louis XIV, qui voulait gratifier et
favorablement traiter ses bons sujets de la ville de Lyon
(expression du préambule), approuva cette acquisition et
réorganisa le Tribunal de la Conservation ; il décida qu'à
l'avenir la juridiction civile et criminelle de la Conservation, et
les charges de Juge Conservateur, de lieutenant, d'avocats du

(1) FAYARD, livre cité, p. 17.

roi et de greffier héréditaires seraient jointes et unies pour toujours au corps consulaire et que le prévôt des marchands exercerait à l'avenir l'office de Président de la Conservation, lorsqu'il serait gradué.

Ce Tribunal se composait en outre de quatre échevins et de six autres juges ex-consuls ou marchands, dont deux étaient nommés par le roi (on les appela pour cela hommes du roi) et les quatre autres par les prévôt et échevins. Ces six juges étaient renouvelables par moitié tous les ans. L'installation du Tribunal de la Conservation, ainsi réorganisé, eut lieu le 9 octobre 1655 (1). Les quatre échevins et les six juges prêtèrent serment entre les mains du Prévôt des marchands « de vivre et mourir en la « religion catholique, apostolique et romaine, de servir gratuite- « ment et fidèlement le roi et le public, et de donner avis au « Consulat de tout ce qu'ils apprendraient importer au service « du Roi (2) ». Chacun des magistrats portait avec son costume la marque de son origine : au prévôt des marchands et aux échevins ou ex-consuls la robe noire et la toque, insignes des fonctions municipales dans les assemblées publiques ; aux assesseurs et aux avocats du roi, la robe longue mais avec la manche courte et pendante (3). Cette prestation de serment eut lieu dans une des salles de l'Hôtel de Ville, où le Tribunal de Commerce a siégé depuis jusqu'à l'inauguration du Palais de la Bourse en 1860. Dès lors, les décisions de la Conservation furent

---

(1) Délibération municipale, année 1655, p. 427. Les premiers membres du Tribunal de la Conservation réorganisé, étaient :

MM. GUIGNARD,	prévôt des marchands,	président.
FAYOT,	échevin,	juge.
COCHARDET,	—	—
MELLIER,	—	—
BERERD,	—	—
LAURE,	nommé par le roi,	—
ANDRÉ,	—	—
CHAPPUIS,	nommé par le Consulat,	—
DUMAS,	—	—
JULIEN,	—	—
PÉCOIL,	—	—

Avocats du roi : MM. GROLIER, PILLATA.

(2) FAYARD, livre cité, p. 18.

(3) VAESEN, livre cité, p. 74.

André VERNADET

*Président du Tribunal de Commerce
de Saint-Etienne*

Elu le 21 Juillet 1806

ÉTUDE HISTORIQUE SUR LES JURIDICTIONS CONSULAIRES

Peintre : Besson, 1874   Photot. Bellotti, 1908

rendues publiquement ; c'était l'unique but du Consulat quand il avait demandé la réunion.

Le Consulat témoigna à l'archevêque et au maréchal une grande reconnaissance pour avoir obtenu du roi l'édit qui le rendait maître absolu de la Conservation. A ce sujet, la préface du style de la Conservation s'exprime ainsi :

« Nous en sommes entièrement redevables (de la réunion à « Monseigneur le maréchal de Villeroy, nostre gouverneur Il a « fait ses intérêts des nostres. Il a fallu que l'autorité qu'il a « dans le ministère et la bonté qu'il a pour nous ayent uny leurs « forces pour obtenir cette grâce. L'amour que Monseigneur « l'Archevêque a pour cette ville, qui l'honore et le respecte si « parfaitement, luy persuade toujours sans peine tout ce qui est « capable de contribuer à son bonheur et à sa gloire. Aussi « pour rendre nos désirs plus efficaces, il les a consacrez par « son intercession. Le sanctuaire du prince n'a pas esté moins « ouvert aux prières de ce grand prélat que le sanctuaire de « Dieu, et nostre satisfaction a esté asseurée dès lors qu'il a eu « la bonté de tesmoigner la part qu'il prenait à nos désirs et à « nos ressentiments (1). » Massillon, dans l'oraison funèbre de Camille de Neuville, renchérissant sur les éloges faits par les Lyonnais à leur archevêque, était tenté de voir en lui le fondateur même de la Conservation. « Ce nouveau tribunal qui rend cette « ville comme l'arbitre du commerce de tout le royaume, qui « dans son établissement fut si fort traversé, et où des provinces « les plus éloignées on vient attendre la décision de toutes les « affaires, où nos citoyens sont intéressés, n'est-il pas un « monument bien tendre de son crédit auprès du prince et de « son amour pour le peuple ? »

Cependant, l'archevêque, Camille de Neuville, et le maréchal de Villeroi, auxquels les échevins adressaient tant d'éloges, avaient imposé à leurs protégés d'importantes concessions. Ils avaient fait accorder au Présidial la nomination d'un de ses membres, quand il n'y aurait pas de gradué en la Conservation; le substitut du procureur général restait commun aux deux

(1) Vaesen, livre cité, p. 70, note 4.

juridictions; il en était de même des huissiers, sergents et procureurs, qui pouvaient instrumenter et postuler aussi bien à la Conservation qu'au Présidial. Enfin, le procureur du roi à la Conservation avait refusé de vendre sa charge, ou tout au moins il en avait demandé un prix excessif; il prévoyait, comme le lui reprocha le Consulat, « qu'elle lui serait d'une grande « utilité, estant le seul conservé de tous les anciens officiers, « et par conséquent, le seul en droit de pouvoir jouir de ses « émoluments (1) ». Il se fit donc maintenir dans ses fonctions par l'édit, sans qu'on pût l'obliger comme les autres à un exercice gratuit.

La réunion de la juridiction de la Conservation au corps consulaire, en 1655, excita la jalousie des officiers de la Sénéchaussée et siège Présidial. Dès 1667, les premières divisions éclatèrent à l'occasion de la faillite d'un teinturier sur les effets duquel le Présidial apposa les scellés, quoiqu'il n'en eût pas le droit. Mgr Camille de Neuville, archevêque de Lyon et lieutenant-général pour le roi au gouvernement du Lyonnais, Forez et Beaujolais, parvint à les étouffer à leur naissance par un règlement du 21 mai 1667 ; mais les officiers de la Sénéchaussée ne tardèrent pas à faire naître de nouveaux incidents, et un arrêt solennel du Conseil d'Etat du roi, rendu le 23 décembre 1668, en présence de Sa Majesté, vint tracer plus nettement les attributions de la Conservation. Enfin, le chancelier Séguier, pénétré des rapports nécessaires du Tribunal de la Conservation avec l'intérêt du commerce, convertit l'arrêt du 23 décembre 1668, rendu contre la Sénéchaussée, en une loi générale pour la France et l'étranger. Ainsi se forma l'édit du mois de juillet 1669, destiné, comme l'indique le préambule, non seulement à maintenir les privilèges de la Conservation, mais encore à les augmenter. Dès lors, la Conservation eut une compétence très étendue; elle avait la police des foires et faisait des règlements; elle connaissait des affaires de commerce en matières civiles et criminelles, de la police des arts et métiers, des lettres de répit, des banqueroutes et faillites, des faits de voiture et de police

(1) VAUSSIN, livre cité, p. 75.

sur les rivières. Elle avait gagné le droit, accordé jusque-là seulement aux justices consulaires, de juger en dernier ressort jusqu'à 5oo livres (1); au-dessus de cette somme, ses sentences s'exécutaient par provision au principal, nonobstant opposition ou appel; la Conservation ne reconnaissait comme juge d'appel que le Parlement de Paris et un appel ne pouvait suspendre l'exécution de ses jugements, qui avaient lieu immédiatement par provision et par toute la France, à tous jours, lieux et heures, au besoin par la contrainte par corps des condamnés. Enfin, la Conservation interposait ses décrets sur les biens de ses justiciables en quelques provinces que les biens fussent situés et elle en distribuait le prix.

Les procureurs, jusque-là maintenus même par l'édit de réunion de la Conservation au Consulat, furent supprimés par l'arrêt du 23 décembre 1668. Les parties étaient alors dans la nécessité de comparaître en personne à la première assignation « pour être ouïes par leur bouche »; seulement, en cas de maladie, d'absence ou autres légitimes empêchements, elles étaient autorisées à envoyer un mémoire signé de leur main et contenant leurs moyens. L'article 10 de cet arrêt maintenait l'obligation d'appeler un gradué en la Conservation, quand il n'y en aurait pas dans le corps consulaire, et quand il s'agirait de questions comportant la présence d'un avocat et d'un procureur, mais jamais, pas plus après qu'avant l'arrêt de règlement, ce gradué ne devait avoir la préséance sur le Prévôt des marchands. L'article 11 défendait au Présidial d'élargir aucun prisonnier, constitué par ordre des Juges Conservateurs, et attribuait à ces derniers seuls le droit de connaître des concussions de leur greffier; les émoluments de ce dernier étaient fixés à 2 sous 6 deniers par rôle. Cet arrêt faisait de la Conservation un véritable Parlement commercial. L'édit de juillet 1669, qui érigea cet arrêt en loi du royaume, acheva de lui donner ce caractère. Il modifiait encore en certains points sa constitution; il supprimait la charge de procureur du roi, à charge pour le Consulat d'en rembourser le titulaire. Cet officier était remplacé

---

(1) Cette limite a varié, suivant les époques, de 25o à 1.ooo livres.

par « un homme de probité et suffisance connue », nommé
pour trois ans par le Prévôt des marchands et les échevins.
Plus tard, un arrêt du Conseil, en date du 1er septembre 1676,
lui donna pour successeur le procureur général de la ville.

CHAPITRE VIII

§ 1. — **La Conservation après l'union au Consulat; — Edit de 1669;
— Cet édit est enregistré avec peine par les Parlements; — Le
Parlement de Grenoble en refuse l'enregistrement; — Conflit entre
ce Parlement et la Conservation** (*en note*); **— Compétence illimitée
de la Conservation disputée par les autres juridictions; — Commission nommée par le roi pour juger les conflits entre juridictions.**

L'ÉDIT de 1669 ne fut pas enregistré sans quelque résistance
par les Parlements; mise presque sur le même pied
qu'eux, la Conservation avait hâte de se faire reconnaître comme membre de la grande famille judiciaire. Cet édit
leur donnait une rivale de plus. Le Parlement de Paris, auquel
les appels étaient toujours déférés, accorda son enregistrement.
Celui de Grenoble, trop proche voisin pour ne pas prendre
ombrage des succès de la Conservation, refusa absolument
d'enregistrer l'édit, ce dont il ne manqua pas de se prévaloir
dans les conflits de juridiction qu'il eut dans la suite avec la
Conservation. Les autres Parlements ne se firent pas trop prier,
et, en 1674, l'autorité de la Conservation était reconnue partout,
sauf en Dauphiné (1).

---

(1) Voici comment M. Fayard raconte un conflit qui eut lieu en 1734 entre le
Parlement de Grenoble et la Conservation de Lyon :

« Le Parlement de Bordeaux ayant inséré dans son arrêt d'enregistrement
du 24 avril 1671 la clause « que les sujets du roi, étant dans le ressort de cette
cour, ne pouvaient er. être distraits contre les termes des ordonnances anciennes
et nouvelles », un arrêt du Conseil d'Etat du 11 avril 1672, sur les représentations
des Prévôt et échevins de Lyon, cassa et annula cette clause de l'arrêt d'enregistrement du Parlement de Bordeaux. »

Le Parlement de Toulouse qui avait enregistré l'édit du mois de juillet 1669
d'une manière conditionnelle, dut également l'enregistrer sans aucune réserve par
suite des lettres de jussion du 20 septembre 1678.

Malgré ces arrêts du Conseil d'Etat, le Parlement de Grenoble soutint en 1734

Nous avons vu comment le Présidial avait essayé de restreindre la compétence presque illimitée de la Conservation. Mais celle-ci avait trouvé dans les expressions de l'édit. de 1669 le moyen de reculer à l'infini les limites de sa compétence. En effet, que n'était-il pas possible de comprendre sous les expressions de faits de commerce, *leurs circonstances et dépendances?* Quelles dettes ne pouvait-on pas stipuler *payables en foire?* En fait, l'édit ne reconnaissait à la Conservation d'autres limites que celles du commerce, et ceux qui l'avaient rédigé savaient ce qu'ils faisaient: c'étaient Colbert et Pussort. En vertu de ce texte, partout où un négociant lyonnais pouvait vendre ou acheter, la Conservation avait des justiciables. Etant poursuivi en payement de marchandises achetées par lui à l'étranger, il pouvait invoquer, pour amener son vendeur à Lyon, soit l'axiome *actor sequitur forum rei*, soit l'article 1er de l'édit

que l'édit de 1669 était un règlement local entre la Sénéchaussée et la Conservation, qui ne pouvait être appliqué aux négociants domiciliés dans le Dauphiné.

Voici les faits qui donnèrent lieu à ce grave conflit : « Un sieur Claude Véridal, marchand de Grenoble, avait acheté à Lyon des marchandises payables aux échéances des foires de cette ville. Ses affaires devenues mauvaises, il déposa son bilan le 23 janvier 1734, et les scellés furent apposés sur ses effets mobiliers, à la requête de sa femme, par le juge épiscopal de Grenoble.

« Le 10 mars suivant, la femme Véridal fit assigner devant ce magistrat les créanciers de son mari; mais ces derniers formèrent opposition au paréatis qui avait été obtenu contre eux au Tribunal de la Conservation. Cette opposition fut accueillie, et le Tribunal de la Conservation commit un de ses membres, le sieur Goy, pour apposer à Grenoble les scellés sur les effets de Véridal, ou croiser ceux qui auraient été mis.

« Le sieur Goy, accompagné d'un greffier, d'un huissier et du procureur des créanciers de Lyon, remplit, le 19 mars, jour de Saint-Joseph, fête solennelle à Grenoble, la mission dont il était chargé; mais le Parlement, prévenu de ce qui s'était passé, s'assembla extraordinairement le même jour, et rendit un arrêt par lequel il ordonna l'arrestation du sieur Goy et la continuation des poursuites par le juge épiscopal.

« Quoique le Parlement eût trouvé que l'attentat clandestinement commis sous le nom de la Conservation fut également injurieux à la majesté de la justice, à la sagesse des lois et à sa dignité, il se borna à condamner le sieur Goy à trois livres d'aumône envers l'hôpital de Grenoble, et il ordonna son élargissement.

« Cet arrêt ne fut point signifié au sieur Goy; mais le prévôt des marchands et les échevins de Lyon présentèrent une requête au Conseil d'Etat, pour demander la cassation de l'arrêt du 19 mars et l'exécution, dans le Dauphiné, de l'édit de 1669.

« Cette requête fut accueillie le 31 août 1734 par le Conseil d'Etat, qui cassa l'arrêt du Parlement de Grenoble, et déclara « l'emprisonnement du sieur Goy injurieux, tortionnaire et déraisonnable ».

« En ce qui concernait l'exécution de l'édit de 1669, il fut ordonné que la de 1669. Poursuivait-il au contraire le payement de marchandises achetées par un étranger ? En vertu du même article, il empêchait son débiteur de se prévaloir de cet axiome. Ne reconnaissant ni privilège de clergie, ni privilège de committimus, la Conservation voyait comparaître à sa barre les plus hauts. personnages du clergé et de la noblesse; un Lesdiguières, une dame de Bonne, un de Lévy-Toleuse, un Aimé Sola, secrétaire du roi ; un Jean Sola, receveur général au bailliage d'Auvergne, Samuel Bernard, le grand financier du xviiie siècle, le sieur Charrier, président de la Cour des Monnaies de Lyon, etc.

D'autre part, le Présidial n'était pas le seul à contester l'autorité de la Conservation. La plupart des juridictions françaises se trouvaient dans le même cas; outre le Parlement de Grenoble (1), les Parlements de Toulouse, de Dijon, de Besançon, d'Aix, le Conseil souverain d'Alsace, le prévôt du Châtelet de Paris, les sénéchaux de Grésivaudan, de Montpellier, d'Auxonne, le lieutenant du bailliage de Troyes, le vice-bailli de Vienne, le juge-mage du Puy et bien d'autres eurent maille à partir avec la Conservation. Le roi dut même, par arrêt du

requête serait communiquée au substitut du procureur général pour y fournir ses réponses.

« Le Parlement de Grenoble se porta opposant à l'exécution de l'arrêt du 31 août 1734. Il soutint que l'édit de 1669 n'avait pas été enregistré à Grenoble, et qu'il ne pouvait être appliqué aux habitants du Dauphiné, par suite des privilèges accordés à cette province lors de sa réunion à la couronne.

« Les membres de la Conservation répondirent que les lettres-patentes de création des foires franches de Lyon avaient été données à Vienne, et adressées aux officiers du roi et du Dauphiné, et que les lettres de surannation du 28 septembre 1670 avaient ordonné l'enregistrement au Parlement de Grenoble de l'édit du mois de juillet 1669. Ils ajoutaient que de nombreuses décisions du Conseil d'Etat, malgré des arrêts contraires du Parlement de Grenoble, avaient renvoyé devant le Tribunal de la Conservation des difficultés survenues entre des négociants de Lyon et des négociants domiciliés dans la province du Dauphiné. Ils invoquaient notamment un arrêt du Conseil d'Etat du 23 août 1697, rendu contre un sieur Rochet, maire perpétuel du Bourg-d'Oisans, qui avait souscrit un billet à l'ordre d'un sieur Cardin, bourgeois à Lyon; et un arrêt du 26 avril 1718, concernant un sieur Jean-Bernard Viallet, marchand à Valence, dont les débiteurs étaient pour la plupart domiciliés à Lyon; l'un et l'autre excipèrent en vain des privilèges accordés à la province du Dauphiné lors de sa réunion à la couronne; ils furent renvoyés devant le Tribunal de la Conservation. »

Le conflit semble s'être terminé par l'exécution de l'arrêt du 31 août 1734. M. Fayard n'a pu en trouver la solution (*Anciennes juridictions lyonnaises*, éd. 1863, p. 23-25, note 2).

(1) V. *Suprà*, p. 85, note 1.

14 juin 1672, quatre ans à peine après celui qui avait consacré la compétence de la Conservation, créer au sein de son Conseil une Commission spéciale pour juger les conflits dont elle était la source. Cette Commission ne comprenait d'abord qu'un rapporteur, le sieur Leblanc, et un conseiller d'Etat, Pussort, le rédacteur de l'édit de 1669, et le plus à même, par conséquent, d'en déterminer la signification. Le premier examinait les demandes déposées pour ou contre la Conservation et présentait un exposé de l'affaire, d'après lequel le conseiller « faisait droit à qui il appartenait ». Un arrêt du Conseil privé du 16 juillet adjoignit à Pussort un autre conseiller, le sieur Courtin, conseiller d'Etat, lui aussi.

Cette Commission de trois membres fut encore insuffisante ; on dut en augmenter le nombre, qui, d'après un arrêt du Conseil privé du 28 juillet 1704, s'éleva à huit conseillers, non compris le rapporteur. Ces conseillers étaient MM. Pelletier de Souzy, Chauvelin, d'Argouges, de Raunes, Voisin, Amelot, de Gournay et l'abbé Bignon. Le Consulat attachait le plus grand prix à leurs bonnes grâces et faisait tous ses efforts pour s'y maintenir. A chaque changement qui se produisait au sein de la Commission, il s'empressait d'écrire au nouveau commissaire pour se recommander à sa bienveillance. Cette bienveillance lui était nécessaire pour défendre ses conquêtes. Le Présidial ne se tenait pas pour battu ; il profita d'une occasion quelconque pour protester, le 11 mai 1708, contre les entreprises de la Conservation. Le Présidial, d'accord avec les officiers de la Cour des Monnaies, qui partageaient ses rancunes, obtint un arrêt du Conseil l'autorisant à faire assigner le prévôt des marchands et les échevins de Lyon, pour s'entendre condamner, s'il y avait lieu, à se conformer aux articles 1, 3 et 4 de l'édit de 1669, et, par suite, à ne plus connaître, comme ils le faisaient, des contestations pour le payement des marchandises vendues par les marchands et artisans aux gentilhommes, officiers et bourgeois, ni des billets et obligations payables à ordre en foires, à moins que ces actes n'eussent été stipulés par des marchands ou pour faits de leur commerce, ni des faits de voitures, sauf à l'égard des voituriers travaillant pour les

Eustache THIOLLIÈRE DE L'ISLE

*Président du Tribunal de Commerce
de Saint-Etienne*

Elu le 13 Juin 1810 et le 4 juin 1819

ÉTUDE HISTORIQUE SUR LES JURIDICTIONS CONSULAIRES

marchands et transportant leurs marchandises ; à ne plus décréter d'autres immeubles que ceux des faillis et à ne plus élargir indéfiniment leur compétence à l'aide des expressions « circonstances et dépendances » de l'édit de 1669. Cette tentative fut sans résultat, mais le Présidial n'en continua pas moins la lutte, et la question de « payements stipulés en foires » servit désormais de prétexte à toutes ses attaques.

§ 2. — Organisation intérieure de la Conservation ; — Noviciat des Juges Conservateurs ; — Juridiction du procureur du roi ; — Audiences de la Conservation ; — Les procureurs postulants à la Conservation.

La composition du tribunal de la Conservation, qui renfermait quatre échevins et le prévôt des marchands, lui donnait un caractère spécial ; l'échevinat lyonnais, depuis un édit de Charles VIII, confirmé plus tard par Henri III, conférait la noblesse ; il en résultait que, sous ce rapport encore, la Conservation avait peu à porter envie aux Parlements ; elle avait, elle aussi, sa noblesse de robe. Suivant M. Fayard (1), avant d'y être admis, « il était d'usage qu'on eût servi deux ans les pauvres « comme recteur de l'Hôtel-Dieu ou de l'Aumône générale. Ce « noviciat de charité paraissait nécessaire pour l'administration « d'une justice qui n'était coûteuse que pour ceux qui la ren- « daient. Après deux ans d'exercice, les juges de la Conservation « parvenaient ordinairement à l'échevinage, s'ils n'y avaient pas « passé avant d'entrer dans ces fonctions judiciaires ; à leur sortie « du Conseil, ils étaient appelés à faire partie de nouveau pour « deux ans de ce tribunal ; ils coopéraient donc ainsi pendant « six années, soit à l'administration proprement dite, soit à celle « de la justice. Ils rentraient ensuite le plus souvent dans « l'administration des hôpitaux et terminaient ainsi leur carrière « publique, comme ils l'avaient commencée par l'exercice de la « charité. »

(1) *Anciennes juridictions*, p. 18.

Deux gradués, nommés par le Consulat, exerçaient les fonctions d'avocats du roi pendant deux années. Les membres de la Conservation n'avaient droit à aucune espèce de vacations et d'émoluments pour quelque cause que ce fût, et le greffier ne percevait d'autre droit que deux sous six deniers par chaque rôle. Nous avons vu que le procureur du roi avait refusé de vendre sa charge, le Consulat finit par racheter cet office au prix de 3o.ooo livres; le Consulat eut alors le droit de nommer un officier ou gradué pour remplir gratuitement les mêmes fonctions. La durée de ces fonctions, limitée à trois ans, était trop courte; il en résultait de graves inconvénients pour la bonne administration de la justice. C'est pour cela que le tribunal de la Conservation sollicita la réunion de la charge de procureur du roi dans la juridiction de la Conservation à celle d'avocat et de procureur général de la ville. Elle fut accordée par lettres-patentes du 1er septembre 1676.

Comme chef du parquet, le procureur du roi décidait gratuitement en dernier ressort les causes dont l'objet ne dépassait pas 1oo livres de principal. On revenait ainsi au juge unique pour les contestations d'une minime valeur. Les sentences de cette juridiction exceptionnelle du parquet étaient aussi exécutées par corps dans toute l'étendue du royaume, après avoir été enrégistrées à l'audience de la Conservation. Les audiences de ce tribunal avaient lieu les lundis et vendredis à trois heures pour les grandes causes et les mercredis pour les règlements. Outre les vacations des moissons et des vendanges, le Tribunal de la Conservation avait de nombreuses surséances; mais il était possible de les faire lever toutes les fois que le cas l'exigeait en obtenant une réquisition du procureur du roi. La Conservation « ne connaissait pas de féeries » dans les cas de nécessité; mais, à défaut d'affaires, elle avait de nombreuses vacances. Une touchante coutume existait aux approches de Noël et de Pâques: une audience spéciale était tenue dans une des salles de la prison, et l'on y rendait la liberté aux débiteurs condamnés pour délits dont l'intérêt n'excédait pas 5oo livres et dont la nature n'excluait pas l'élargissement.

Le service de la Conservation était fait par des huissiers, qui portaient à l'origine le nom de sergents, comme aux foires de Champagne. La police des foires était confiée aux conseillers de la ville de Lyon, et la nomination de ces sergents devait sans doute leur appartenir, comme celle des courtiers et des prud'hommes. Après l'édit de réunion, ces huissiers ou sergents instrumentaient dans la Sénéchaussée et dans la Conservation. Plus tard, sur la demande du Consulat, la Conservation eut ses huissiers spéciaux.

Les procureurs postulants semblent bien, à l'origine, avoir été écartés de la Conservation ; les négociants, dans leurs suppliques, rappellent sans cesse l'heureux temps où les procès se vidaient sans procureurs et sans longs débats. Cet âge d'or ne dura guère ; en 1507, après 44 ans d'existence bien déterminée, les procureurs avaient déjà pris possession de la Conservation ; ils avaient le droit d'y plaider ; ils ne devaient plus en sortir, malgré toutes les réclamations que provoqua leur ministère. Aussi, un auteur de la fin du xviiᵉ siècle, après avoir signalé les avantages de la juridiction de la Conservation, faisait la remarque « que « la qualité des juges, la plupart marchands, leur changement « d'année en année, l'abréviation des procédures, toutes circons- « tances excellentes dans la juridiction des Juges-Consuls, où les « parties plaidaient elles-mêmes, donnaient dans celle de la « Conservation un terrible avantage aux procureurs (1) ». L'édit de 1655 les avait maintenus, celui de 1669 les supprima dans certains cas ; mais leur proscription ne dura pas longtemps ; ils furent rétablis au nombre de trente en août 1692, et recouvrèrent en même temps le droit de plaider à la Conservation, droit qu'ils avaient anciennement possédé. L'exercice de ce droit provoquait, comme on peut le penser, la jalousie des avocats ; un arrêt du Parlement de Paris, du 23 avril 1689, avait déjà accordé aux seuls avocats, à l'exclusion des procureurs, le droit de plaider « dans les questions de droit et autres matières importantes ». Il ne mit pas fin à cette rivalité, un second procès aboutit à un nouvel arrêt qui confirma le premier (20 août 1738).

(1) D'HERBIGNY, *Mémoires sur le gouvernement de la Généralité de Lyon*, p. 128.

CHAPITRE IX

Compétence de la Conservation; — Privilèges de la Conservation en matière criminelle et pour tout paiement en foires; — Contrainte par corps, même contre les non-marchands; — Confiance du commerce dans les paiements de Lyon; — Spéculation sur le numéraire; — Législation sur les transports, sur les livres de commerce, sur les Sociétés commerciales.

EN même temps que grandissait l'organisation de la Conservation, se développaient aussi ses privilèges; le plus important de tous était, sans contredit, sa compétence. D'après les ordonnances de 1463 et 1464, au plus haut degré de la juridiction, la compétence du Sénéchal, conservateur des privilèges des foires, ne dure pas plus que ces foires elles-mêmes, et n'atteint que les marchands qui les fréquentent. Même limitée aux seules foires, cette compétence était fort importante; il était peu d'actes commerciaux dont les foires ne fussent l'occasion, et dont le Conservateur n'eût par conséquent à connaître. Il était investi de la justice criminelle (on en trouve la preuve presque à l'origine de la Conservation, sous Claude Thomassin à propos d'un marchand-mulatier, volé auprès de Saint-Bonnet-le-Froid (1). Dans l'intérêt des marchands qu'il s'agissait de protéger, tant pendant leur voyage que pendant leur séjour à Lyon, contre les attaques et les vols dont ils pouvaient être victimes, il poursuivait les coupables aussi bien en dehors de Lyon que dans l'intérieur de la ville. Cette compétence se maintint dans les mêmes conditions pendant toute la durée du xvi° siècle. Sa limitation aux seuls faits de foires se détermine même peut-être avec plus de netteté dans les textes qui se

(1) *Suprà*, p. 58.

succédèrent pendant cette période. Ainsi François Ier, dans son
édit de février 1536, après avoir déclaré que le Conservateur
avait été établi pour connaître de tous les différends entre « les
marchands fréquentant les foires de Lyon pour faits de marchandise et autres faits de foires », indique bien *avec prise de corps*.
Plusieurs arrêts et déclarations le confirment jusqu'en 1578.
Ainsi jusque-là toute procédure, même criminelle et extraordinaire, comme celle de la banqueroute, même contre des
personnes abritées par le privilège de committimus, est permise
au Conservateur pour des faits de foires seulement, et rien que
pour ceux-là. Mais à partir de l'édit de mai 1594, ainsi que
nous l'avons vu, la compétence de la Conservation s'exerçait sur
les faits de marchandise même *hors foires*.

Ainsi tout engagement de quelque nature qu'il fût, portant
paiement en foire, tombait sous la juridiction de la Conservation. L'art. 2 de l'édit de 1669 disait que ceux qui stipulaient
des paiements aux échéances des foires étaient justiciables du
Tribunal de la Conservation et contraignables par corps [pour
l'exécution de leurs engagements. Cet article n'introduisait pas
un droit nouveau, il ne faisait que convertir en une seule loi les
différents privilèges et les diverses attributions accordées antérieurement à la Conservation de Lyon. Il résulte, en effet, d'un
arrêt du 2 septembre 1662, confirmatif d'une sentence de la
Conservation, que l'emprisonnement de la personne du sieur
Victor Begon, conseiller à la Cour des Aides de Clermont, et la
saisie réelle de son office de conseiller avaient été validés par le
Parlement de Paris. Ce double privilège de juridiction et de
contrainte par corps accordé au Tribunal de la Conservation,
dans l'intérêt des foires et du commerce de Lyon, faisait dire
publiquement en 1739, au procureur général, Joly de Fleury,
à l'occasion d'un arrêt rendu contre le sieur Charrier, président
à la Cour des Monnaies de Lyon : « Je serais moi-même justiciable
« de la Conservation de Lyon et soumis à la contrainte person-
« nelle, si j'avais stipulé un billet payable en foire de Lyon. »
Pour introduire leurs demandes devant le Tribunal de la
Conservation, les parties devaient se conformer à la célèbre
ordonnance du mois d'avril 1667 sur le commerce, qui avait été
préparée par les soins de Colbert.

D'autre part, il suffisait que l'une des parties fût marchande pour saisir la juridiction de la Conservation. C'est par application de ces principes que, le 6 juillet 1685, le Tribunal de la Conservation statua sur la demande en paiement de carreaux livrés à un propriétaire pour réparer sa maison. Le propriétaire opposa l'incompétence de la Conservation; mais il fut débouté de son déclinatoire, qui serait admis aujourd'hui sans difficulté. Dans les deux cas que nous venons d'énumérer, il existe de nombreuses sentences émanées de ce tribunal. L'une fut rendue le 11 juin 1704, contre le marquis de Lévy-Chateaumorand qui excipa en vain de sa qualité de gentilhomme (1); une autre sentence, du 3 août 1725, concerne un avocat général aux requêtes du Parlement des Dombes, M. Guy Drapier-Duval. Ce magistrat fut condamné par corps à payer à un sieur Mury, traiteur à Lyon, une somme de 1.400 livres qu'il lui devait par obligation à ordre et en paiement des foires. Cette sentence fut confirmée par arrêt du Parlement de Paris le 22 août 1726.

Un fait qui témoigne de la confiance que le commerce avait dans la compétence de la Conservation et dans les paiements de Lyon, c'est que les lettres de change payables aux échéances des quatre foires de cette ville ne s'acceptaient jamais par écrit. Le négociant sur qui elles étaient tirées disait seulement : *vu*, sans accepter, pour répondre au temps; et le porteur en faisait mention sur son bilan. Les paiements commençaient le 1er mars, le 1er juin, le 1er septembre et le 1er décembre. Chaque paiement durait un mois et trois jours francs. On ne pouvait pas faire protester les lettres de change payables en argent, faute d'acceptation, avant le 7, et les écritures ou virements de parties ne commençaient que le 16 à la Loge du change. Cet usage subsista longtemps, mais la bonne foi s'étant relâchée par la corruption des siècles, dit Savary, quelques banquiers nièrent que les lettres de change leur eussent été présentées, et un règlement du 2 juin 1667, homologué par arrêt du Conseil d'Etat du 7 juillet suivant (enregistré au Parlement le 18 mai 1668), ordonna que les acceptations des lettres de change se feraient par

(1) Henrys, t. I, p. 336.

écrit et qu'elles seraient datées et signées par ceux sur qui elles auraient été tirées ou par les personnes dûment fondées de procuration.

Les changements que subissait la valeur des espèces avaient pour résultat d'encourager des spéculations à la hausse et à la baisse du numéraire lui-même. Les débiteurs, quand les monnaies prenaient une plus grande valeur, se hâtaient de payer avant que cette valeur ne fût redescendue à son niveau normal ; ils s'efforçaient surtout d'en prévoir les variations. Le roi était obligé d'interdir les paiements anticipés, en principe, sauf à les autoriser quand ils précéderaient de trente jours une dépréciation des espèces, de façon à exclure la possibilité d'un calcul. Cette disposition n'était pas inutile en l'absence de toute fixité dans la valeur des espèces. Un arrêt du Conseil du 21 mai 1730 ayant ordonné, après la débâcle financière de Law, une réduction du nombre des billets de banque, plusieurs particuliers de Lyon qui avaient reçu cette nouvelle avant le reste du public par leurs correspondants, s'étaient hâtés d'acquérir de ces billets à leur ancien prix. Une ordonnance des Juges-Conservateurs, du 27 mai 1730, dut annuler cette spéculation qui n'était pas encore entrée dans les mœurs financières.

Après la question des paiements, celle des transports se représentait le plus souvent devant la Conservation ; elle réclamait plus que tout autre une rapide expédition. Les nombreux jugements que la Conservation rendit sur cette matière dès le commencement du xvie siècle permettent de se faire une idée assez exacte de la législation en vigueur. Tout voiturier, comme aujourd'hui, recevait en même temps que son chargement une lettre de voiture. Cette lettre renferme les indications suivantes : nom du destinataire, nom de l'expéditeur, nom du voiturier, date de l'expédition, qualité et quantité de la marchandise avec l'en-tête « *A la garde de Dieu, qui tout conduise* » et ses variantes. Un cas assez fréquent d'expédition est celui où le marchand et ses marchandises se rendent à Lyon, mais l'un par une voie plus rapide, et les autres sont confiées à un voiturier ; destinataire et expéditeur ne font qu'un. Si à l'arrivée de ses marchandises le négociant ne les retrouve pas entre les mains du voiturier auquel il les a confiées, mais entre celles d'un homme auquel le premier les aurait cédées faute d'avoir pu lui-même continuer sa route, il est tenu de payer le second, même quand le premier aurait déjà reçu son salaire, sauf recours contre celui auquel il avait d'abord confié son chargement. La coutume autorise le voiturier à engager une partie de son chargement pour se payer de sa peine, si son salaire se fait attendre ; elle met à la charge des hôteliers chez lesquels il a logé en route la responsabilité des détournements commis par les gens de leur maison. Elle oblige solidairement les destinataires, quand il y en a plusieurs, envers le voiturier. Elle le décharge de toute la responsabilité pour les avaries survenues par force majeure et même de la perte ou de la détérioration d'objets de prix, quand leur valeur n'a pas été déclarée ; les avaries et les pertes sont constatées et évaluées par des experts.

Il nous a paru intéressant de rechercher aussi quelle était la législation de la Conservation sur les livres de commerce et sur les Sociétés commerciales. En ce qui concerne les livres de commerce, l'existence d'une législation spéciale n'est pas douteuse au xvi° siècle. Les sentences de cette époque en font souvent mention. Mais l'usage n'est encore imposé aux négociants que par le seul intérêt et non par une loi. Il ne semble pas qu'avant le titre III de l'ordonnance de 1673, aucun texte ait rendu obligatoire l'usage des livres de commerce. Mais ils étaient déjà devenus un instrument indispensable de la profession commerciale ; on y recourt comme à un moyen de preuve le plus efficace et le plus compliqué. On leur donne le nom de *livres de raison*, celui de *bilan*, quand il s'agit de change. Le premier livre correspondrait, ce semble, à ce qui s'appelle aujourd'hui le *Journal*, où sont consignées toutes les opérations de chaque jour et le bilan à un livre de *Comptes-Courants*, à l'aide duquel le négociant constate ce qu'il doit et ce qu'on lui doit ; il connaît ainsi ses débiteurs et ses créanciers, et quand arrive le paiement des foires, il peut effectuer d'avance sur le papier sa libération par un simple virement de comptes. Du texte de l'édit de 1556, le plus important de ceux qui aient réglé cette matière, il résulte : que le marchand a le droit de refuser la communication de ses livres, quand elle

Antoine GERIN

Ancien Député,

*Président du Tribunal de Commerce
de Saint-Etienne*

Elu le 26 Septembre 1816

ÉTUDE HISTORIQUE SUR LES JURIDICTIONS CONSULAIRES

Peintre : Besson, 1873

Photot. Bellotti, 1908

se rapporte aux intérêts à débattre seulement entre celui qui demande et celui auquel est demandée la communication ; le marchand a le droit de ne communiquer que les passages utiles, sans pouvoir être forcé de se dessaisir de ses livres. Les édits de 1593, 1595 et 1625 confirmèrent le secret des négociations commerciales. Mais, c'est de l'ordonnance de 1673 que ces mêmes principes sont passés dans notre Code de Commerce.

Quant aux Sociétés commerciales, il ne semble pas qu'avant l'ordonnance de 1673 le législateur ait cru devoir soumettre leur établissement à des règles fixes ; il en abandonne les clauses à la liberté des contractants et ne leur prescrit qu'une chose, c'est de les porter à la connaissance du public par l'homologation de la Conservation. On trouve une ordonnance de la Conservation du 15 décembre 1622, homologuant un acte de Société, et confirmée par un arrêt sans date du Conseil privé.

CHAPITRE X

**Compétence de la Conservation (Suite); — Faillites et banqueroutes;
— Contrainte par corps rigoureuse pour les commerçants; —
Difficultés avec la Sénéchaussée au sujet de la faillite Clapeyron.**

Une des attributions les plus importantes et vraiment privilégiées de la Conservation, c'était celle des faillites et banqueroutes ; cette matière avait sa législation spéciale qui avait pris de bonne heure le plus grand développement. L'affluence des étrangers, des Italiens notamment, entre les mains desquels se trouvait, au xvi⁰ siècle, tout le commerce de Lyon, avait eu pour conséquence d'accumuler dans cette ville d'énormes capitaux, mais en même temps d'y créer une concurrence inouïe; les fortunes, à ce moment, s'élevaient et s'écroulaient avec une égale rapidité ; les faillites s'appelaient les unes les autres, et quand les débiteurs insolvables, comme il arrivait souvent, étaient des étrangers, leur première pensée était de fuir; la faillite se transformait en banqueroute. Telle est la situation décrite, soit par les ordonnances royales appelées à réparer le mal, soit par les mémoires qui y réclament un remède. Le Juge Conservateur fut armé par les édits des pouvoirs les plus étendus contre les banqueroutiers; ceux-ci jouissaient du droit d'asile et se retiraient encore en franchise, soit à Notre-Dame de Confort (église des Jacobins), soit à la collégiale de Saint-Paul; ils se dérobaient ainsi aux châtiments qu'ils avaient mérités. On leur enleva cette dernière ressource par l'ordonnance de juin 1510. Cette législation fut appliquée par la Conservation jusqu'à l'édit de 1655. Quand le débiteur était convaincu d'avoir prémédité sa faillite, il était condamné au dernier supplice, mais seulement lorsqu'il était dans le cas de contumace ; rarement le condamné présent payait sa faute de sa vie. Le débiteur malheureux, mais de bonne foi, pouvait obtenir un arrangement dont, à défaut d'entente, le Conservateur était l'arbitre. Il pouvait, comme aujourd'hui, transiger, nous dirions signer un concordat. La législation de la Conservation, comme la nôtre, admettait une réhabilitation au profit du failli, qui, sans se prévaloir d'un contrat d'accord, avait acquitté toutes ses dettes intégralement.

Quel que fût le lieu de son ouverture, toute faillite, qui intéressait un négociant de Lyon, devait être soumise au Tribunal de la Conservation, comme le prouve un arrêt du Conseil d'Etat, du 9 janvier 1705, rendu contre les Juges-Consuls de Marseille. Il s'agissait d'un sieur Joseph Maillet, marchand à Marseille, tombé en faillite dans laquelle on voulait faire rapporter deux balles de drap par un sieur Garnier, marchand aussi à Marseille. Celui-ci les avaient vendues au sieur Dareste, marchand à Lyon. Ce dernier fut assigné à Marseille. Mais la Conservation l'en déchargea et obtint que les parties comparussent devant elle.

Avec l'attribution des faillites et banqueroutes, la Conservation avait le pouvoir d'user de la contrainte par corps. Les débiteurs contraignables par corps pouvaient être arrêtés dans leur domicile sans permission du Juge, même les jours de dimanche et de fête. Quoique les idées sur la liberté individuelle fussent au commencement du xixe siècle bien différentes de celles du xviiie siècle, les commerçants les plus éclairés regardaient alors avec Montesquieu la contrainte par corps comme une des plus fermes sanctions du crédit, et le législateur n'avait pas hésité à ratifier leur opinion en 1832 et en 1848. « Dans les « contrats civils ordinaires, dit Montesquieu (1), la loi doit faire « plus de cas de la liberté d'un citoyen que de l'aisance d'un « autre ; mais dans les conventions qui dérivent d'un commerce, « la loi doit faire plus de cas de l'aisance publique que de la liberté « d'un citoyen. » Non seulement le Tribunal de la Conservation prononçait par corps, mais il l'appliquait même aux septuagé-

(1) *Esprit des lois,* livre XX, chap. 15.

naires. Sur des réclamations qui lui furent faites, le chancelier d'Aguesseau écrivit en 1717 la lettre suivante pour confirmer la mesure commandée par l'intérêt bien entendu du commerce de Lyon. « M. le Prévôt des marchands. — La faveur du commerce « de Lyon est si grande qu'elle peut autoriser des maximes qui « ne sont pas reçues ailleurs, et que l'intérêt entendu des négo- « ciants devaient y faire recevoir. Aussi, vous pouvez continuer « de suivre l'usage des contraintes par corps, même contre les « septuagénaires, pour faits de commerce. Je suis, Monsieur, tout « affectionné à vous servir. D'Aguesseau. » Il y avait néanmoins exception à cette règle rigoureuse pour les ecclésiastiques et les femmes non marchandes publiques.

Mais la Conservation donnait une extension abusive aux privilèges qu'elle tenait de l'édit de 1669. Elle prétendait, sous prétexte de paiements stipulés en foires, attirer à sa barre des ecclésiastiques, des gentilshommes et des militaires. Cependant le paiement en foires n'était pas par lui-même un acte de commerce, et la stipulation en paiement ne pouvait être considérée que comme celle d'un terme de paiement, non comme une présomption de commercialité. Il aurait fallu d'autant moins étendre les limites de cette compétence extraordinaire de la Conservation, qu'elle avait des conséquences plus fâcheuses pour les justiciables, la moindre dette pouvait y donner lieu à une contrainte par corps. La Conservation cherchait à justifier sa conduite par des raisonnements comme ceux-ci : par suite du caractère international des foires « le papier de telle main qu'il fût porté, dès qu'il était stipulé payable en foires, circulait avec le papier des négociants sans aucune différence ». Et comme, d'autre part, le papier d'un étranger, même constitué en dignité, le rendait en vertu de sa circulation justiciable de la Conservation et passible de la contrainte par corps, il était nécessaire que, réciproquement, le papier qui lui était dû subît la même loi. D'autre part, forcer les marchands par les contraintes les plus rigoureuses, d'acquitter sur-le-champ leurs engagements sans leur accorder la même ressource contre leurs débiteurs « c'était, suivant le langage incorrect mais expressif de la Conservation, un fleuve qui tarirait bientôt dès qu'on détour-

nerait le cours des ruisseaux qui lui portaient leurs eaux (1) ».
Cette contrainte, d'ailleurs, qui soulevait contre la Conservation
tant de réclamations, était inhérente au droit même de juridiction, sauf exception formellement exprimée. Chacun était
libre de s'engager à payer ailleurs qu'en foires ; et en le faisant,
il pouvait en prévoir les conséquences. Quant à la prétendue
liberté de se choisir par ce moyen ses Juges, elle existait
également dans d'autres juridictions, et celui, quel qu'il fût,
qui contractait sous le sceau du Châtelet, en devenait justiciable, sans que personne n'eût jamais songé à s'en plaindre.

Parmi les nombreuses difficultés que la Conservation eut
avec la Sénéchaussée, au sujet de la contrainte par corps sur
les non-négociants, on cite la faillite du sieur Clapeyron,
survenue en 1759. Cette affaire mérite d'être racontée pour
comprendre l'ardeur que les juridictions d'alors mettaient à
défendre leurs privilèges. Le sieur Clapeyron exerçait au
Bureau des finances de la Généralité de Lyon l'office de
trésorier de France ; il y joignait celles de doyen et de syndic
de son bureau, de commissaire du président pour l'administration de l'hospice de la Charité, quand le désordre se mit dans
ses affaires, au mois d'août 1759. Il se trouva, à cette date,
débiteur de près de 300.000 livres au delà de son actif, et
redoutant les poursuites de ses créanciers, il s'enfuit dans la
nuit du 20 au 21 août. Dès le 22, le sieur Giraud, trésorier de
la Charité, auquel, en vertu d'un billet du 29 mai précédent, il
était redevable de la somme de 7.000 livres, requit à la Conservation contrainte par corps contre le sieur Clapeyron au profit
de la Charité dont il était administrateur, et le prix d'un contrat
passé par cet hôpital en faveur d'un particulier. Mais le billet
du sieur Clapeyron avait été stipulé payable en foire. La
Conservation se crut compétente, et accueillit la requête du
sieur Giraud. La Conservation apposa les scellés sur les objets
mobiliers du sieur Clapeyron. Le lendemain, les scellés furent
croisés en vertu d'une ordonnance des juges de la Sénéchaussée,
avec défense au sieur Giraud et à tous autres créanciers de

(1) VAESEN, livre cité, p. 18.

Clapeyron de porter leur action ailleurs qu'à la Sénéchaussée. La cause fut amenée en la Chambre des vacations (Parlement de Paris). La Conservation y soutint que le sieur Clapeyron, quoique trésorier de France depuis près de trente ans, avait été négociant. La Sénéchaussée répondait que le commerce était absolument interdit aux trésoriers de France et ajoutait ce trait de mauvaise foi, que la Conservation prétendait que parmi les effets du sieur Clapeyron qu'elle avait mis sous scellés, il y avait des marchandises qui dépérissaient, afin d'avoir un prétexte pour lever les scellés.

Cette affaire donna lieu à un échange de mémoire, où chaque juridiction développait de son mieux les arguments qu'elle croyait favorables à sa cause. La Sénéchaussée remontait à l'ordonnance du 6 août 1349, rendue en faveur des foires de Champagne et de Brie. L'édit de 1655 n'avait rien changé. Mais les lettres de 1669, en donnant à la Conservation les procès pour engagement en foires ou hors foires, décidaient qu'il fallait pour cause un fait de foire ou de marchandise, et on représentait que l'édit avait été arraché à Louis XIV, qu'il y avait eu fraude. Un célèbre annotateur, d'Henrys, atteste dans ses observations qu'il y a bien du mystère dans cet édit et ajoutait : « Ce sont des anecdotes qu'il n'est pas encore temps de publier (1). » Il y eut plusieurs ordonnances sur l'affaire Clapeyron, et il semble bien que la Sénéchaussée finit par avoir le dernier mot. Mais les conflits se renouvelaient sans cesse, et la Conservation ne se gênait pas pour user de la contrainte par corps sur les non-négociants qui avaient tiré des lettres de change payables en foires. Le Code de 1807 ne permettait la contrainte par corps que pour opération de commerce, trafic, change, banque et courtage.

(1) Vansen, livre cité, p. 116.

CHAPITRE XI

Législation criminelle de la Conservation; — Divers exemples en
matière criminelle; — Application arbitraire des peines; —
Condamnation contre les choses; — Procès des Bénédictines de
Blyes-en-Bugey; — Exécution des sentences de la Conservation
en France et à l'étranger; — Justice rigoureuse contre les
commerçants étrangers; — Citation de Guillaume Barbier.

’ATTRIBUTION la plus extraordinaire de la Conservation
était sa législation criminelle, et elle n'était pas la
moins ancienne. Les membres de ce tribunal jugeaient
au nombre de cinq en matière civile, et de sept en matière
criminelle. Leurs jugements étaient intitulés du nom du Prévôt
des marchands, des échevins et des juges gardiens des privilèges
des foires de Lyon, et exécutoires dans tout le royaume, même à
l'étranger. Cette juridiction, remarquable par son étendue, par
la diversité et l'importance des matières dont la connaissance lui
appartenait privativement, « occupait, suivant l'expression des
« règlements, les deux mains de la Justice, celle qui porte la
« balance pour rendre à chacun selon son droit dans les procès
« civils, et celle qui porte l'épée pour châtier les méchants et
« combattre les crimes (1) ». Dès 1497, nous avons signalé les
poursuites d'un Conservateur contre les assassins d'un marchand (2), et depuis lors les poursuites s'étendent au delà de Lyon;
les meurtriers ne sont plus dans la ville, mais leur victime étant
venue aux foires, elle se trouvait sous la protection de leur
Conservateur. Puis les faits criminels se succèdent avec cette
fréquence qui est la conséquence naturelle de l'agglomération

(1) FAYARD, livre cité, p. 20.
(2) *Suprà*, p. 58.

produite par les foires ; outre l'assassinat qui se produit surtout parmi ces Italiens si nombreux à Lyon et tout aussi prompts alors qu'aujourd'hui à jouer du couteau pour le moindre dissentiment, le vol et toutes ses variétés, coupage de bourses, piquage d'onces, fabrication ou emploi de fausses mesures, injures, diffamation de nature à compromettre le crédit d'un négociant, voies de fait, faux témoignage et subornation de témoins, recel de débiteurs récalcitrants, facilité à eux donnée pour s'enfuir, fraudes de vente et de fabrication, enlèvement des blés nécessaires à la consommation de la ville.

La compétence de la Conservation en matière criminelle s'étendait à tout ce qui se rapportait de loin ou de près aux foires et au commerce. C'est ainsi qu'un sieur Sylvestre Delpagio, convaincu d'avoir tué le sieur Paul Balbini, italien, courrier des foires de Lyon, fut condamné en 1555 par le Tribunal de la Conservation, à avoir le poing coupé et à être pendu. C'est ainsi qu'un arrêt du Parlement de Paris, du 28 avril 1587, confirma une sentence du Juge Conservateur qui avait condamné pour falsification d'une promesse le nommé Thomas Stimaty, courtier de change à Lyon, au bannissement perpétuel et à faire amende honorable sur la place du Change en chemise, tête et pieds nus et tenant une torche ardente du poids de cinq livres. C'est encore que, le 7 mars 1620, une femme Perrot fut condamnée à deux ans de bannissement pour avoir détourné de la soie qui lui avait été confiée pour la travailler. Un siècle et demi après, on trouve une sentence de ce Tribunal, par laquelle un sieur Falque, agent de change à Lyon, fut condamné pour faux à être pendu. Cette sentence fut confirmée par arrêt du Parlement de Paris, le 10 février 1766, et exécutée le 6 avril suivant.

L'application des peines était aussi arbitraire à la Conservation qu'ailleurs à ces diverses époques, et on ne peut établir une corrélation entre le châtiment et l'acte coupable. Les peines qui étaient infligées, sans qu'on puisse énumérer les degrés de culpabilité qui les provoquait, étaient les suivantes : la mort par la corde, aggravée dans certains cas par la mutilation, perte d'une main, d'une oreille, le fouet, et il est appliqué aux

PAUL-LOUIS BRÉCHIGNAC

*Président du Tribunal de Commerce
de Saint-Etienne*

ELU LE 2 AVRIL 1821

ÉTUDE HISTORIQUE SUR LES JURIDICTIONS CONSULAIRES

Peintre : N.   Photot. BELLOTTI, 1908

femmes aussi bien qu'aux hommes; le carcan, le pilori, avec écriteau indiquant la nature du crime commis, la marque, ces trois dernières peines ajoutées ordinairement à une condamnation principale; le bannissement, la confiscation, l'amende, la flétrissure, peine purement morale, et qui découle d'une autre condamnation. La Conservation avait, comme les Parlements, le droit de donner la question, elle en usait, notamment, pour obtenir du banqueroutier la dénonciation de ses complices. La condamnation s'exécutait parfois tant contre les choses que contre les personnes. « Souvent, dit le style, il « est arrivé que les marchandises qui s'étaient trouvées altérées, « corrompues et falsifiées malicieusement, ont été jetées dans « la Saône, en exécution de leur jugement par exécuteur de la « Haute Justice (1). » C'était ce même personnage qui lacérait les étoffes défectueuses ou qui les brûlait. La répression d'une fraude industrielle pouvait être poursuivie devant la Conservation par le procureur du roi au nom de la société, par les gardes et les maîtres de la corporation à laquelle appartenait le fraudeur, enfin, par la partie lésée.

Au nombre des singularités de la juridiction de la Conservation, nous pouvons ajouter que, par un arrêt du Conseil d'Etat du 14 avril 1697, la connaissance des procès des dames religieuses bénédictines de Blyes fut attribuée au Tribunal de la Conservation, parce qu'elles éprouvaient de grandes difficultés relativement à leurs biens situés dans différentes juridictions. Ce privilège singulier à une époque où il en existait tant, avait pour objet de favoriser l'établissement à Lyon des dames bénédictines qui avaient abandonné leur monastère de Blyes-en-Bugey (2).

Tels furent les privilèges et les attributions du Tribunal de la Conservation, auquel le Français et l'étranger, le marchand de Lyon et le forain, le noble et le roturier étaient soumis et qui avait le pouvoir de contraindre sur-le-champ et même par corps les débiteurs fugitifs. Cette juridiction exceptionnelle, dont les privilèges furent successivement augmentés à mesure que le

(1) VAESEN, livre cité, p. 170.

(2) FAYARD, livre cité, p. 33.

bien et l'utilité de la chose publique l'exigeaient d'après le témoignage des anciens édits, contribua puissamment au développement des foires franches et à la prospérité du commerce. Elle contribua également à la force de la justice et à la prédominance du droit basé sur l'égalité que la royauté favorisa de tout temps pour lutter contre les privilèges qui s'opposaient à une bonne dispensation de la justice, ce premier besoin des peuples. Les sentences de la Conservation s'exécutaient non seulement dans tout le royaume, mais encore les étrangers en souffraient chez eux l'exécution parce qu'ils en profitaient comme les marchands français. Jamais les sentences d'aucune juridiction ne reçurent une exécution aussi large et n'obtinrent une autorité aussi grande.

Les rigueurs de cette justice n'étaient pas moins sévères pour les étrangers, et les moyens d'exécution pas plus doux. Les jugements de la Conservation, qui étaient exécutoires sans visa ni paréatis dans toute l'étendue du royaume, l'étaient de même à l'étranger. Ce privilège n'était pas platonique; les souverains étrangers toléraient bien réellement dans leurs Etats l'exécution des jugements des Conservateurs.

« Les foires de Brie et de Champagne, dit Guillaume Barbier
« en 1649 (1), qui sont à présent celles de Lyon, furent establies
« comme nous l'apprennent des lettres-patentes de Philippe de
« Valois données au bois de Vincennes le 6 août 1349, pour le
« bien et profit commun de toutes les provinces, tant de ce
« royaume qu'estrangères; ce qui fut cause qu'à leur création
« et establissement, et aux ordonnances et statuts d'icelles, tous
« les princes chrétiens et mécréants y consentirent et donnèrent
« leur approbation, et de plus se soumirent à la juridiction
« d'icelles, y donnant obéyssance. Ce sont les termes desdites
« lettres qui veulent dire qu'en considération des privilèges et
« franchises que nos rois donnaient dans lesdites foires au sujet
« de ces princes estrangers, et de la liberté qu'ils avaient de
« venir en ce royaume négocier seurement et franchement
« es-dites foires, ils voulurent que leurs dits sujets demeurassent

(1) Préface de Guillaume Barbier, éditeur des *Privilèges des foires de Lyon*, en 1649.

« soumis à la juridiction d'icelles, et quoyque de retour en leur
« pays, qu'ils fussent obligiez de comparoir et de plaider par
« devant le juge conservateur des privilèges desdites foires,
« toutes et quantes fois qu'ils y seraient appelez comme ses
« justiciables. Ce qui est encore aujourd'hui si ponctuellement
« observé, que dans tous les pays estrangers, les sentences,
« jugements et commissions dudit juge conservateur y sont
« exécutés sans aucun contredit et il n'y a *personne dans Lyon*
« *du nombre des anciens négociants et autres*, qui ne sachent
« qu'en vertu des décrets de prise de corps décernez par ledit
« juge conservateur, l'on ait depuis trente ou quarante ans
« amené devant luy des prisonniers, que l'on pourrait nommer
« si l'on voulait, arrestez en Barbarie et en Angleterre, ce qui
« a esté souffert avec patience par les princes et seigneurs, leurs
« souverains, en considération de ce que dessus, et par ce
« moyen les officiers de nos roys portent leurs noms et leur
« juridiction par tous les pays estrangers et y trouvent pour ce
« regard obéyssance et soumission toute entière. »

Ainsi l'autorité de la Conservation était reconnue chez les
peuples les plus divers, par des nations presque barbares comme
par les plus jalouses de leur indépendance. Et cette autorité
dont on constate l'existence dans le xviie siècle se retrouve aussi
bien avant qu'après, sous un nouveau régime ; la Conservation
invoque les traités internationaux, et ses réclamations apprennent
que si ses droits sont parfois méconnus, ils n'en reposent pas
moins sur les plus solides fondements.

CHAPITRE XII

LE commerce de Lyon profitait grandement des privilèges
exceptionnels de la Conservation, mais jamais privilèges
n'avaient été mieux justifiés. Tout avait été combiné
pour attirer l'argent et les marchandises sur le marché lyonnais,
les étrangers y apportaient leurs produits, et notamment les soies
brutes; ils venaient y acheter les soies transformées en tissus.
« Mais si le fabricant, disait le Consulat dans un de ses mémoires,
« n'était pas payé exactement à chaque payement des foires des
« étoffes qu'il avait vendues à crédit pour ce temps, il était hors
« d'état de payer la soie qu'il avait prise à crédit, la teinture, la
« main-d'œuvre, etc.; il était dans l'impossibilité de former de
« nouvelles entreprises, de se charger des commissions de
« l'étranger; le marchand de soie dont le payement serait arrêté
« ne trouverait plus de crédit pour faire de nouvelles emplettes;
« le teinturier serait hors d'état de se fournir dans le temps des
« drogues nécessaires à son art, et pour cet enchaînement et
« cette suite de relations, l'activité du commerce serait dans
« l'instant suspendue, de même que le manque d'eau fait cesser
« sur-le-champ le jeu de toutes les pièces qui composent l'artifice
« du moulin. »

Pour attirer les étrangers, on leur avait fixé dans toute la

France un seul tribunal, ils pouvaient dire avec assurance :
« Nous n'avons qu'un juge en première instance, ce sera le
Conservateur; nous ne connaîtrons qu'un juge d'appel, ce sera
la Cour des Pairs; c'est à ce prix que nous établissons une
correspondance avec la France; c'est à ce prix que la France
prend chaque jour les plus grands engagements avec l'étranger.
Tels sont les traités dont la foi bien entretenue étendra toutes
les branches du commerce, dont la foi altérée, au contraire,
l'anéantira sans ressource. Tout le commerce des foires se
réunissant dans le sanctuaire de la Cour, toujours nous y verrons
les mêmes principes en vigueur, un même recueil servira de
loi au monde entier. Le commerce des foires, au contraire,
distribué dans les justices royales, les affaires répandues ensuite
par l'appel dans tous les Parlements, plus d'uniformité, plus de
confiance, plus de commerce. »

La Conservation mettait peu de modération à user de ses
privilèges extraordinaires, elle mettait, au contraire, à les
défendre une opiniâtreté irritante. Elle en était arrivée ainsi à
se faire des ennemis de juridictions qui, par nature, auraient dû
être ses sœurs, mais à l'écart et au-dessus desquelles elle avait
constamment eu soin de se tenir. Il n'en avait pas toujours été
ainsi, à vrai dire, et l'on sait de quel œil d'envie le Consulat
avait regardé les justices consulaires des autres villes, tant qu'il
n'y avait eu à la Conservation que des officiers royaux. Mais
quand le Consulat eut obtenu l'édit de 1655 et celui de 1669, la
Conservation, gâtée par sa bonne fortune, tira habilement parti
du double caractère dont elle était investie; elle faisait sonner
bien haut, tantôt sa qualité de juridiction municipale, tantôt
celle de juridiction royale pour se maintenir au-dessus de ses
rivales, ou pour défendre autant que possible son indépendance
contre le pouvoir royal. Autant elle avait cherché autrefois à
identifier sa cause avec celles des justices consulaires, autant,
désormais, elle s'efforça de l'en séparer.

L'abondance et la variété des affaires jugées par la Conservation lui avaient donné en matière commerciale une expérience
à laquelle les magistrats consulaires ne se faisaient pas faute de
recourir. Elle donnait des consultations dans toute la France et

même à l'étranger. [La Conservation était en correspondance avec les grandes places de l'étranger, Francfort, Leipzig, Amsterdam, etc.] Quand il se présentait une espèce qui touchait par quelque côté aux privilèges de la Conservation, elle ne manquait pas de faire remarquer que sa législation, privilégiée comme elle l'était, ne pouvait servir de modèle à celle des autres juridictions. Elle n'apercevait dans sa constitution que ce que celle-ci avait d'exception et fermait les yeux sur les attributions qui pouvaient lui être communes avec les justices consulaires : « Il ne lui convenait point, disait-elle, de faire cause commune « avec les Juges-Consuls, puisque ses privilèges étaient de « nature à ne devoir pas être confondus avec les leurs. »

Une des causes les plus fréquentes du désaccord avec les autres juridictions se trouvait dans la faculté de faire exécuter ses jugements « en tous lieux, jours et heures », en vertu de laquelle la Conservation était plus puissante que les juridictions consulaires sur leurs terrains et dans leur ressort. Aussi un projet de règlement, inspiré et peut-être rédigé par les justices consulaires, fut-il présenté à la date du 7 décembre 1756. Il essayait de substituer « à l'application universelle et indistincte des privilèges de la Conservation », l'uniformité entre toutes les juridictions commerciales du royaume. On commençait alors à employer un peu partout des arguments de justice et d'égalité. Ce projet qui, du reste, n'eut pas de suite, établissait une distinction formelle et expresse entre les faits de foires et les autres affaires de commerce. Le Consulat, pour défendre son tribunal, disait : « Il n'en est pas de même des foires de Lyon comme « celles de Beaucaire et de la plupart des autres foires du « royaume. Dans ces dernières, il se fait au temps marqué un « concours de marchands et un transport de marchandises dans « le lieu destiné pour tenir la foire, et le terme expiré, tout « disparaît, en sorte qu'il est bien facile de distinguer les négo- « ciations faites en foires ou autres. A Lyon, au contraire, dans « les quinze jours fixés pour chaque foire, le concours des mar- « chands n'est guère plus grand que dans les autres temps. Ce « n'est point dans un lieu déterminé que se tient la foire et où « les marchandises sont transportées. Les quinze jours ne sont

« en quelque façon que pour l'expédition des marchandises qui
« entrent et sortent pendant la foire. Toutes les autres opérations
« du commerce, même relatives aux foires, se font en tout temps
« et vont aboutir ordinairement aux quatre payements des foires,
« si connus dans l'Europe sous les noms de : payement des
« Saints, payement des Roys, payement de Pâques et payement
« d'Aoust, en sorte que l'on peut dire que la foire à Lyon est
« perpétuelle, et que Lyon n'a d'autre commerce que celui des
« foires. »

Le Consulat trouvait toujours de nouveaux arguments pour
faire excuser la supériorité de la Conservation, supériorité née
de ses privilèges, et il disait : « N'y a-t-il pas toujours eu, dans
« les plus grandes monarchies, des villes de franchise et de
« privilège, notamment pour le commerce? A peine Alexandre
« eut-il formé sa monarchie de la conquête de presque tout le
« monde entier, qu'il travailla à fonder une ville qui devait être
« le centre du commerce de ses vastes Etats, et qu'il la dota des
« plus grands privilèges. Tous les souverains de l'Europe,
« guidés par une semblable politique, ont fait et font chez eux
« de semblables établissements, et se privent pour les soutenir
« et pour y attirer les étrangers, des droits les plus utiles et en
« quelque façon d'une partie de leur souveraineté. Serions-nous
« les seuls qui, bien loin de former de ces nouveaux établisse-
« ments, travaillerions à détruire ceux qui sont tout formés et
« dont une expérience de plusieurs siècles a prouvé l'utilité ?
« D'ailleurs, les avantages du commerce étendu de la ville de
« Lyon ne sont pas renfermés dans cette ville. Tous les sujets du
« roi et surtout les négociants y participent. Combien de manu-
« factures dans le royaume seraient dans l'inaction sans le
« débit que leur procure le commerce de Lyon ? Pourquoi donc
« contester des privilèges, tandis que l'on jouit et que l'on veut
« jouir des avantages dont ces privilèges sont la source ? » Le
Consulat allait jusqu'à se comparer aux plus hautes juridictions
pour montrer que sa compétence n'était pas aussi exceptionnelle
que ses adversaires le prétendaient. « Il est d'usage, disait-il,
« de grossir les objets quand on veut qu'ils frappent. Ce pré-
« tendu bouleversement de la part de la Conservation n'était

« pas plus considérable que celui de toutes les autres juridic-
« tions privilégiées du royaume, du Grand-Conseil, des
« requêtes du Palais, des cours des Monnaies et de la Table de
« marbre, du bureau de l'Hôtel-de-Ville pour l'approvision-
« nement de la ville, etc..... »

Enfin, deux projets de règlement rédigés, l'un sous l'inspiration de la Conservation, l'autre, sous celles des justices consulaires, furent consacrés par les lettres-patentes du 15 septembre
1763, rendues à titre provisionnel, et en attendant qu'il fût
pourvu à un règlement général « pour fixer la forme et la compé-
« tence des juridictions consulaires et des juges conservateurs
« des foires, déterminer les limites de leur pouvoir avec l'auto-
« rité confiée dans tous les temps aux justices ordinaires ». La
Révolution n'attendit pas qu'il fût rédigé ; elle emporta du même
coup justices consulaires et Conservation, établissant ainsi
entre elles la seule égalité que celle-ci fût capable de supporter.
La Conservation aimait encore mieux tomber que de partager
ses privilèges. Mais avant de tomber, elle eut à subir les effets
de la grande réforme judiciaire qu'on essayait alors. Parmi les
Conseils supérieurs que l'on voulut substituer aux Parlements,
devenus autant de foyers d'opposition, Lyon eut le sien.
Louis XV le créa par édit de février 1771. Cette création fut
très mal accueillie par les Lyonnais. C'était une juridiction
rivale de la Conservation, qui, depuis plus d'un siècle, n'était
habituée à trouver à côté d'elle que des inférieures. Le Consulat,
dans un mémoire adressé au garde des sceaux, M. de Miromesnil,
exposa tous ses griefs contre la nouvelle création qui restreignait
au ressort du Conseil supérieur l'exécution des sentences de la
Conservation, auparavant mises en vigueur dans toute l'Europe
et même au delà. Cette restriction était de nature à diminuer le
commerce de la ville en dehors du royaume et provoquait juste-
ment la défiance des étrangers qui pourraient fort bien ne pas se
soumettre à une juridiction nouvelle, envers laquelle aucun
traité ne les engageait comme envers la Conservation. D'ailleurs
les défendeurs de mauvaise foi trouvaient dans un appel au
Conseil supérieur, siégeant à Lyon, des facilités que l'éloigne-
ment du Parlement de Paris leur interdisait auparavant, quand

JOVIN-DESHAYES

*Président du Tribunal de Commerce
de Saint-Etienne*

Élu le 9 Février 1825

ÉTUDE HISTORIQUE SUR LES JURIDICTIONS CONSULAIRES

ils voulaient faire appel des jugements de la Conservation. Le danger d'un Conseil supérieur à Lyon consistait, pour ne citer qu'un exemple entre tous, dans l'excessive facilité à délivrer à Pâques et à Noël des prisonniers pour dettes de plus de 5oo livres, facilité qui faisait perdre à des créanciers 1.000, 2.000 et jusqu'à 12.000 livres. Le rétablissement des Parlements servit la cause de la Conservation, en entraînant la chute du Conseil supérieur (1).

Mais à cette date, la grande juridiction lyonnaise était elle-même bien près de sa fin ; le décret du 27 mai 1791 lui donna pour héritier le Tribunal de Commerce qui, depuis, a tenu sa place, mais sans avoir immédiatement sa succession; il laissa les Conservateurs en fonction jusqu'à l'installation des nouveaux Juges Consulaires. Cette installation eut lieu le 16 juin 1795 ; ce fut le dernier jour de la Conservation (2).

(1) *Almanach de Lyon*, 1774.

(2) *Idem*, 1797, p. LXV.

CHAPITRE XIII

MESURE que les communications devinrent plus faciles, les transactions plus sûres et les produits industriels plus considérables dans les cités importantes, les foires franches de Lyon perdirent beaucoup de leur utilité. Leur décadence commença dès les premières années du xviiie siècle, mais elles ne furent complètement abandonnées que pendant la période révolutionnaire. La dernière foire dont il est fait mention dans les registres des délibérations municipales est du 19 août 1790. Leur chute n'a apporté aucun changement notable dans les opérations commerciales, parce que les diverses industries lyonnaises avaient pris dès lors une telle assiette qu'elles n'avaient plus besoin de cet appui pour se soutenir et pour prospérer. Les quatre foires franches de Lyon avaient fait de cette ville le marché général du monde, et le tribunal de la Conservation, institué pour assurer les privilèges de ces foires, avait obtenu par la sagesse de ses décisions l'assentiment unanime des souverains et des nations. Nulle institution n'a contribué d'une manière plus puissante au développement de la richesse nationale, au rapprochement des peuples et au progrès de la civilisation.

Nous espérons que ce résumé historique d'une ancienne juridiction consulaire, si peu connue et qui mérite de l'être comme étant l'aïeule du Tribunal de Commerce de Saint-Etienne, intéressera plus d'un lecteur. On trouvera de plus amples détails dans les ouvrages que nous avons cités (Fayard, Vaesen); on pourrait aussi resuivre avec profit les jugements de la Conservation qui sont déposés aux archives municipales de Lyon. La collection est incomplète jusqu'au milieu du XVIIe siècle, mais à partir de cette époque les sentences de la Conservation, qui était alors unie au Consulat, sont soigneusement collationnées. Il faut aussi faire remarquer que deux des règlements de la Conservation qui ont été imprimés ont la plus grande importance; ils renferment toute la législation en vigueur à Lyon sur le change et les banqueroutes, tandis que la législation sur les livres de commerce, sur les transports, sur toutes les autres matières commerciales, se trouve éparse dans des documents moins importants, surtout dans les jugements de la Conservation. Ces deux règlements sont :

« 1° Le stile de la juridiction royale établie dans la ville de Lyon, présentement unie au Consulat pour la conservation des privilèges royaux des foires (*Paris, Antoine Vitré*, 1657, in-4°);

« 2° Règlements de la place des Changes de la ville de Lyon, proposez par les principaux négociants de ladite ville et consentis par Messieurs les Prévots des marchands et échevins, juges-gardiens conservateurs des privilèges de ses foires (*Lyon, Antoine Julliéron*, 1678, in-8°). »

Avant de clore cette première partie, il nous reste à dire quelques mots des membres de la Conservation. A côté des Prévôts des marchands, qui étaient présidents de ce tribunal et dont nous donnons la liste ci-après, et des échevins, il s'y trouvait des hommes nouveaux qui ne pouvaient eux-mêmes exercer les fonctions municipales qu'après avoir rendu la justice à la Conservation ou administré les biens des pauvres dans les hôpitaux. Une fois entrés dans l'administration municipale, ils en rapportaient ces titres de noblesse dont Charles VIII avait enrichi le Consulat. On peut donc dire que la Conservation a, elle aussi, sa noblesse de robe. Elle représente dignement, de concert avec le Consulat, dont elle n'est à vrai dire qu'un rameau, cette grande aristocratie commerciale, dont on ne peut guère trouver de modèle qu'en Italie. Comme sa rivale, ou plutôt comme sa métropole des rives de l'Arno, qui lui avait envoyé tant de ses enfants, elle sait joindre à une haute intelligence des affaires le goût des choses de l'esprit. Il y a chez ces magistrats des sentiments à la hauteur de leur situation, un désintéressement que ne vient pas altérer, comme ailleurs, la vénalité des offices et la nécessité pour le juge de rentrer dans ses déboursés. Les Conservateurs exerçaient gratuitement leurs fonctions publiques, et leur amour-propre avait ce côté respectable qu'il s'identifiait avec le sentiment de la grandeur de leur cité.

LISTE DES PRÉSIDENTS DE LA CONSERVATION DE LYON

1655. — Jacques Guignard . . . . Prévôt des marchands.
1658. — François de Baillon, cte de la Salle . . . . . —
1660. — Hugues de Pomey, sr de Rochefort . . . . . —
1662. — Marc-Antoine du Sausay . . . . —
1664. — Gaspard Charrier . . . . —
1666. — Laurent de la Veuhe, cte de Chevrière . . —
1667. — Paul Mascranny . . . . —
1669. — Constant de Silvecane . . . . —
1671. — Jean Charrier . . . . —
1673. — Charles Grolier . . . . —
1675. — Philibert de Masso . . . . —
1677. — Balthazar de Chaponay . . . . —
1679. — Thomas de Moulceau . . . . —
1681. — Louis Gayot . . . . —
1683. — Lambert de Ponsaimpierre . . . . —
1685. — Claude Pecoil . . . . —
1687. — Laurent Pianello de la Valette . . . . —
1689. — Gaspard Baraillon, sr de la Combe . . . . —
1691. — Etienne de Bartholy . . . . —
1692. — J.-B. Dulieu . . . . —
1694. — Mathieu de Sève, bon de Fléchères . . . . . —
1696. — Louis Dugas . . . . —
1700. — Jean Vaginay, sr de Montpiney . . . . —
1704. — Benoît Cachet de Montezan . . . .

1708. — Louis Ravat, s^r des Mazes.............	Prévôt des marchands.

1708. — Louis RAVAT, s^r des Mazes............. Prévôt des marchands.
1716. — Pierre CHOLIER, c^{te} de Cibeins......... —
1724. — Laurent DUGAS..................... —
1730. — Camille PERRICHON................. —
1740. — Jacques-Annibal CLARET DE LA TOURETTE. —
1745. — Hugues RIVERIEULX DE VARAX.......... —
1750. — Pierre DUGAS..................... —
1752. — Antoine PAUTRIER.................. —
1753. — J.-B. FLACHAT. .... —
1764. — Ch. Jacques LECLERC DE LA VERPILLIÈRE. —
1772. — Claude-Espérance, m^{is} DE RÉGNAULT,
     s^r de Bellescise.......... .... —
1777. — Claude RIVERIEULX DE CHAMBOST........ —
1779. — Antoine FAY, b^{on} de Sathonay......... —
1785. — Louis TOLOZAN DE MONTFORT.......... —
1790. — Fleury-Zacharie-Simon PALERNE DE SAVY. Maire.

1791. — Il y eut trois élections consécutives pour former le Tribunal de Commerce de Lyon. Mais les élus ne siégèrent pas, par suite de contestations et de démissions, et la Conservation continua ses premières opérations.

1792. — La Conservation était présidée par un officier municipal, Philippe CHOIGNARD, qui fut plus tard président de l'an III à l'an VIII. Nous le considérons comme le premier Président du Tribunal de Commerce de Lyon. Il y eut bien une nouvelle élection en avril de cette année, où figurait comme président le fameux CHALIER qui n'exerça pas longtemps ses fonctions, si même il les a exercées (1), et dont on peut dire que c'est un ancêtre peu enviable pour les Juges Consulaires de Lyon. Cette magistrature, installée le 7 mai 1792, fut d'ailleurs remplacée quelques mois après, en novembre.

(1) CHALIER n'assistait pas à l'installation de cette magistrature qui eut lieu le 7 mai 1792 et on ne trouve nulle part qu'il ait reçu l'institution ou prêté serment. Il existe d'ailleurs, à cette époque troublée, un imbroglio d'où la vérité est difficile à dégager.

1793. — La Conservation suspendit ses séances le 26 juillet 1793, pendant le siège de Lyon, et on ne trouve plus de jugements jusqu'en 1795. Cependant un auteur donne la composition de ce tribunal en 1794 et 1795, avec Philippe CHOIGNARD pour président.

1795. — C'est seulement le 16 juin 1795 que le Tribunal de Commerce de Lyon fut installé.

L'*Almanach de Lyon* pour les années 1797 et 1798, dit textuellement :

« Le Tribunal qui a succédé au siège de la Conservation, dont
« les attributions furent si multipliées, qui accordait la noblesse
« héréditaire à ceux qui y remplissaient les fonctions judiciaires,
« fut installé le 16 juin 1795 et décide sur toute affaire de
« négoce, sauf l'appel au tribunal civil du département, et sans
« appel sur toutes celles dont la demande n'excède pas mille
« livres. Les membres en sont élus par une assemblée électorale
« de négociants. Leurs audiences se tiennent le soir des duodi,
« quintidi et octidi de chaque décadi. »
(*Almanach de Lyon*, 1797-1798, p. LXV.)

Suivant M. Fayard (*Anciennes Juridictions lyonnaises*, p. 75), le Tribunal de Commerce de Lyon était, en 1795, composé comme suit :

Philippe CHOIGNARD,	président.
Jean-Claude FAYOLLE,	juge.
Pierre DERUSSY,	—
Jean-Charles TERRET,	—
Antoine GEOFFROY,	juge suppléant.
Jean-Baptiste PÉCLET,	—
Jacques BAUSSILLON,	—
François LAUDOZ,	—
Théodore PERRET,	—

L'*Almanach de Lyon* donne, pour l'année 1798, la composition suivante :

Philippe CHOIGNARD, homme de loi, président.

Juges : RIÇARD,　　　　　　Suppléants : LAUDOZ,
　　　　FAYOLLE,　　　　　　　　　　　　CAMINET,
　　　　Théodore PERRET,　　　　　　　　GUILLAUD,
　　　　PECLET.　　　　　　　　　　　　PINONCÉLY.

Greffier : THOYARD (Gilbert).

Commis-greffier : THOYARD fils.

PEYRET-DUBOIS

*Président du Tribunal de Commerce
de Saint-Etienne*

Elu le 20 Mars 1828

ÉTUDE HISTORIQUE SUR LES JURIDICTIONS CONSULAIRES

DEUXIÈME PARTIE

Les Juridictions consulaires depuis la Révolution.
Le Tribunal de Commerce de Saint-Etienne.

CHAPITRE PREMIER

CONSIDÉRATIONS GÉNÉRALES

Utilité des Tribunaux de Commerce ; — Citation de Montesquieu ; — Les Tribunaux de Commerce maintenus par la loi du 24 août 1790 ; — Suppression des justices seigneuriales dans la nuit du 4 août 1790 ; — Les Tribunaux de Commerce reconstitués sur leurs anciens principes.

LA création des Tribunaux de Commerce peut se rapporter à deux causes ; d'abord, la nécessité de résoudre promptement les contestations que font naître les opérations commerciales, afin de ralentir le moins possible le mouvement de celles-ci ; et, d'autre part, la nécessité de diminuer, en simplifiant les procédures, les frais de procès dont le nombre est très considérable à raison de la multiplicité des actes commerciaux qui y donnent lieu.

« Les transactions commerciales, dit Montesquieu (1), sont « peu susceptibles de formalités ; ce sont des opérations de « chaque jour ; il faut donc qu'elles puissent être décidées « chaque jour. »

Nous avons déjà vu, dans la première partie, qu'en France le commerce jouit depuis plusieurs siècles du bienfait de la juridiction consulaire. Créée à l'état rudimentaire par Louis XI, établie dans quelques villes seulement par François Ier et Henri II, étendue sous Charles IX par le sage L'Hospital à la plupart des grandes places de commerce du royaume (2), régularisée par l'édit de 1673, cette institution, malgré les attaques dont elle a été l'objet et les abus qui s'y étaient parfois introduits, était trop favorable à la sécurité, à la prospérité du commerce, pour ne pas trouver place dans notre législation moderne. Aussi, les justices consulaires ont-elles été d'abord maintenues par la loi du 24 août 1790, sous la dénomination de Tribunaux de Commerce.

Notre organisation judiciaire date en effet de la Révolution. Quand ce grand mouvement commença, les Parlements qui, jusqu'à un certain point, avaient contribué à saper l'ancien ordre des choses, et l'ordre judiciaire tout entier, furent les premiers corps qui en subirent le choc. Dans la fameuse nuit du 4 août 1789, les justices seigneuriales, qui avaient déjà reçu une si rude atteinte par l'édit de 1788, furent supprimées comme conséquence de la destruction complète de ce qui restait du système féodal. Le 24 mars 1790, l'Assemblée nationale décréta que l'ordre judiciaire serait reconstitué en entier. Les principes qui ont servi à cette reconstitution sont encore ceux qui nous régissent pour la plupart ; ils donnèrent lieu à des débats mémorables dont l'éclat se prolonge encore. Ainsi la loi des 16-24 août abolit la vénalité et l'hérédité des offices de judicature ; décréta que la justice serait rendue

(1) *Esprit des lois*, livre XXX, chap. 18.
(2) Lyon, Toulouse, Rouen, Paris, Bordeaux, Tours, Orléans, Poitiers, etc.

au nom du roi ; proclama l'égalité de tous devant la justice et anéantit, en conséquence, les privilèges de juridiction ; établit la gratuité de la justice et supprima l'usage des épices ; établit deux degrés de juridiction ; obligea les juges à motiver leurs décisions, et prononça la séparation absolue du pouvoir administratif et du pouvoir judiciaire.

L'Assemblée Constituante qui reconstitua de fond en comble l'ordre judiciaire, maintint les Tribunaux de Commerce, en y rattachant les affaires de commerce maritime, que l'ancien droit attribuait aux amirautés, désormais supprimées. Les Juges-Consuls avaient été de tous temps électifs ; l'Assemblée Constituante n'eut donc pas à innover sur ce point ; elle décréta dans la loi des 16-24 août que les Juges de Commerce seraient élus pour deux ans par un collège d'électeurs composé de commerçants de tous ordres de la ville où devait siéger le Tribunal de Commerce. Il s'agissait aussi de continuer les principes établis depuis plusieurs siècles, qui avaient pour but de procurer aux justiciables, dans les affaires de commerce, une justice plus simple et plus expéditive, et surtout la garantie de l'expérience d'hommes habitués à ces affaires d'une nature spéciale. Sous l'empire de cette loi, les tribunaux de commerce se composaient d'un président, de deux juges et de deux suppléants, et ne pouvaient prononcer qu'au nombre de trois juges au moins. Ils jugeaient en dernier ressort toutes les affaires n'excédant pas la somme de 500 francs. Mais, « par une anomalie singulière, dit M. A. Delmont (1), le décret des 24-30 mars 1791 attribua aux tribunaux de districts la connaissance des appels des décisions émanées des tribunaux consulaires, de telle sorte que les magistrats, auxquels il était dénié toute compétence pour juger en premier ressort les litiges entre commerçants, recouvraient cette même compétence comme juges du second degré, quand il s'agissait d'examiner les mêmes litiges vidés en premier ressort par les juges consulaires ». Cette remarque, fort judicieuse pour l'époque révolutionnaire où les juges de district pouvaient ne pas offrir des garanties

____

(1) *Congrès pour l'avancement des Sciences*, Saint-Etienne, 1897, t. II, p. 5.

suffisantes d'aptitude, ne pourrait s'appliquer aujourd'hui aux tribunaux civils, qui jugent les affaires commerciales dans les arrondissements où il n'y a pas de tribunaux consulaires, et auxquels on ne peut dénier une compétence suffisante. Le Code de commerce, promulgué en 1807, apporta à cet état de choses des modifications que nous exposerons plus loin.

CHAPITRE II

CRÉATION DU TRIBUNAL DE COMMERCE DE SAINT-ÉTIENNE

Président : M. Gontard.

Proposition de M. l'abbé Gagnière; — Pétition de la municipalité; — Avis défavorable du Directoire du District de Saint-Etienne et du Conseil général de Rhône-et-Loire; — Pétition des négociants stéphanois; — Nouvelles démarches de la municipalité; — Avis d'abord défavorable, puis favorable du District; — Décret du 26 février 1791; — Saint-Etienne, mis au rang des grandes villes; — Difficultés à Lyon où la Conservation subsiste encore.

 PEINE la loi des 16-24 août était-elle votée que toutes les villes d'un commerce important firent des démarches pour obtenir le siège d'un tribunal de commerce. La ville de Saint-Etienne n'étant pas comprise dans le décret du règlement d'administration qui fixait les villes où devaient être formés les tribunaux de commerce, la municipalité fit de nombreuses démarches pour obtenir un semblable établissement.

Ce fut M. l'abbé *Gagnière*, curé de Saint-Cyr-les-Vignes et député de Rhône-et-Loire, qui eut le premier l'idée de suggérer aux officiers municipaux de Saint-Etienne la demande d'un tribunal de commerce, leur assurant son concours le plus absolu dans une lettre qu'il leur adressa aussitôt après le vote de la loi, réorganisant les tribunaux. Le 3o août 1790, le Conseil général de la commune se réunit et décida d'envoyer une adresse de remerciements à M. *Gagnière*; le 21 septembre suivant, il rédigea une pétition à l'Assemblée Nationale conçue en ces termes (1) :

(1) *Archives départementales de la Loire,* L. supplément, liasse n° 222.

« Saint-Etienne, le 21 septembre 1790.

« *A Messieurs les Membres de l'Assemblée nationale.*

« Messieurs,

« La ville de Saint-Etienne, recommandable par sa grande
« population et l'étendue de son commerce en rubans, quincailles,
« armes et charbons de terre, est considérée parmi les villes
« de commerce comme ville de second ordre ; ces différentes
« branches de commerce la mettent non seulement en relation
« avec toutes les villes de la France, mais encore avec les
« royaumes étrangers qui, tributaires de son industrie,
« augmentent la prospérité publique.

« Des législateurs occuppés (*sic*) à viviffier (*sic*) toutes les parties
« d'un grand Etat, à coopérer au Bonheur (!) du peuple français
« et à favoriser l'industrie nationale, ne dédaigneront pas de
« prendre en considération cette ville et ses habitants.

« Rien n'est plus contraire au commerce que les longueurs
« des procédures devant les juges ordinaires, les déplacements
« des partis pour recourir à un tribunal compétent, et les frais
« qui en résultent pour les plaideurs. C'est pour parer à cet
« inconvénient que les maire, officiers municipaux et notables
« assemblés au Conseil de la Commune, ont l'honneur de vous
« demander, Messieurs, que parmi les villes de commerce que
« vous désignerez pour avoir un tribunal de commerce qui
« jugera des différends qui peuvent survenir entre négociants
« ou marchands pour faits de marchandises, Lettres de change,
« Sociétés et autres cas, la ville de Saint-Etienne y soit comprise,
« étant ville de commerce du second ordre ; c'est la seule ville
« du département après Lyon dont le commerce soit le plus
« important, qui réunisse un aussi grand nombre de citoyens
« livrés au commerce et parmi lesquels l'on trouvera les
« lumières et l'intégrité pour remplir les fonctions de juge ; le
« rapprochement des justiciables que vous avez toujours eu en
« vüe (*sic*), le dédale de la chicanne (*sic*) que vous avez proscrit

« et l'économie dans les frais ont caractérisé vos sages
« opérations. Tout français vous doit un tribut de reconnais-
« sances, de louanges et de dévouement. Vous ne ferez, Messieurs,
« qu'ajouter à tous ces sentiments que nous nous faisons gloire
« de professer en remplissant les vœux d'une ville dont nous
« sommes l'organe.

« Nous sommes, avec respect, Messieurs, vos très humbles et
« très obéissants serviteurs.

« Les maire et officiers municipaux de la ville de Saint-Etienne,

« Signé : NEYRON, maire ; Jean D'AVÈZE, Jacq. MOURGUES,
« GONTARD, officier municipal ; DUMAREST..., officier municipal,
« Pierre BIZAILLON, PARADIS, Honnoré CHAPELON, J. PEYRET,
« BADEL, COLARD, Martin CLÉMENÇON. »

Cette pétition, passant par-dessus la tête des administrateurs
du district et du département, est envoyée directement aux
députés de Rhône-et-Loire par la municipalité, qui joint une
lettre pour les prier d'appuyer sa demande. Quelques jours après,
le 28 septembre, M. *Chirat*, procureur-général, syndic du
département, écrit aux administrateurs du district de Saint-
Etienne pour leur demander leur avis sur l'établissement d'un
tribunal de commerce dans leur ville. Le 3o septembre,
l'Assemblée générale du district, convoquée à cet effet, prend
une délibération par laquelle elle émet l'avis qu'il ne doit être
établi aucun tribunal de commerce dans l'étendue du district
de Saint-Etienne.

Le Conseil général de Rhône-et-Loire, concentrant les avis
des districts de ce département, décide, dans sa séance du
3 novembre, de solliciter un seul tribunal de commerce pour la
ville de Lyon. Les pièces concernant cette question sont envoyées
aux députés de Rhône-et-Loire, qui répondent par une lettre du
6 novembre que le district de Saint-Etienne, ne reconnaissant
pas comme nécessaire l'établissement d'un Tribunal de
Commerce, ils s'abstenaient de faire aucune démarche.

L'affaire semblait donc ne pas devoir aboutir ; mais, d'un
autre côté, elle suivait son cours, grâce à la sollicitude de
M. l'abbé *Gagnière*. En effet, le 22 novembre, la municipalité

recevait de ce dernier une lettre annonçant que le Comité de Constitution avait donné un avis favorable à l'établissement d'un tribunal de commerce à Saint-Etienne, mais que pour y faire droit, il fallait l'avis du département. Le 25 novembre, la municipalité de Saint-Etienne présente une requête aux administrateurs du district pour demander leur appui auprès du département, afin d'obtenir pour cette ville le tribunal en question. Le 2 décembre, le Directoire du district de Saint-Etienne prend une délibération défavorable au projet, dont voici la conclusion :

« Le Directoire, considérant que, si l'établissement d'un
« Tribunal de Commerce n'est pas essentiellement utile à un
« district, il peut devenir nuisible aux citoyens qui l'habitent
« par les difficultés et les contestations de compétence aussi
« fréquentes que ruineuses qui s'élèvent entre les justiciables,
« Ouï M. le Procureur-syndic ;
« Le Directoire croit qu'il ne peut ni ne doit s'écarter de
« l'avis donné par le Conseil de district à la forme de la Délibé-
« ration du 30 septembre dernier ; il estime d'ailleurs que s'il
« y avait lieu à accorder un tribunal de commerce au district de
« Saint-Etienne, cette ville devait être choisie pour le siège de
« l'établissement de ce tribunal (1). »

Cependant, le 22 décembre, le Comité de Constitution, comme l'avait annoncé M. l'abbé *Gagnière*, retournait la pétition de la municipalité pour avoir l'avis du département. La pièce que nous avons reproduite plus haut (2) porte en marge la note suivante :

« Renvoié (*sic*) à l'Assemblée administrative du département
« de Rhône-et-Loire pour, sur son avis, être statué. — Pour
« l'Assemblée nationale — Au Comité de Constitution, le
« 22 décembre 1790. Signé : *Gossin*. »

A cette nouvelle, l'espoir renaît. Le 2 février 1791, les citoyens actifs de la ville de Saint-Etienne, réunis en Assemblée, au nombre

---

(1) *Archives départementales de la Loire*, Registre L. 123, f° 66.
(2) P. 136.

TÉZENAS DU MONTCEL

*Président du Tribunal de Commerce
de Saint-Etienne*

Elu le 30 Avril 1831

ÉTUDE HISTORIQUE SUR LES JURIDICTIONS CONSULAIRES

de 124, dans le réfectoire des « cy-devant » Minimes, décident
de faire une pétition et d'envoyer une députation au Conseil
municipal pour l'inviter à faire toutes les démarches nécessaires
pour avoir un Tribunal de Commerce « séant en cette ville ».
La municipalité reçoit cette députation le 3 février et l'assure
qu'elle renouvellera les démarches qu'elle a déjà faites, en trans-
mettant la pétition aux administrateurs du district (1).

Le Directoire du district revint enfin sur sa première détermination dans une délibération du 9 février qui se termine ainsi :

« Le Directoire, considérant qu'à l'époque où l'adminis-
« tration du district prit la délibération du 30 septembre
« dernier, par laquelle elle a regardé comme inutile l'établis
« sement d'un tribunal de commerce dans l'étendue de ce
« district, le vœu manifesté par le Conseil général de la commune
« de Saint-Etienne d'obtenir pour cette ville un Tribunal de
« Commerce ne lui était pas connu (2),
« Ouï M. le Procureur-syndic ;
« Le Directoire est d'avis qu'il peut être établi en la ville de
« Saint-Etienne un Tribunal de Commerce dont la juridiction
« s'étendra sur la ville et son canton (3). »

Le Directoire du district de Saint-Etienne envoya une copie
de cette délibération au Conseil général de Rhône-et-Loire, qui
dut transmettre de suite un avis favorable au Comité de Constitution.

Les démarches furent enfin couronnées de succès, et, dans sa
séance du 26 février 1791, l'Assemblée Constituante adopta le
décret suivant :

« L'Assemblée Nationale, après avoir entendu le rapport du
« Comité de Constitution sur les pétitions des départements
« de......., décrète ce qui suit :
« Il sera établi des tribunaux de commerce dans les villes de
« *Brest* et de Saint-Etienne. »

---

(1) *Archives municipales*, Registre I. D. n° 1, f° 205.
(2) Cela paraît invraisemblable, d'autant plus que plusieurs membres du
District faisaient partie du Conseil général de la commune.
(3) *Archives départementales de la Loire*, Registre L. 123, f° 117, verso.

« Grâce à son puissant commerce et à l'influence de ses
« dévoués représentants, dit M. Barthélemy Braud (1), dans un
« langage emphatique, six mois seulement après le décret du
« 24 août 1790, notre ville n'avait plus rien à envier aux plus
« grandes villes de France, Paris, Lyon, Marseille, Bordeaux,
« puisque Armeville (*c'est le nom que Saint-Etienne prit deux
« ans plus tard sous la Terreur, toutefois celui de Commune-
« d'Armes était plus connu et plus employé*) possédait, au point de
« vue judiciaire, un tribunal de district, un tribunal de commerce
« et des justices de paix. Quel pas de géants depuis l'abolition
« des juridictions seigneuriales ! »

La citation que nous venons de faire pourrait faire croire
qu'avec la Révolution un monde nouveau était né. Il n'en est
rien, les juridictions n'ont fait que changer de nom, comme les
impôts, de plus en plus lourds, n'ont fait que changer de forme.
Toutes les réformes de cette époque auraient pu se faire pacifi-
quement, tandis que la rapidité et la brusquerie de ces réformes
provoqua en France le plus odieux des régimes, celui connu
sous le nom de La Terreur. D'ailleurs, Saint-Etienne aurait pu
obtenir un Tribunal de Commerce aussi bien sous l'ancien
Régime que sous le nouveau, et il ne faut pas oublier que la
ville avait seulement 13.836 habitants en 1790. Nous avons
vu, dans la première partie de ce livre, que les commerçants d'un
grand nombre de villes avaient organisé en pleine liberté leur
juridiction consulaire, et que les ordonnances royales n'avaient
fait que consacrer et régulariser cette institution plusieurs fois
séculaire. De plus, les litiges en matière commerciale dépendaient non pas toujours des justices seigneuriales, comme veut
le faire croire M. Braud, mais souvent de la Conservation de
Lyon (2), dont les foires étaient le marché le plus important pour
l'écoulement des produits stéphanois.

(1) *Congrès de Saint-Etienne pour l'avancement des Sciences*, 1897, t. II, p. 10.

(2) Nous n'avons pas pu ressuivre les jugements de la Conservation ; mais il est
très probable qu'il a dû passer devant ce tribunal de nombreuses affaires stéphanoises. — Ce qui est encore plus curieux, c'est que même le Consulat (municipalité) de Lyon exerçait sa juridiction dans toute l'étendue de la Généralité. Le
Prévôt des marchands et les échevins de Lyon approuvaient les Statuts des
corporations de métiers de Saint-Etienne (L.-J. Gras, *Histoire de l'Armurerie*, p. 20).
Il en est de même pour la Chambre de Commerce de Lyon, elle s'occupait des
intérêts des industries toréziennes (*Idem, Histoire de la Quincaillerie*, p. 65).

Pendant que les négociants de Saint-Etienne se préparaient à organiser leur tribunal de commerce, celui de Lyon n'avait pas encore pu se former. L'ancien tribunal de la Conservation fonctionnait toujours ; nous en trouvons la preuve dans le procès-verbal du Conseil général de Rhône-et-Loire, en date du 24 novembre 1791, où le Conseil général prend une délibération « invitant l'Assemblée Nationale à se prononcer promptement « sur les contestations relatives à l'organisation du Tribunal de « commerce qui doit être établi à Lyon à la forme de la loi du « 27 Mai 1791 ». Des discussions s'étaient élevées sur la qualité des électeurs, et des manœuvres sourdes avaient obligé les derniers juges élus de se démettre. Le Conseil général demandait de lever tout doute sur la manière de vérifier les pouvoirs des électeurs, de décider si les électeurs sont tenus de justifier des qualités prescrites par l'art. 4 de la loi du 27 mai 1791, de prendre en considération la nécessité d'organiser promptement ce tribunal et d'empêcher les manœuvres qui ont obligé les derniers juges de donner leur démission (1).

(1) V. *suprà*, p. 126, une citation de l'*Almanach de Lyon*.

CHAPITRE III

INAUGURATION DU TRIBUNAL DE COMMERCE
DE SAINT-ÉTIENNE

Président élu : M. Gontard.

Convocation des nouveaux juges; — Arrêté et proclamation de la municipalité ; — Installation du Tribunal de Commerce le 16 janvier 1792 ; — Cérémonial du serment des juges ; — Première audience le 5 mars 1792; — Locaux du Tribunal ; — Nouvelle élection avec adjonction de suppléants.

ES députés du Forez, M. l'abbé *Gagnière*, M. *Rostaing* et M. *Delandine* s'étaient empressés d'écrire à la municipalité pour lui annoncer le décret du 26 février, qui autorisait l'établissement d'un Tribunal de Commerce dans la ville de Saint-Etienne.

Les officiers municipaux, réunis en séance le 3 mars 1791, prirent connaissance de ces trois lettres, et se réjouirent du succès de leur demande. Le soin de procéder à ce nouvel établissement incombait à la municipalité, qui devait convoquer l'Assemblée des électeurs marchands pour élire les Juges-Consuls. Nous n'avons pu trouver le procès-verbal de cette première élection, nous en ignorons même la date. Elle dut avoir lieu entre le 10 juillet et le 25 septembre 1791, car aux élections du district qui eurent lieu le 25 septembre 1791, M. GONTARD était scrutateur et désigné déjà avec la qualité de membre du Tribunal de Commerce.

Quoi qu'il en soit, les cinq premiers juges élus sont signalés dans un arrêté de la municipalité en date du 20 octobre 1791, où il est dit :

« .... MM. GONTARD, JOVIN l'aîné, Jacques PEYRET,
« THIOLLIÈRE DE L'ISLE et Antoine VINCENT, nommés pour
« composer le Tribunal de Commerce, seront priés de se mettre

« en activité, et, à cet effet, de vouloir se rendre dans l'église
« paroissiale pour être installés par le Conseil général de la
« Commune qui recevra le serment qu'ils feront conformément
« à la loi. »

M. Gontard, qui avait été choisi pour remplir les fonctions de
Président du Tribunal de Commerce, donne, le 3 novembre, sa
démission d'officier municipal pour se consacrer entièrement à
ses nouvelles fonctions (1). Le maire, faisant son éloge, dit que :
« M. Gontard a servi la commune avec zèle, que ses lumières
« ont éclairé le corps municipal. Il lui témoigne les regrets du
« corps municipal et la reconnaissance que lui doit la commune ;
« mais si la commune le perd du corps municipal, elle
« l'acquiert au Tribunal de Commerce, où il ne lui sera pas moins
« utile. »

Le 5 janvier 1792, le corps municipal, réuni en assemblée,
prend un arrêté qu'il fait imprimer et afficher, et dont voici le
texte :

« Dans sa séance du 5 janvier, le Conseil municipal, ayant
« pris lecture des provisions (2) des cinq juges qui doivent
« composer le Tribunal de Commerce, établi dans cette ville, en
« date du 21 décembre 1791, et qui lui ont été envoyées le 2 du
« présent mois par MM. les Administrateurs du Directoire du
« district ;
« Considérant qu'il importe que les citoyens jouissent au plus
« tôt du bienfait de ce nouveau tribunal, a arrêté d'après les
« conclusions du procureur de la commune :
« Que MM. Gontard, Jovin, Thiollière, Peyret et Vincent,
« tous juges du même tribunal, prêteront le 16 de ce mois, à
« 10 heures du matin, dans l'église paroissiale de Saint-Etienne
« et en présence de la commune le serment prescrit par la loi,

---

(1) Voilà un premier exemple de désintéressement qui peut servir de leçon à
ceux qui tentent de cumuler sur leurs têtes plusieurs fonctions publiques.

(2) Il serait assez curieux de connaître la forme de ces lettres de provision, que
nous n'avons pu trouver.

« et que de là ils seront conduits dans la salle où ils doivent
« tenir leurs audiences. .

« Citoyens, l'Assemblée nationale Constituante a accordé à
« votre ville tout ce qui pouvait contribuer à son utilité, à sa
« splendeur; pour dernier bienfait, elle y a établi un Tribunal
« de Commerce, dont on sentait la nécessité depuis longtemps.

« Entourez-le donc de votre confiance; il va s'occuper de vos
« intérêts avec une exactitude et une impartialité digne de vous.

« Et vous, que les suffrages du peuple viennent d'élever à la
« dignité de juges, sans doute, vous avez réfléchi sur les devoirs
« qui vous sont imposés, puissiez-vous justifier les espérances
« de vos concitoyens, et répondre par la sagesse de vos juge-
« ments et une juste application des lois au vœu que nous
« formons pour l'intérêt de la justice et la prospérité du
« commerce. »

Le surlendemain, 7 janvier, le maire de la ville écrivait en
effet au président GONTARD :

« Nous avons l'honneur de vous annoncer que le Directoire
« du District nous a envoyé le 2 de ce mois vos provisions de
« juges au Tribunal de Commerce, ainsi que celles de vos
« collègues. Le corps municipal a arrêté qu'on procéderait à
« votre installation le 16 du courant à 10 heures du matin dans
« l'église paroissiale de Saint-Etienne.

« Vous y prêterez le serment prescrit par la loi en présence de
« la commune. Faites part de la présente à vos collègues, et
« croyez-nous avec fraternité..... »

Le 16 janvier, eut lieu effectivement l'installation solennelle du
Tribunal de Commerce et la prestation de serment des Juges-
Consuls élus. Nous avons pu retrouver le procès-verbal de cette
installation et nous sommes heureux d'en donner le texte
authentique que voici :

*Procès-verbal de l'installation du Tribunal de Commerce
de Saint-Etienne, le 16 janvier 1792.*

« Aujourd'hui seize janvier mil-sept-cent quatre-vingt-douze,
« le Conseil général de la commune de la ville de Saint-

« Etienne, ensuite de son arrêté du cinq du présent mois,
« duement lu, publié et affiché dans les lieux accoutumés, s'est
« assemblé en la maison commune afin de procéder à l'instal
« lation de MM. les juges du tribunal de commerce de cette
« ville, et un piquet de la garde nationale s'étant transporté à
« la maison commune. Ledit Conseil général s'est rendu avec
« laditte garde nationale, sur les dix heures du matin en l'Eglise
« paroissiale de Saint-Etienne, ou étant et dans le chœur d'icelle
« le Conseil général a occupé les stalles et MM. les juges s'étant
« rendu dans le chœur de laditte église, M. Etienne *Dagier*,
« procureur de la commune, a requis lecture de la proclamation
« du Roy du vingt-quatre avril mil sept cent quatre-vingt-dix
« sur le décret de l'Assemblée nationale concernant l'organisa-
« tion judiciaire, notamment le titre huit sur l'installation des
« juges, ensemble des lettres de provisions accordées par le Roy
« le 21 Décembre dernier à MM. Alexandre-Gaëtan GONTARD,
« François JOVIN, François THIOLLIÈRE DE L'ISLE,
« Jacques PEYRET et Antoine VINCENT, et lecture en ayant
« été ordonnée par M. le Maire et faite par M. *Chomal*, secrétaire-
« greffier de la commune, M. le Procureur de la Commune
« ayant fait un discours a requis la prestation de serment de
« MM. les juges dans la forme prescrite par le décret, leur instal-
« lation et l'enrégistrement de leurs provisions au greffe muni-
« cipal. »
« Après quoy, M. *Desverneys*, maire, présidant le Conseil
« général, ayant pris la parole, a prononcé un discours.
« MM. Gontard, Jovin, Thiollière, Peyret et Vincent ont
« ensuite prêté individuellement devant les membres du Conseil
« général de la Commune, pour ce délégué par la Constitution
« et par lesdittes provisions, en présence de tous les citoyens de
« cette ville qui ont assisté à leur installation, le serment *de*
« *maintenir de tout leur pouvoir la Constitution du Royaume,*
« *décrétée par le Roy, d'être fidèle à la Nation, à la Loi et au*
« *Roy et de remplir avec exactitude et impartialité les fonctions*
« *de leurs offices,* après lequel serment les membres du Conseil
« général étant descendus des stalles, et ayant donné la main à
« MM. les juges pour monter en icelles, ils les ont installés dans

« les places de juges du Tribunal de Commerce de cette ville,
« chacun dans l'ordre de leur élection, et ont invités MM. les
« négociants, banquiers et manufacturiers de cette ville, de
« porter audit tribunal et à ses jugements le respect et l'obéis-
« sance que tout citoyen doit à la loi et à ses organes.

« Ensuite de quoy, M. Gontard, président dudit tribunal, a
« prononcé un discours.

« Et Mesdits sieurs les juges étant descendus des stalles, le
« Conseil général les ayant reçus dans la nef, ils ont été conduits
« par luy et la susdite Garde nationale jusques en la maison
« commune où a été dressé le présent procès-verbal, en présence
« de MM. les juges qui ont signé avec le Conseil général de la
« commune et le secrétaire greffier qui délivrera extrait du
« présent pour être déposé au greffe dudit tribunal, et un autre
« extrait à MM. les administrateurs du Directoire du district
« suivant leur demande.

« Fait en la Maison commune les jour et an susdits. — *Signé :*
« Ant⁰ Desverneys l'aîné, maire; G. Royet, officier municipal,
« Ant. Jacob, officier municipal, Martin Clémençon, E. Dagier,
« procureur de la commune, Bérardier-Merley, P. S. Morelle,
« E. Dutours.

« Gontard, président du Tribunal de Commerce, Jovin l'aîné,
« J. François Thiollière, J. Peyret, Ant⁰ Vincent, J. Chomat,
« secrétaire.

« Enrégistré en conséquence de l'ordre du maire.

« *Signé :* Chomat, secrétaire (1). »

La première audience du Tribunal de Commerce eut lieu le
5 mars 1792. Cette date mémorable a été consacrée par le
centenaire célébré le 5 mars 1892 dont nous parlerons à sa date.

---

(1) *Archives municipales de Saint-Etienne*, Registre des Délibérations, n° 2,
f° 20-21.

M. J.-B. Galley (*Saint-Etienne et son district*, p. 185) cite ce procès-verbal
d'après une copie qui se trouve aux *Archives de la Loire* (L. suppl. 222). Il
prétend y avoir lu *Jacques Pupil* au lieu de *Jacques Peyret*. Nous avons
consulté tous les documents des Archives départementales et municipales et
nous avons toujours lu, partout et sans hésitation, *Jacques Peyret,* qui est bien le
véritable nom.

Jean-Pierre LARDERET

*Président du Tribunal de Commerce
de Saint-Etienne*

Elu le 28 Novembre 1834 et le 7 Mars 1840

ÉTUDE HISTORIQUE SUR LES JURIDICTIONS CONSULAIRES

Peintre : Besson, 1875   Photot. Bellotti, 1908

Le local provisoire, où eut lieu cette première audience se trouvait dans les appartements des Mandeurs et le Bureau de Conciliation. On y fit quelques réparations et on y utilisa les bancs enlevés dans l'église paroissiale Saint-Etienne (dite Grand'Eglise) et dans celle de Notre-Dame.

Mais la municipalité avait décidé, dès le 12 décembre 1791, sur la demande du sieur André Vial, premier greffier du Tribunal de Commerce, que ce tribunal siégerait dans la salle de la pharmacie du couvent des « cy-devant » Minimes. C'est là sans doute qu'il continua ses audiences. Le Tribunal de District avait été transféré dans les bâtiments des Minimes dès le 18 juillet 1791. Dans les divers changements de locaux, le Tribunal de Commerce suivit presque toujours le Tribunal de District qui devint le Tribunal de première instance, et siégea longtemps dans la même salle. Des Minimes, le Tribunal de Commerce fut transféré, le 27 octobre 1806, dans les bâtiments des Ursulines, où il dut rester jusqu'en 1831, époque où il fut installé au Palais de Justice. En 1857, le Tribunal de Commerce était provisoirement transféré dans la maison Passerat, d'où il vint prendre possession du local qu'il occupe de nos jours dans le Palais de Justice actuel.

Les cinq premiers juges, si solennellement installés, avaient à peine siégé quelques mois qu'un nouveau décret, en date des 10-16 juillet 1792, adjoignait quatre juges suppléants par tribunal et obligeait de procéder à de nouvelles élections. Celles-ci eurent lieu à Saint-Etienne le 22 novembre 1792 (1). L'Assem-

---

(1) *Archives municipales de Saint-Etienne*, placard 8, carton 10, liasse n⁰ 10. On trouve dans cette liasse des procès-verbaux de diverses élections, car, après l'abolition du régime féodal dans la fameuse nuit du 4 août 1789, tout se fit par élection. Les membres de toutes les administrations, les juges des tribunaux, les juges de paix, et même les curés dans chaque paroisse furent soumis à l'élection. A partir de la Constitution civile du clergé, votée par l'Assemblée Constituante le 12 juillet 1790, le clergé était divisé en prêtres assermentés ou schismatiques et en prêtres réfractaires, ainsi appelés parce qu'ils avaient refusé le serment. L'Eglise était confiée au prêtre que la population avait choisi; ici c'était un schismatique, là un réfractaire, quelquefois même l'église servait aux deux à des heures différentes, et les conflits se multipliaient; le bon peuple des villes et des campagnes, trompé par les apparences, allait indifféremment aux offices des uns ou des autres, mais le plus souvent l'église était fermée, principalement à l'époque de la Terreur, où les schismatiques, comme les réfractaires, furent poursuivis, condamnés et guillotinés. Cet état de choses déplorable dura jusqu'au Concordat de 1801.

blée, qui se composait de 105 votants, convoqués par la municipalité, proclama :

1ᵉʳ juge :   M. GONTARD, fabricant de rubans;
2ᵉ   —   M. JOVIN l'aîné, entrepreneur de la Manufacture
              d'armes;
3ᵉ   —   M. J. RAVEL, ci-devant quincaillier;
4ᵉ   —   M. VINCENT-SOLEYMIEUX, fabricant de
              rubans;
5ᵉ   —   M. J. PEYRET-DUBOIS, quincaillier;
1ᵉʳ suppléant : M. CHOVIN (Nicolas), marchand forgeur;
2ᵉ   —   M. BERTHON-BOURLIER, fabricant d'armes;
3ᵉ   —   M. PALLE (Barthélemy-Clément), coutelier au
              Chambon;
4ᵉ   —   M. MORIN l'aîné (J.-C.), marchand à Firminy.

Le greffier était alors le sieur Fromage neveu, qualifié défen-
seur officiel.

Comme on le voit, M. Thiollière de l'Isle était déjà remplacé
par M. J. Ravel qui devint président de ce tribunal au commencement de la Terreur, d'une manière tellement illégale que
M. Guitton-Nicolas, à qui l'on doit la superbe galerie des
Présidents du Tribunal de Commerce, ne l'a point fait figurer
dans la collection.

Ces magistrats siégèrent jusqu'au 19 août 1793, date du dernier
jugement rendu par MM. Gontard, Jovin, Ravel, Vincent et
Peyret. Une lacune existe sur les registres du Tribunal jusqu'au
28 octobre 1793, où de nouveaux juges ont prêté serment.

CHAPITRE IV

Présidents élus : MM. Gontard, Jovin, Véron, Peurière.

Le régime de la Terreur; — Javogues, représentant du peuple; — Curieuse élection du Tribunal de Commerce en 1793; — Les Juges Consulaires surveillés, poursuivis, et l'un d'eux condamné à mort; — Dépenses du Tribunal en 1793 et 1794; — Arrêté des Représentants du peuple renouvelant le Tribunal en 1795 ; — Lacune dans les jugements conservés aux Archives du Tribunal; — Création, à Saint-Etienne, d'une Bourse de Commerce, d'une Ecole de Dessin et d'une Ecole secondaire.

LA triste époque que le Tribunal de Commerce va traverser nous oblige à ouvrir ici une parenthèse. La Terreur régnait sur toute la France et en particulier sur notre région, avec violence. Lyon était alors assiégé par les troupes conventionnelles et résistait avec un héroïsme admirable. Le Forez lui prêtait appui et secours. Assailli de toutes parts par d'innombrables troupes (la Convention, dans sa rage, allait jusqu'à dégarnir les frontières menacées par les troupes étrangères pour frapper des concitoyens), bombardé nuit et jour, ruiné par le fer et le feu, anéanti par la famine, Lyon succomba après deux mois de luttes héroïques, mais ne se rendit pas. Les chefs qui s'étaient illustrés pour la bonne cause dans ce combat de géants, et à la tête desquels était le général *de Précy*, quittèrent Lyon en deux colonnes et traversèrent les lignes ennemies, les armes à la main; beaucoup y succombèrent, les autres se cachèrent ou gagnèrent la frontière pour se soustraire aux fureurs des sanguinaires représentants du peuple, *Dubois-Crancé, Couthon, Fouché, Javogues*, etc.

Javogues fut envoyé par la Convention dans le Forez, où il se livra à toutes les fureurs d'un monstre, dont ce n'est pas ici le lieu de faire le récit. Nous trouvons *Javogues*, à Saint-Etienne au mois d'octobre 1793, se prélassant dans la maison de M. *Neyron* (rue Froide ou rue Neuve), et procédant à la nomination des Juges du Tribunal de Commerce. Voici de quelle manière ces magistrats furent investis de leurs fonctions :

« Suivant la nomination faitte *(sic)* par acclamation par le « peuple assemblé dans la maison *Neyron* par devant le repré- « sentant du peuple, *Javogues*, il en est résulté que les citoyens, « ci-après dénommés, ont été nommés et proclamés juges du « Tribunal de Commerce du district de Saint-Etienne, départe- « ment de la Loire, savoir :

« Jacques RAVEL, président; Juste FROMAGE, Louis PHILIBERT, « Antoine BRASIER et Jacques ALLARY, juges; et les citoyens « Barthélemy CHAMARD, Antoine CHAUVIN, Jean-Baptiste BERGER « cadet et Benoît SAUVAGE, suppléants (1).

« FROMAGE neveu a été continué greffier. (Un commis-greffier, « CHOMAT, lui fut adjoint.)

« N. B. — Il ne fut point fait de procès-verbal de cette nomi- « nation (*dont la date n'est indiquée nulle part*). »

Cette pièce originale se trouve avec les minutes du Tribunal entre un jugement du 19 août 1793 et la séance du 28 octobre suivant, à l'ouverture de laquelle les Juges et le greffier jurèrent « d'être fidèles à la Nation et à la Loy, de maintenir la liberté, « l'égalité, la sûreté des personnes et des propriétés ou de « mourir en les deffendants *(sic)* et de remplir avec intégrité les « devoirs et fonctions de leur office. »

Cette prestation de serment, faite en séance, en l'absence de tout représentant de l'autorité, était sans valeur, et tous les jugements qui figurent sur le registre, rendus par ce simulacre de tribunal, sont absolument nuls. Ce tribunal fonctionna ainsi

---

(1) Nous avons peu de renseignements sur les membres de cette curieuse promotion. MM. RAVEL, PHILIBERT et BRAZIER étaient dans la quincaillerie; M. ALLARY, fabricant d'armes; MM. FROMAGE et CHAMARD, fabricants de rubans: M. CHAUVIN, marchand de fers; M. BERGER, probablement moulinier; M. Benoît SAUVAGE, dont la profession nous est inconnue, était peut-être celui qui fut nommé *Président de l'Administration municipale*, le 14 février 1796, par le représentant REVERCHON.

pendant seize mois jusqu'au 19 février 1795, et rendit de nombreux jugements. M. Guitton-Nicolas n'a point fait figurer M. Ravel dans la Galerie des Présidents; nous en parlons ici et nous le portons sur notre tableau uniquement pour mémoire.

Dans les jugements dont nous venons de parler, on trouve parmi les juges présents aux séances des noms qui n'étaient investis d'aucun mandat, tels que ceux de Grangonnet, qualifié suppléant, de Fleury Colard, de J.-B. Fontvieille, de Jérôme Mounier, tous les trois qualifiés assesseurs.

Sous l'odieux régime de la Terreur, la plupart des anciens membres du Tribunal de Commerce étaient devenus suspects.

M. Gontard, ancien président, était surveillé et peut-être emprisonné.

M. François Jovin ne paraît pas avoir été poursuivi, quoiqu'il eût rempli de grandes charges. Il était en 1772 premier échevin de la ville de Saint-Etienne. Cette charge n'était pas seulement honoraire, elle était aussi rémunératrice (1). Il avait été secrétaire-greffier du *Point d'honneur*.

M. Jacques Peyret-Dubois était poursuivi lui-même, mais à tort, pour avoir fait partie du jury qui prononça la peine de mort contre Chalier. M. Peyret, emprisonné sur l'ordre de Javogues, fut mis en liberté le 17 fructidor an II (3 août 1794).

M. Antoine Vincent de Soleymieux fut plus malheureux; condamné à mort par la Commission révolutionnaire de Lyon, le 29 ventôse an II (19 mars 1794), il fut guillotiné le même jour, pour le futile prétexte « de n'avoir pas, étant magistrat, protesté contre les rebelles de Lyon ». Il était né à Saint-Etienne et avait alors 55 ans. Il avait rempli les fonctions de lieutenant du maire, en 1778.

M. François Thiollière de l'Isle fut aussi recherché activement par les sicaires de Javogues. Dans une perquisition que l'on fit chez lui, ne l'ayant pas trouvé, on enleva sa femme et son fils comme otages. Il ne put les délivrer des griffes de ces brigands que par de forts et nombreux cautionnements, qui ne

----

(1) Les offices de maire, de lieutenant du maire, de quatre échevins, de procureur, de greffier, de receveur d'octroi et de contrôleur étaient fixés, en 1772, à 20.760 livres au total pour Saint-Etienne.

lui furent jamais rendus. M. François Thiollière, né en 1758, était fabricant de rubans.

M. Berthon-Bourlier fut incarcéré pendant la Terreur et rendu à la liberté le 29 juillet 1794.

Notons en passant qu'à cette époque les frais du Tribunal de Commerce se décomposaient à peu près comme suit :

Traitement du greffier.............	800 fr. par an	
— de deux huissiers.......	1.200	—
Services du concierge............	200	—
Frais de bureau.......	200	—
Chauffage et éclairage.	150	—
Total......	2.550 fr. par an	

Ces frais augmentèrent bientôt, et en 1795 le traitement du greffier, Fromage, était déjà doublé.

La Convention, revenue à de meilleurs sentiments, avait envoyé à Lyon les représentants *Tellier* et *Richaud*, qui firent de nombreux changements dans les administrations. Ils prirent l'arrêté suivant :

« Au nom du peuple français, Liberté, Egalité.

« Lyon, le 27 pluviôse an III (1) de la République française, « une et indivisible.

« Les représentants du peuple, Tellier et Richaud, envoyés « à Lyon et dans les départements environnants.

« Ayant égard aux démissions motivées qui leur ont été « offertes, et voulant d'un autre côté opérer dans les autorités « constituées les changements que l'intérêt public commande.

« Considérant que les hommes qui se seraient montrés « partisans de l'aristocratie, du royalisme et du sistême (*sic*) de « terreur et de sang qui a désolé la France, ne doivent posséder « aucune magistrature populaire.

« Considérant que ceux-là seuls sont dignes de remplir des « fonctions publiques qui, dans tous les temps, attachées à la « cause de la liberté et de l'égalité, sont constamment restés

(1) 15 février 1795.

« fidèles à la République et à la Convention, ont aimé ses lois
« bienfaisantes, se sont rendus recommandables par leur
« probité et leurs lumières, et enfin n'ont cessé d'offrir l'exemple
« des vertus civiques.

« Considérant que tous les bons citoyens appartiennent à la
« chose publique, que l'égoïsme, l'insouciance et la timidité
« doivent disparaître dans l'intérêt général, arrêtent :

« ART. 1ᵉʳ. — Les autorités constituées, séantes à Commune
« d'Armes, seront composées ainsi qu'il suit :

. . . .

« Membres du Tribunal de Commerce :

« *Président* : M. ALEXANDRE-GAYETAN GONTARD père,
marchand.

« *Juges* : MM. GABRIEL LARDERET, marchand de
padous.

« — ANTOINE CHAMARD, membre actuel du
Tribunal.

« — JACQUES NEYRON aîné (1), marchand.

« — VEYRON-NEYRON aîné, marchand de
rubans.

« *Suppléants* : MM. JEAN-BAPTISTE LARDON, notable.

« — ANTOINE LINOSSIER, marchand.

« — FRANÇOIS JOVIN l'aîné.

« — JEAN-FRANÇOIS THIOLLIÈRE DE L'ISLE
père.

« — JEAN-BAPTISTE GIRERD.

« FROMAGE neveu, continué greffier (2). »

Nous ne savons pas si ces nominations ont été précédées
d'élections, ni pourquoi les représentants du peuple ont nommé
un cinquième suppléant. La prestation de serment et l'installation de ces nouveaux juges eurent lieu le 1ᵉʳ ventôse de
l'an III, par devant le citoyen *Royet*, président du District et

---

(1) M. Jacques NEYRON aîné était membre du Conseil de Commerce en 1801.

(2) *Jugements originaux du Tribunal de commerce de Saint-Étienne*, tome Iᵉʳ,
5ᵉ cahier, fᵒ 1.

commissaire nommé à cet effet par l'arrêté. Le procès-verbal de cette installation se trouve à sa date dans le registre des jugements du Tribunal.

Les jugements de cette magistrature n'existent dans les archives du Tribunal que jusqu'en septembre 1797. Dans ces jugements on voit M. François Jovin qualifié juge au lieu de suppléant, probablement à la place de M. Véron, dont le nom ne figure pas sur le registre. La plupart des jugements sont signés de M. Chamard et du greffier. Quelques-uns n'ont pas d'autre signature que celle du greffier, Fromage, qui disparaît même à partir du 21 brumaire an V (11 novembre 1796). A cette époque, le Tribunal de Commerce n'avait pas de local pour tenir ses séances; il empruntait la salle du Tribunal correctionnel.

Tous documents manquent pour reconstituer d'une manière authentique la composition du Tribunal de Commerce pendant les années 1797 à 1810 (1). Toutefois, les recherches faites nous ont permis de reconstituer approximativement les magistratures de 1806 et 1808.

Les Présidents nous sont seuls connus par les portraits que M. Guitton-Nicolas a collectionnés pour le cabinet du Président du Tribunal de Commerce. Ces portraits portent les dates suivantes :

M. Jovin François (2), élu le 24 floréal an V (13 mai 1797).
M. Véron Jacques (3), élu le 11 floréal an VII (30 avril 1799).

---

(1) Les minutes des jugements conservés aux archives du Tribunal de Commerce ont une lacune de treize années, de septembre 1797 à la fin de l'année 1810. Pour combler cette lacune, nous sommes allés fouiller dans les archives de la Cour d'Appel de Lyon, où M. Widor, greffier en chef, a bien voulu nous orienter avec une parfaite urbanité. Bien que nous n'ayons pas été heureux dans nos recherches, nous l'en remercions sincèrement, ainsi que M. Constant Tissot, l'aimable érudit lyonnais, qui nous a facilité cette entrevue.

(2) M. François Jovin l'aîné, entrepreneur de la Manufacture d'armes de Saint-Etienne, avait été premier échevin de cette ville en 1772 et secrétaire-greffier du *Point d'honneur* avant la Révolution. Nommé juge dès la création du Tribunal de Commerce, il en fut le Président de 1797 à 1799. Il fut aussi membre du Conseil de Commerce en 1801.

(3) M. Jacques Véron-Neyron aîné, fabricant de rubans, avait été nommé juge en 1795 par les Représentants du peuple. Il refusa la charge de maire de Saint-Etienne, qui lui fut offerte par les mêmes Représentants et qui fut ensuite occupée par M. Benoît Sauvage, dont nous avons déjà parlé.

J.-B. DAVID

Président du Tribunal de Commerce
de Saint-Etienne

Elu le 2 Février 1838

ÉTUDE HISTORIQUE SUR LES JURIDICTIONS CONSULAIRES

Peintre : N.

Photot. Bellotti, 1908

ANCIENS JUGES CONSULAIRES

A. THIOLLIÈRE-LASSAGNE, j.c. de 1806 à 1810.

Ph. COLCOMBET, j. c. de 1820 à 1821.

Chr. BALAY, j. c. de 1823 à 1831.

B.-J.-S. COLARD, j. c. de 1825 à 1831.

E. THIOLLIÈRE-LASSAGNE, j.c. de 1831 à 1834.

A. THIOLLIER-COLARD, j.c. de 1834 à 1841.

ÉTUDE HISTORIQUE SUR LES JURIDICTIONS CONSULAIRES

1908   Photot. BELLOTTI

M. Peurière Romain (1), élu le 24 vendémiaire an IX (16 octobre 1800).

M. Bessy Mathieu-Etienne (2), élu le 4 messidor an X (23 juin 1802).

M. Vernadet André (3), élu le 21 juillet 1806.

Pendant cet intervalle, une *Bourse de Commerce* était créée à Saint-Etienne. L'arrêté des Consuls qui autorisait cet établissement est du 27 ventôse an X (18 mars 1802). Nous en reparlerons dans un chapitre spécial de l'Appendice, puisque la nomination des agents de change et des courtiers, qui composent les Bourses de Commerce, dépend des Tribunaux de Commerce. Mais disons de suite que la Bourse de Commerce de Saint-Etienne, à laquelle on avait attribué la « cy-devant » chapelle des Pénitents, ne fut jamais inaugurée. Il y eut des courtiers d'abord, et plus tard des agents de change *sans corbeille*.

La Chapelle des Pénitents se trouvait au lieu même où l'on a élevé le Palais de la Bourse actuel et où siège la Chambre de Commerce. La Condition des Soies, qui occupe aujourd'hui le rez-de-chaussée de la Bourse, avait été établie en 1793, par M. Le Gouvé (4).

L'année 1803 vit éclore deux projets intéressant le commerce de Saint-Etienne :

— Une *Ecole de dessin*, autorisée par arrêté préfectoral du 18 pluviôse an XI (7 février 1803).

---

(1) M. Romain Peurière, fabricant d'armes, avait été certainement juge dans les années précédentes à une date qui nous est inconnue. Il fut aussi dans le même temps conseiller municipal de Saint-Etienne.

(2) M. Mathieu-Etienne Bessy, fabricant de rubans, avait dû être précédemment juge au même tribunal. On le voit aussi conseiller municipal en 1800. Marié à Catherine Celle de Duby, il fut le père de Joseph-Etienne-Marcellin Bessy, importateur en France de la fabrication du fer à l'anglaise. (Descreux, *Notices biographiques*, p. 49.)

(3) M. André Vernadet aîné, fabricant de rubans, était sans doute un ancien juge dont nous ignorons la date de nomination. Il occupait une situation remarquable dans la Société d'élite de Saint-Etienne, et il fut membre de l'*Athénée de la Langue Française* par diplôme du 12 octobre 1808. Son homonyme, qui fut greffier du Tribunal de Commerce en 1811, était son cousin. (*Communiqué par M. Louis Brunon, avocat.*)

(4) L.-J. Gras, *Histoire de la Rubanerie*, p. 234.

— Une *Ecole secondaire*, à laquelle les bâtiments des *cy-devant* Minimes étaient affectés, par arrêté préfectoral du 1er germinal an XI (22 mars 1803) (1).

Nous donnons ces deux arrêtés à l'Appendice.

(1) N'oublions pas de noter qu'en 1801, les autorités stéphanoises étaient allées à Lyon saluer le Premier Consul, *Bonaparte*. Il est probable que le Tribunal de Commerce de Saint-Etienne y envoya une délégation, comme d'ailleurs on le voit toujours représenté dans toutes les réceptions mémorables qui eurent lieu à Saint-Etienne pour les visites princières ou ministérielles.

CHAPITRE V

LE TRIBUNAL DE COMMERCE DE 1803 A 1815

*Présidents : MM. Bessy, Vernadet,
Thiollière de l'Isle.*

Absence regrettable de documents pour les années 1797 à 1810; — Rapport du tribun Gillet; — Promulgation du Code de Commerce; — Composition probable du Tribunal de 1806 à 1810 ; — Elections et installations des juges de 1810 à 1815.

BLIGÉ de laisser dans l'obscurité, faute de documents, les douze années qui s'écoulèrent pour le Tribunal de Commerce depuis l'arrêté des représentants du peuple du 27 pluviôse an III (15 février 1795), jusqu'en 1810, nous devons cependant fixer quelque attention à l'année 1807 qui a donné le jour au Code de Commerce. Ce Code est toujours en vigueur, mais il a subi des modifications et des améliorations que ne pouvait manquer de lui apporter un siècle d'expérience.

Pour bien faire apprécier les considérations qui ont présidé à l'établissement du Code de Commerce, nous croyons devoir reproduire le texte du rapport fait au Corps législatif par le tribun *Gillet* (de Seine-et-Oise), l'un des orateurs chargés de présenter le vœu du Tribunat sur une partie du livre IV du Code de Commerce.

CORPS LÉGISLATIF. — *Séance du 14 septembre 1807.*
Rapport du tribun GILLET.

« Messieurs, il y a pour le commerce un abri nécessaire sans
« lequel il ne saurait prendre confiance en ses forces, ni les faire
« concourir à la fortune publique, c'est celui d'une juridiction
« spéciale. Entre des hommes, qui se communiquent fréquem-
« ment par le crédit, mais que de longues distances séparent plus

« fréquemment encore, il faut une justice distributive, simple
« comme leurs engagements, rapide comme le mouvement de
« leurs affaires. Les législations d'Athènes et de Rome pour-
« raient être citées à l'appui de ce principe; il fut consacré en
« des temps plus modernes, lorsque Venise, Gênes et Pise
« portaient dans l'Orient les secours du commerce aux guerriers
« des Croisades; mais sans recourir à des exemples étrangers,
« quiconque voudra étudier la marche du commerce en France,
« verra la juridiction commerciale suivre constamment ses traces
« et s'associer à ses progrès.

« Dans les siècles du gouvernement féodal, lorsque le com-
« merce errant, incertain et précaire, n'avait point encore de
« magasins fixes, les foires de Brie et de Champagne étaient le
« lieu de trafic le plus fréquenté. Leur prospérité était due
« à des privilèges que Philippe de Valois avait pris soin
« d'affermir par l'édit de 1349. Il voulut « *qu'aux gardes de la*
« *foire appartînt la cour et connaissance des cas et contrats,*
« *advenus es-dites foires* ». Et telle était la nécessité de cette
« disposition qu'elle l'emporta par la seule force de la raison
« sur les jalousies de pouvoirs, alors si multipliées ; « *pour ce*
« *s'accordèrent*, dit le même édit, *prélats, princes, barons,*
« *chrétiens et mécréants, en eux soumettant à la juridiction*
« *d'icelles foires, et y donnèrent obeyssance.* »

« Au siècle suivant, quand le voisinage de l'Italie appela le
« commerce des rives de la Marne à celles du Rhône, les foires
« de Champagne, transférées à Lyon, y portèrent avec elles
« leur juridiction et l'on vit s'élever en même temps chez les
« Lyonnais l'industrie et le tribunal de la *Conservation.*

« La mémorable époque du xvi⁰ siècle arriva ; c'était celle où
« le commerce devait se développer avec tous les arts favorables
« à la civilisation. Les négociants plus répandus furent moins
« ambulants et la juridiction commerciale devint à son tour moins
« circonscrite et plus permanente. On la vit successivement
« à Toulouse, à Rouen, à Paris, à Bordeaux, à Tours, à Orléans,
« à Poitiers. Enfin, aux termes d'un édit du mois de
« décembre 1556, elle exista dans toutes les métropoles, capitales
« et villes de commerce, où il y avait un siège royal. La

« plupart de ces établissements furent dus au Chancelier de
« l'Hospital ; ils honorèrent son administration et s'honorèrent
« à leur tour d'être nés sous les auspices d'un si grand
« magistrat (1).

« Dans le grand siècle de Louis XIV, la même main qui
« fonda les manufactures, qui créa des compagnies pour le
« négoce extérieur, qui donna partout au commerce une activité
« nouvelle, craignit de laisser son ouvrage imparfait, si elle ne
« s'occupait pas en même temps à raffermir les bases de la
« juridiction commerciale. L'ordonnance de 1673 parut. Elle
« fut pour le monarque un nouveau titre de gloire, pour le
« ministère de Colbert un nouveau droit à l'estime de la
« postérité.

« Une période plus illustre que toutes celles qui l'ont précédée
« a commencé pour les Français (ajoute le tribun *Gillet* dans le
« langage emphatique de l'époque) ; l'épée de Napoléon-le-
« Grand a tranché le nœud fatal qui liait les peuples du continent
« au joug des tyrans des mers. Le commerce longtemps opprimé
« est près de se relever plus indépendant et plus fort (2).
« N'est-ce pas vous dire assez, Messieurs, que le moment est
« venu de donner aussi aux juridictions commerciales une
« organisation plus vaste et plus active ? On peut réduire à quatre
« les principes essentiels de ces sortes de juridictions et qui les
« distinguent de toutes les autres :

« 1° Expérience des juges dans les opérations de commerce ;
« 2° Simplicité dans les débats entre les parties ;
« 3° Procédure expéditive ;
« 4° Rapidité dans l'exécution des jugements.

« Ces principes qu'on retrouve également dans l'édit de 1349
« et dans l'ordonnance de 1673, ont été soigneusement conservés

----

(1) Les lettres-patentes du xvi⁰ siècle sont les premières qui donnent aux juges
marchands le titre de *Consuls*. Cette dénomination paraît être empruntée aux
cités commerçantes de l'Italie (Mais on la constate aussi en France dès le
xii⁰ siècle. *V. suprà*, p. 42).

(2) La Révolution qui, en 1793 et 1794, avait trouvé le moyen de donner la
liberté au peuple en le guillotinant (Heureux peuple !) avait complètement
anéanti le commerce français.

« dans le projet de loi qui vous est présenté. S'il contient
« quelques modifications aux lois précédentes, c'est pour en
« améliorer les dispositions dans les détails. L'examen rapide
« que nous allons faire suffira pour vous convaincre.

« Le ressort des tribunaux de commerce n'avait, en général,
« presque aucun rapport avec les autres institutions judiciaires ;
« pour bien connaître l'étendue que chacun d'eux embrassait, il
« faut recourir au titre de sa création. L'art. 616 (2ᵉ du projet)
« établit un système plus facile à saisir. L'arrondissement de
« chaque tribunal de commerce aura désormais les mêmes
« limites que l'arrondissement du tribunal civil. Le nombre de
« cinq juges, déterminé par les lois précédentes, était trop
« uniforme pour se trouver en proportion avec l'inégalité des
« arrondissements ; là, ce nombre était trop considérable ; ici, il
« ne l'était pas assez. L'art. 617 (3ᵉ du projet) laisse sur ce
« point une latitude qui se prêtera mieux aux variétés locales.

« L'édit de 1563, renouvelé par l'ordonnance de 1673
« admettait tous les notables à l'élection des Juges-Consuls ; la
« loi du 16 août 1790 y admettait tous les négociants. Ainsi,
« dans le premier système, il y avait des électeurs qui pouvaient
« ne pas être commerçants ; dans le second, il y en avait qui
« n'étaient pas notables ; confiance imprudente dans laquelle le
« commerçant probe et expérimenté se trouvait à côté de celui
« qui n'avait aucun titre à sa confiance.

« Les art. 618 et 619 (4ᵉ et 5ᵉ du projet) prescrivent une
« marche plus propre à faire prévaloir les sentiments d'honneur.
« Il faudra le concours des deux qualités de notable et de
« commerçant pour avoir le droit d'élire.

« L'article 620 (6ᵉ du projet) respire la même sagesse ; en
« exigeant que le président ne puisse être choisi que parmi les
« anciens juges, il donne aux parties une garantie nouvelle, aux
« juges un motif d'émulation qui ne peut manquer d'accroître
« leur zèle.

« L'article 623 (9ᵉ du projet) ne veut pas que le même homme
« soit appelé au siège par deux élections successives, si ce n'est
« après un an d'intervalle ; disposition prévoyante, qui sert
« à conserver aux tribunaux de commerce le caractère qui leur

« est propre. Les juges n'y sont en effet, et n'y doivent être
« autre chose que des pairs appelés temporairement à décider les
« contestations de leurs pairs. L'institution serait altérée si la
« permanence des mêmes hommes sur le siège disposait le public
« à confondre leurs fonctions avec les magistratures civiles.

« Par quelle autorité le serment des juges de commerce doit-il
« être reçu ? Cette question avait produit dans notre ancien
« ordre judiciaire de graves débats, et les usages sur ce point
« variaient dans les diverses localités, sans doute il est convenable
« que les cours d'appel, comme juridictions supérieures, soient
« dépositaires de ce serment ; mais jusqu'ici il en résultait un
« déplacement quelquefois considérable, dont il était dur de
« faire supporter les longueurs à des commerçants et des
« dépenses à des fonctionnaires gratuits. Le terme moyen adopté
« par l'art. 629 (15ᵉ du projet) maintient la règle et sauve les
« inconvénients. Telles sont les mesures prises pour l'institution
« des juges.

« Quant aux débats des parties, l'ancien édit de 1349 avait fort
« bien exprimé combien ils devaient être simples ; il voulait qu'on
« fit « *délaisser les parties de tous accessoires dilatoires, et que,*
« *si elles faisaient pourchas sur ce, elles n'en fussent pas moins*
« *forcées de procéder sur le principal et aller en outre* ». De là,
« l'inutilité d'employer le ministère des hommes de loi pour
« leur défense. Aussi est-ce une maxime que le projet consacre
« dans l'art. 627 (13ᵉ du projet), et véritablement devant les
« tribunaux de commerce, les questions roulent bien moins sur
« la loi que sur les faits qui doivent être transmis sans étude
« et sans art.

« Je ne parle pas des formes de procéder ; le code judiciaire
« les a fixées, et ses dispositions appartiennent déjà à la
« législation de la France. Le projet n'ajoute rien à cet égard,
« sinon pour ce qui concerne les appels. On sait que dans tous
« les temps, ils furent un des moyens familiers employés par
« les plaideurs dans la vue de retarder l'exécution des juge-
« ments. Il est vrai que ceux des tribunaux de commerce étant
« exécutoires par provision, on est en général moins tenté de
« se pourvoir contre eux ; mais en les attaquant pour cause

« d'incompétence, ne devait-on pas être admis à en faire
« suspendre l'effet ? C'était là autrefois un des principaux
« prétextes pour obtenir des défenses, et l'esprit inventif des
« débiteurs de mauvaise volonté n'eût pas manqué de recourir
« encore à cette ressource. Elle lui a été ôtée par l'art. 647
« (33ᵉ du projet), en tempérant toutefois ce que cette prohibition
« a de rigoureux par toutes les concessions que la justice
« pouvait solliciter.

« Le rétablissement des gardes de commerce, indiqué par
« l'art. 625 (11ᵉ du projet), est une autre mesure qui concourt
« au même but. Dans cet article, comme dans tous ceux du
« dernier titre, vous verrez que l'esprit du projet a été constam-
« ment d'assurer aux jugements cette exécution rapide, qui est
« un des attributs les plus précieux de la juridiction commerciale.
« Je vous ai dit quelles dispositions vous sont proposées pour
« perfectionner son organisation et ses ressorts. Mon collègue
« est chargé de vous développer les changements plus importants
« qui ont été faits par rapport à l'étendue de son action et
« aux matières sur lesquelles elle s'exerce. »

Le projet de loi ainsi présenté au Corps législatif par le
tribun *Gillet*, fut adopté et le Code de Commerce, décrété le
14 septembre 1807, fut promulgué dix jours après, le
24 septembre.

Nous n'avons trouvé aucun document relatif aux élections
qui se sont faites sous l'empire de cette loi jusqu'en 1810,
mais nous avons pu établir la composition du Tribunal de
Commerce de Saint-Etienne depuis 1806, ainsi qu'il suit :

Président :   M. VERNADET (AndrÉ), marchand de rubans (1).
Juges :   MM. BIZALION-DUMAREST, march. coutelier.
           LARDERET fils aîné, marchand de padous.
—   THIOLLIÈRE (Eustache) (2), marchand de
           rubans.
—   BENOIT (Jean-Pierre), marchand de rubans.

(1) Le portrait de M. Vernadet porte la date du 21 juillet 1806, dans la galerie des Présidents. V. *suprà*, p. 136, note 3.

(2) Nous verrons plus loin M. Eustache Thiollière, élu président du Tribunal en 1810.

ROYET-VERNADET

*Président du Tribunal de Commerce
de Saint-Etienne*

Elu le 3 Septembre 1844 et le 16 Février 1855

ÉTUDE HISTORIQUE SUR LES JURIDICTIONS CONSULAIRES

Peintre : Besson, 1873

Photot. Bellotti, 1908

Suppléants : MM. VÉRON aîné (1), marchand de rubans.

— THIOLLIÈRE-LASSAGNE (2), marchand de rubans.

— SALICHON-PLOTTON (3), marchand de rubans.

— MASSON (Cн.) (4), marchand de rubans.

Greffier : M. *Bourriot*.

Ces noms nous ont été fournis par un document intitulé : « *Liste des notables commerçants de l'arrondissement de Saint-Etienne, sur lesquels doit rouler le choix pour remplir les fonctions de membres du Tribunal de Commerce de la ville de Saint-Etienne* (5). »

M. *Craponne* (6), marchand quincaillier, figure aussi comme membre du Tribunal, avec la qualification d'ancien maire. Mais ses affaires ayant mal tourné, il fut déclaré en faillite.

Le Tribunal devait alors siéger au couvent des Ursulines, où le Tribunal civil avait été transféré le 27 octobre 1806. Les bâtiments des Minimes furent transformés pour l'installation d'un collège communal qui fut ouvert le 4 novembre 1807.

La composition du Tribunal de Commerce en 1808 et 1809, nous est donnée par l'annuaire édité par les soins du Préfet de la Loire, M. *du Colombier*, et contenant la statistique du département de la Loire.

(1) Nous n'avons pu trouver le prénom de M. VÉRON aîné, qu'il ne faut pas confondre avec l'ancien président, M. VÉRON-NEYRON, qui était aussi surnommé l'aîné.

(2) M. Antoine THIOLLIÈRE-LASSAGNE (1770-1845), fabricant de rubans, membre de la Chambre Consultative, juge consulaire de 1806 à 1810, avait été conseiller municipal en 1804, puis adjoint. Il remplit les fonctions de maire par intérim, après Waterloo, du 25 juin au 12 juillet 1815. (*Nous donnons son portrait en tête des anciens juges, grâce à l'obligeance de* M. PROSPER PHILIP, *arrière-petit-fils de* M. THIOLLIÈRE-LASSAGNE.)

(3) M. SALICHON-PLOTTON, fabricant de rubans, juge consulaire de 1806 à 1810, est peut-être celui qui fut adjoint au maire de Saint-Etienne en 1801.

(4) M. Charles MASSON, fabricant de rubans, juge consulaire de 1806 à 1820, membre de la Chambre Consultative en 1822.

(5) *Archives municipales de Saint-Etienne*, placard 10, carton 36-т.

(6) M. Louis CRAPONNE, avait été maire de Saint-Etienne, de 1801 à 1803.

Président :   M. VERNADET (André) (1), (le même que le précédent).

Juges :   MM. VÉRON aîné, suppléant sortant.
—   THIOLLIÈRE-LASSAGNE, suppl. sortant.
—   SALICHON-PLOTTON, suppléant sortant.
—   MASSON (Ch.), suppléant sortant.

Suppléants : MM. BIZALION, marchand coutelier.
—   BENOIT, fabricant de rubans.
—   LARDERET, fabricant de padous.

Greffier : M. *Bourriot.*

Le 6 octobre 1809 parut un décret sur l'organisation des tribunaux de commerce avec un tableau désignant les villes qui devait avoir un Tribunal. Ce décret (art. 8) dit que les membres des tribunaux de commerce porteront, « dans l'exercice de « leurs fonctions et dans les cérémonies publiques, la robe de « soie noire avec des parements de velours ».

La première élection de juges de commerce que nous trouvons faite régulièrement est celle du 25 juillet 1810. Elle avait été précédée d'une autre élection, qui s'était faite le 13 juin et qui fut annulée pour les raisons exposées dans la lettre suivante :

« Paris, 3 juillet 1810 (2).

« Le Président du Tribunal de Commerce de Saint-Etienne « m'a adressé, Monsieur, le procès-verbal de la nomination des « membres de ce tribunal; mais je ne puis, pour plusieurs « motifs, proposer leur institution à Sa Majesté :

« 1° L'Assemblée n'a pas prêté le serment prescrit par les « lois, et l'omission de cette formalité indispensable rend ses « opérations nulles.

« 2° Le bureau provisoire n'a pas eu de scrutateurs et le bureau « définitif n'en a eu que deux au lieu de trois.

(1) V. *suprà*, p. 161, note 3.

(2) Copie d'une lettre écrite à M. le Préfet de la Loire, par le Grand-Juge, ministre de la Justice (*Archives départementales de la Loire*, liasse 12 M10, n° 142.

« 3° Enfin, le bureau définitif a été nommé par un seul
« scrutin, et le Président ainsi que le secrétaire devaient être
« élus au scrutin individuel et à la majorité absolue.

« Vous voudrez bien convoquer les commerçants notables de
« ces arrondissements et leur donner les instructions nécessaires
« pour qu'ils opèrent avec plus de régularité.

« Recevez, etc…

« Signé : duc DE MASSA. »

On procéda à de nouvelles élections le 25 juillet 1810, d'après
une liste de notables qui avait été dressée par le Préfet au
commencement de 1810. Il y avait 99 notables inscrits, et il y
eut 29 électeurs (1). Le procès-verbal de cette élection fut adressé
au Ministre de la Justice qui fit prendre le décret suivant,
instituant les nouveaux juges dans leurs fonctions.

Décret impérial du 15 février 1811.

« Extrait des minutes de la Secrétairerie d'Etat au Palais des
« Tuileries, le 15 février 1811 :

« NAPOLÉON, empereur des Français, roi d'Italie, protecteur de
« la Confédération du Rhin et médiateur de la Confédération suisse;

« Sur le Rapport de notre Grand-Juge, ministre de la Justice,
« nous avons nommé et nommons pour remplir les fonctions de
« président, juges et suppléants dans le Tribunal de Commerce
« séant à Saint-Etienne (Loire), savoir, les sieurs :

« EUSTACHE THIOLLIÈRE-NEYRON (2), fabricant de
rubans, Président pour deux ans.

---

(1) Ce nombre de 29 électeurs était calculé d'après la population de Saint-
Etienne évaluée, en 1809, à 19.377 âmes, soit 25 électeurs pour 15.000 habitants,
plus un électeur par 1.000 au-dessus de 15.000. Ces 29 électeurs étaient choisis
par le sous-préfet sur une liste de notables, qui se composait alors de 99 commerçants.

(2) M. Eustache THIOLLIÈRE-NEYRON fut obligé de remplir les fonctions de
président du Tribunal pendant cinq années de suite. Les élections se faisaient
très irrégulièrement ; d'ailleurs, il y avait à cette époque abstention d'électeurs et
de candidats. Nous verrons M. Eustache THIOLLIÈRE réélu président pour une
deuxième judicature en 1819 ou 1820.

M. Eustache THIOLLIÈRE DE L'ISLE ou THIOLLIÈRE-NEYRON, fabricant de rubans,
né en 1769, fut nommé chevalier de la Légion d'honneur le 21 septembre 1814.
Il avait été membre de la Chambre Consultative et Président de l'Administration
des Hospices civils de Saint-Etienne. (Communiqué par M. Pr. PHILIP).

« CHARLES MASSON. fabricant de rubans, *Juge pour deux ans.*

« JOSEPH-MARIE NEYRON, fabricant de rubans, *Juge pour deux ans.*

« JEAN-BAPTISTE LARDERET, fabricant de rubans, *Juge pour un an.*

« JEAN-PIERRE BENOIT (1), fabricant de rubans, *Juge pour un an.*

« FRANÇOIS-MARCELLIN MOLLE (2), fabricant de rubans, *suppléant.*

« CLAUDE FOURNAS fils, fabricant de rubans, *suppléant.*

« ANTOINE GERIN-PLOTTON (3), marchand quincaillier, *suppléant.*

« JEAN-AIMÉ JOVIN-DESHAYES (4), entrepreneur de la Manufacture d'armes, *suppléant.* »

L'envoi de ce décret était accompagné d'une lettre du Ministre de la Justice, le *duc de Massa*, datée du 5 mars 1811. L'installation des nouveaux juges eut lieu le 5 avril suivant.

Contrairement aux prescriptions de l'article 622 du Code de Commerce qui dit que les tribunaux de commerce seront renouvelés chaque année par moitié, il n'y eut pas d'élection en 1811 ; elle eut lieu en 1812. Le tableau des notables commerçants de Saint-Etienne contenait cette fois 30 électeurs,

(1) M. Jean-Pierre BENOIT, membre de la Chambre Consultative.

(2) M. François-Marcellin MOLLE, membre du Conseil de Commerce et ensuite de la Chambre Consultative.

(3) M. GERIN-PLOTTON, négociant en quincaillerie, juge consulaire de 1811 à 1816, membre du Conseil de Commerce et conseiller municipal en 1804, devint président du Tribunal de 1816 à 1819 et député de la Loire de 1827 à 1830. Il fut nommé chevalier de la Légion d'honneur, le 11 juillet 1829. Nous verrons son fils, M. Auguste GERIN, président du Tribunal en 1859.

(4) M. Jean-Aimé JOVIN-DESHAYES, né en 1775, devint président du Tribunal de 1825 à 1828, et maire de Saint-Etienne de 1840 à 1843 ; il fut nommé chevalier de la Légion d'honneur, le 27 janvier 1815, membre de la Chambre Consultative en 1818 et ensuite de la Chambre de Commerce en 1833. Fils de François *Jovin*, ancien président du Tribunal de Commerce et de Jeanne-Marie-Aimée *Peyron*, il était le frère de M. *Jovin-Bouchard*, le si généreux bienfaiteur de Saint-Etienne.

Nous devons à la grande obligeance de M. *Peyeelon*, chef de cabinet au Ministère de la Justice, les dates de promotion à la Légion d'honneur de MM. THIOLLIÈRE-NEYRON, JOVIN-DESHAYES et GERIN-PLOTTON. Ce dernier est inscrit à la Grande Chancellerie, sous le nom de GENIN Antoine.

qui devaient concourir à la nomination des membres du Tribunal de Commerce.

Les électeurs convoqués pour le 18 novembre 1812, élirent :

Juges pour 2 ans : MM. Jean-Marie JOVIN-DESHAYES, suppléant sortant :

— Antoine GERIN-PLOTTON, suppléant sortant :

Suppléants pour 2 ans : MM. Pierre BÉNEVENT, fabricant de rubans.

— Antoine NICOLAS, fabricant de rubans.

Suppléant pour 1 an : M. Marcellin COULLARD-DESCOS, fabricant de couteaux.

Ce dernier remplaçait M. Molle pour cause d'absence.

Les nouveaux élus furent institués par décret du 10 mars 1813 et installés le 15 avril suivant.

Le greffier, M. *Bourriol*, était remplacé, depuis le 5 août 1811, par M. *André Vernadet* (1). Ce dernier était un parent de l'ancien Président du Tribunal de Commerce qui avait siégé de 1806 à 1810.

(1) M. André Vernadet, greffier du Tribunal de Commerce, fut *décoré du Lis*, le 15 novembre 1815, par le général *de Précy*, commandant en chef de la Garde nationale de Lyon. Il avait courageusement pris part à la défense de Lyon, assiégé en 1793, ainsi que son parent, Claude *Vernadet*, qui, après avoir été emprisonné et acquitté, devint major de la Garde Impériale. Le frère de ce dernier, Christophe *Vernadet*, fut mitraillé aux Brotteaux, le 5 décembre 1793 (*Communiqué par M. Louis Brunon, avocat*).

CHAPITRE VI

LE TRIBUNAL DE COMMERCE DE 1815 A 1830

*Présidents : MM. Gerin-Plotton, Thiollière de l'Isle, Bréchignac,
Jovin-Deshayes, Peyret-Dubois.*

Événements de 1815; — Timbre des livres de commerce; — Désorganisation du Tribunal; — Elections et installations des juges.

LES notables commerçants ne purent être convoqués en 1814 ni en 1815. Les guerres et les événements politiques absorbaient toute l'énergie de la France. Le régime impérial succombant à Waterloo, Louis XVIII montait sur le trône. La Révolution avait cru tuer la Royauté en faisant monter Louis XVI sur l'échafaud, et la Royauté renaissait !

Une lettre du sous-préfet, M. *Durozier*, au préfet de la Loire, en date du 19 décembre 1815, nous renseigne sur l'état du Tribunal depuis l'année 1810; elle aurait pu nous permettre d'établir la composition du Tribunal depuis sa création, si le tableau, annoncé dans la lettre, s'y trouvait encore. Voici cette lettre :

« Pour remplir vos intentions, j'ai l'honneur de vous adresser ci-joint :

« 1° Le tableau des mouvements qui ont eu lieu dans la
« composition du Tribunal de Commerce depuis sa création
« jusqu'à ce jour. Vous y verrez que M. *Eustache Thiollière-*
« *Neyron* remplit les fonctions de président depuis le 5 mars
« 1811, qu'une nouvelle élection eut lieu au mois de novembre
« 1812, et que les juges choisis à cette époque ont été installés le
« 15 avril 1813; il résulte qu'il n'en est aucun qui n'ait dépassé
« le terme de deux ans fixé par l'art. 622 du Code de Commerce.
« Le Président, particulièrement, compte près de cinq ans
« d'exercice, ce qui fait l'objet d'une réclamation que j'ai eu
« l'honneur de mettre sous vos yeux le 24 octobre dernier.

« 2° La liste des notables dressée par M. *Holvaet*, l'un de nos
« prédécesseurs, est arrêtée à 29 individus, calculés sans doute
« d'après la population de Saint-Etienne, évaluée dans le recen-
« sement de 1806 à 19.377 âmes...., etc. »

Nous avons cherché ce tableau de la composition du Tribunal
depuis sa création dans de nombreuses liasses des Archives
départementales, nous ne l'y avons pas trouvé. Nous espérions
le trouver aux Archives des Tribunaux, soit civil, soit consulaire ; nos recherches ont été vaines (1). Nous le regrettons
d'autant plus que nous aurions pu remplir la lacune qui existe
dans le tableau que nous avons dressé pour résumer nos
recherches et qui forme un appendice à cet ouvrage.

Au commencement de 1816, le Tribunal qui n'avait encore
subi aucun changement, eut à prendre une délibération
provoquée par une lettre du ministre des finances sur l'inobser-
vation des commerçants à faire timbrer leurs livres de commerce.
Voici l'extrait de cette délibération (2) dont le registre n'existe
plus aux archives du Tribunal de Commerce.

« L'an mil huit cent seize et le vingt-deux janvier, à trois heures
« de relevée, le Tribunal de Commerce, réuni dans la
« Chambre du Conseil, avant l'audience, où étaient présents
« MM. Eustache Thiollière-Neyron, président, chevalier de la
« Légion d'honneur, Charles Masson, Joseph-Marie Neyron,
« Jean-Aimé Jovin-Deshayes, chevalier de la Légion d'honneur,
« et Antoine Gerin, tous juges audit Tribunal.

« M. le Président donne lecture d'une lettre de son Excellence
« le Garde des Sceaux, à lui transmise par M. le Procureur
« général près la Cour royale, séant à Lyon, dont la teneur suit :

« *Monsieur le Procureur général,*

« *Le Ministre, secrétaire d'Etat des finances, m'informe qu'il*
« *se fait dans la tenue des livres de commerce de fréquentes et*
« *nombreuses infractions à l'art. 12 de la loi du 13 brumaire*

---

(1) Nous n'avons pas été plus heureux aux Archives de la Cour d'Appel de Lyon.
Supra, p. 158, note 1.

(2) *Archives départementales*, série 1, U³, liasse n° 19.

« an 7, qui assujettit au timbre de dimension les régistres des
« banquiers, négociants, marchands, armateurs, fabriquants (sic),
« commissionnaires; agents de change et courtiers.

« Ces contraventions portent préjudice aux intérêts du trésor,
« il est nécessaire de prendre les mesures les plus promptes pour
« les faire cesser et assurer l'exécution de la loi.

« Le titre 2 du livre 1er du Code de Commerce offre tous les
« moyens de parvenir à ce but. Je vous prie donc de donner de
« suite des instructions à vos substituts, aux chambres et aux
« tribunaux de commerce de votre ressort, pour que, conformé-
« ment à l'article 24 de la loi du 13 brumaire an 7, aucun
« officier public ne paraphe un livre de commerce qui ne serait pas
« en papier frappé du timbre de dimension, et à ce que les défenses
« faites aux notaires, huissiers, greffiers et autres d'agir et aux
« tribunaux de rendre aucuns jugements sur un acte, ou un
« régistre, ou un effet de commerce non écrit sur papier timbré,
« soient exactement observées.

« Vous voudrez bien aussi m'accuser récèption de cette lettre et
« me rendre compte du résultat de vos soins.

« Recevez, Monsieur le Procureur général, l'assurance de ma
« parfaite considération.

« Le Garde des Sceaux, ministre et secrétaire d'Etat.

« Signé : MARBOIS.

« Paris, le 14 décembre 1815. »

« Après cette lecture le Tribunal a arrêté à l'unanimité qu'il
« serait donné la plus grande publicité à la lettre ci-dessus ainsi
« qu'à l'adresse dont la teneur suit :

« . . . .

« Le Tribunal s'empresse de porter à la connaissance de
« MM. les négociants et de toute personne faisant un commerce
« qui nécessite la tenue des livres-journaux, et la circulaire de
« son Excellence et la disposition de la loi qui en fait l'objet.

« L'excellent esprit, qui distingue si particulièrement le
« commerce de cet arrondissement, est une garantie certaine de
« l'empressement qu'il mettra à se conformer à une loi dont

ANCIENS JUGES CONSULAIRES

Fr.-M. BALAY, j. c. de 1841 à 1842.

Cl. BARRALLON, j. c. de 1845 à 1851.

J.-F. CHALEYER, j. c. de 1854 à 1860.

A. DAVID-COLCOMBET, j. c. de 1854 à 1859.

Chr. BALAY-DAVID, j. c. de 1858 à 1859.

P. GIRINON, j. c. de 1858 à 1862.

ÉTUDE HISTORIQUE SUR LES JURIDICTIONS CONSULAIRES

MATHIEU PASSERAT

*Président du Tribunal de Commerce
de Saint-Etienne*

ÉLU LE 22 JANVIER 1850

ÉTUDE HISTORIQUE SUR LES JURIDICTIONS CONSULAIRES

Peintre : N.

Photot. BELLOITI, 1908

« l'infraction peut chaque jour donner lieu aux plus grands
« inconvénients sous le double rapport de l'intérêt et de la
« déconsidération à laquelle n'échapperait pas le négociant qui
« se serait exposé aux poursuites de M. le Procureur général ;
« d'après les ordres supérieurs, il est enjoint au greffier de ce
« Tribunal d'adresser chaque semaine à ce magistrat la liste des
« maisons de commerce qui se seront conformées à la loi.
« ..... (Les certificats ne seront délivrés que sur la représen-
« tation des livres réguliers, c'est-à-dire timbrés et paraphés)...
« Pour extrait ; signé : *A. Vernadet*, greffier. »

La première élection qui se fit sous la Restauration eut lieu
le 5 septembre 1816. Sous le nouveau régime, le Tribunal fut
dissous et soumis tout entier à l'élection. M. PAILLON aîné fut
élu président et n'accepta pas cette fonction, ainsi que
M. DERVIEUX-VILLEMAGNE qui refusa d'être suppléant. On procéda
à un deuxième tour le 26 septembre. On eut beaucoup de peine
à trouver des notables acceptant les fonctions de juges, parce
qu'on avait vu M. Eustache THIOLLIÈRE-NEYRON rester président
pendant cinq ans sans être remplacé, malgré ses réclamations
et les assujettissements que lui causait une si longue magistrature.
Le Tribunal fut ainsi composé :

Président :	M. ANTOINE GERIN-PLOTTON (1), ancien juge.
Juges pour 2 ans :	MM. MASSON, ancien juge.
—	BRÉCHIGNAC (2), banquier.
Juges pour 1 an :	MM. PIERRE PALLUAT (3), marchand de soies.
—	JEAN-CLAUDE PEYRET (4), quin-caillier.

(1) V. *suprà*, p. 174, note 3.

(2) M. Paul-Louis-Magloire-Durand BRÉCHIGNAC (1770-1840), banquier, juge
consulaire de 1816 à 1820, président du Tribunal de Commerce de 1821 à 1824 ;
membre de la Chambre de Commerce en 1834.

(3) M. Pierre-Joseph PALLUAT DES COMBES, né en 1769, marchand de soies,
succéda à son oncle M. PALLUAT DES COMBES, qui portait les mêmes prénoms. La
famille croit que c'est le neveu qui fut juge consulaire de 1816 à 1820. (*Communication de* M. le comte Roger PALLUAT DE BESSET, *son arrière petit-neveu.*)

(4) Nous retrouverons plus loin M. J.-C. PEYRET, président en 1828.

Suppléants pour 2 ans : MM. FOURNAS, ancien suppléant.
— FOREST (1), fabricant de rubans.
Suppléants pour 1 an : MM. J.-B. DEMAREST (2), fabricant d'armes.
— LECLERC aîné, fabric. de rubans.

Cette élection fut confirmée par l'ordonnance royale du 12 mars 1817, malgré que MM. Bréchignac et Palluat paraissent avoir été nommés juges sans avoir été suppléants; ou du moins on ne trouve aucune trace de leur élection comme suppléants.

La composition du Tribunal n'avait pas changé en 1818, époque où nous trouvons les mêmes noms cités dans l'Annuaire Duplessis. M. *J. Duplessis*, président du Tribunal civil de Saint-Etienne, avait fait éditer, en décembre 1818, un *Annuaire et Statistique du département de la Loire*. Voici ce qu'il dit à propos du Tribunal de Commerce de Saint-Etienne :

« Il n'existe qu'un seul Tribunal de Commerce, placé à Saint-
« Etienne; il a été créé par décret du 25 février-4 mars 1791, et
« confirmé par le décret du 6 octobre 1809, conformément à
« l'article 615 du Code de Commerce. Ce Tribunal est composé
« d'un Président, de quatre juges et de quatre suppléants.
« (Suivent les noms que nous avons donnés plus haut). »

M. Duplessis cite ensuite le nom du seul et unique courtier de commerce, M. Plotton-Colomban, et dit qu'il n'y a point d'agent de change. Il ajoute en note : « Le Président et les juges
« ne peuvent rester plus de deux ans en place, ni être réélus
« qu'après un an d'intervalle (article 624 du Code de Commerce).
« Un greffier et deux huissiers y sont attachés. Son ressort
« comprend tout l'arrondissement de Saint-Etienne. Les appels

(1) M. Jean-François Forest aîné, fabricant de rubans, Juge Consulaire de 1816 à 1822, membre de la Chambre de Commerce en 1835. Elu Président du Tribunal de Commerce en 1823, il refusa cet honneur.

(2) M. Jean-Baptiste Demarest, fabricant d'armes, Juge Consulaire de 1816 à 1822, membre de la Chambre Consultative en 1818. Elu Président du Tribunal en 1823, il reçut l'institution, mais il démissionna sans avoir siégé pour raison de santé.

« se portent devant la Cour royale de Lyon. Dans les autres
« arrondissements les tribunaux de première instance connais-
« sent des affaires commerciales. » Les prescriptions que
M. Duplessis rappelle ne furent pas toutes observées. Le
Tribunal, élu en 1816, resta en fonction jusqu'en 1820.

Si nous nous en rapportons à l'inscription que M. GUITTON-
NICOLAS a fait graver au bas du portrait de M. Eustache THIOLLIÈRE-
NEYRON qui figure dans la galerie des Présidents et qui porte la
date du 4 juin 1819, il y aurait eu une élection dans le cours de
cette année ; mais nous croyons qu'il y a là une erreur. La
convocation électorale qui eut lieu sept mois après, le 4 février
1820, indique que le Président sera élu pour deux ans. Cette
mention n'aurait pas été stipulée si M. THIOLLIÈRE-NEYRON avait
été élu quelques mois plus tôt. Cependant il a pu y avoir une
élection en 1818 ou 1819, car on trouve dans la suivante deux
juges titulaires qui n'avaient pas été suppléants, comme l'exige
l'article 620 du Code de Commerce ; mais nous n'en avons trouvé
aucune trace.

L'ordonnance royale du 3 mars 1820, confirmant l'élection
du 4 février précédent, donne la composition du Tribunal en
1820, comme suit :

Président pour 2 ans : M. EUSTACHE THIOLLIÈRE-
NEYRON ✠ anc. président, (1).

Juges pour 2 ans : MM. JEAN-FRANÇOIS FOREST, suppléant
sortant.

— JEAN-BAPTISTE DEMAREST, suppléant sortant.

Juges pour 1 an : MM. JEAN-BAPTISTE DESCOURS, fabricant de rubans.

— CLAUDE-ANTOINE VIALLETON
aîné, fabricant de rubans.

Suppléants pour 2 ans : MM. PIERRE LECLERC aîné, réélu.

— PHILIBERT COLCOMBET aîné (2),
fabricant de rubans.

(1) V. *suprà*, p. 173, note 2.

(2) M. Philibert COLCOMBET aîné, Juge Consulaire de 1820 à 1821, fabricant de
rubans, associé de M. F. COLCOMBET. (*Nous donnons son portrait grâce à l'obligeance
de M. Alexandre COLCOMBET, successeur de cette importante maison.*)

Suppléants pour 1 an : MM. Joseph MANAUD (1), quincaillier.
— Jean-Baptiste PAILLON jeune (2),
(?) négociant.

MM. Descours et Vialleton, nommés juges titulaires, ont pu être élus suppléants à une date que nous ignorons.

L'année suivante eut lieu le renouvellement partiel du Tribunal. L'ordonnance royale du 11 avril 1821 institua :

Président pour 1 an : M. Paul-Louis BRÉCHIGNAC (3), ancien juge.

Juges : MM. Pierre LECLERC, suppléant sortant.
— Joseph MANAUD, suppléant sortant.

Suppléants : MM. PAILLON jeune, réélu.
— Antoine-Louis NEYRON-DES-GRANGES, fabricant de rubans.
— Mathieu FLOTTARD (4), commissionnaire en marchandises.
— Jacques-Joseph TÉZENAS ✳, fils aîné (5), fabricant de rubans.

(1) M. Joseph Manaud, négociant en quincaillerie, Juge Consulaire de 1820 à 1823, membre de la Chambre Consultative en 1828.

(2) M. Jean-Baptiste Paillon jeune, dont nous ne connaissons pas le genre de commerce, Juge Consulaire de 1820 à 1825, remplit les fonctions de Président pendant la vacance du Tribunal, en 1824.

(3) V. *suprà*, p. 181, note 2.

(4) M. Mathieu Flottard aîné, commissionnaire en marchandises, Juge Consulaire de 1821 à 1828, réélu en 1831, était membre de la Chambre Consultative et ensuite de la Chambre de Commerce.

(5) M. Jacques-Joseph Tézenas du Montcel (1785-1863), fabricant de rubans, fut président du Tribunal de Commerce en 1831, après avoir été Juge Consulaire de 1821 à 1828. Il faisait partie de la Chambre Consultative des Arts et Manufactures de Saint-Etienne, et lors de la création de la Chambre de Commerce en 1833, il en fut le premier Président jusqu'en 1839, réunissant à la fois les deux présidences, celle du Tribunal et celle de la Chambre de Commerce.
Adjoint au maire de Saint-Etienne, en 1834, chevalier de la Légion d'honneur en 1838, maire de Saint-Etienne de 1843 à 1846, conseiller d'arrondissement, administrateur des Hospices, administrateur de la Banque de France, M. J.-J. Tézenas fut le directeur de la succursale de Saint-Etienne de 1852 à 1862 (L. Thiollier, *Notices industrielles*).
Nous mettons l'étoile qui représente la croix de la Légion d'honneur aux membres du Tribunal de Commerce, pour honorer leur magistrature, bien que la plupart d'entre eux n'aient reçu cette décoration qu'après avoir siégé au Tribunal.

Désormais les renouvellements du Tribunal deviennent de plus en plus réguliers. L'élection du 21 février 1822 qui suit, fut confirmée par l'ordonnance royale du 12 juin 1822, sauf celle du Président, M. Bréchignac, qui fut annulée comme contraire à l'article 622 du Code de Commerce, dont les dispositions, modifiées depuis, ne permettaient pas alors de réélire le Président deux fois de suite sans intervalle. Cette ordonnance institua :

Juges titulaires : MM. Jean-Baptiste PAILLON, suppléant sortant.

— Antoine-Louis NEYRON-DESGRAN-GES, suppléant sortant.

Juges suppléants : MM. Jean-Pierre LARDERET ✻ (1), fabric. de rubans.

— Joseph BASSON-GERIN (2), quincaillier.

— Mathieu FLOTTARD, réélu.

— Jean-Jacques TÉZENAS ✻, réélu.

M. Bréchignac n'ayant pas été agréé comme président, il y eut une nouvelle élection le 7 février 1823. M. Peyret-David (appelé aussi Peyret-Dubois) y fut élu Président ; il refusa. On convoqua de nouveau les électeurs consulaires pour le 2 avril de la même année. L'élection ne put avoir lieu ; il s'était présenté un électeur le matin et cinq le soir (3).

Enfin un second appel des électeurs, le 28 août suivant, fit sortir au premier scrutin pour la présidence le nom de J.-J. Forest ; celui-ci refusa cet honneur. On procéda de suite à un deuxième scrutin, et le résultat définitif fit proclamer :

Président : M. Jean-Baptiste DEMAREST (4), ancien juge.
Juges : MM. Mathieu FLOTTARD, suppléant sortant.

— Jacques-Joseph TÉZENAS ✻, suppl. sortant.

---

(1) Voir plus loin la notice de M. Jean-Pierre Larderet, élu Président du Tribunal en 1834.

(2) M. Joseph Basson-Gerin, négociant en quincaillerie, Juge Consulaire de 1828 à 1831, membre de la Chambre Consultative en 1824.

(3) *Archives de la Loire*, 1 U³, liasse n° 19.

(4) V. *suprà*, p. 182, note 2.

Suppléants : MM. Christophe BALAY (1), fabricant de rubans.
—   Nicolas BOUTERIEUX (2), fabricant de rubans.

Il y eut 19 votants sur 35 électeurs.

Cette élection fut confirmée par l'ordonnance royale du 24 décembre 1823. La même année vit un changement de greffier, M. *Aguiraud* remplaçant M. *Vernadet.*

M. Demarest n'occupa jamais le siège de la présidence. Il envoya sa démission au Sous-Préfet, qui la transmit au Préfet, le 13 janvier 1824, avec la lettre suivante :

« J'ai l'honneur de vous adresser la lettre que m'a écrite le « sieur Demarest aîné, par laquelle il m'annonce son refus « d'accepter la place de Président du Tribunal de Commerce, « à laquelle il a été porté par la dernière assemblée des notables « négociants, je vous prie de vouloir bien la mettre sous les yeux « de S. E. Monseigneur le Garde des Sceaux, dont j'attendrai « les ordres à ce sujet. » M. Demarest motivait son refus pour raison de santé : il mourut à Saint-Etienne le 10 juillet 1826.

Quelque temps après, le Sous-Préfet recevait des instructions et en accusait réception au Préfet par la lettre suivante, datée du 23 mars 1824, qui montre les difficultés à organiser le Tribunal :

« En réponse à la lettre que vous m'avez fait l'honneur de « m'écrire le 15 de ce mois au sujet de l'organisation du Tribunal « de Commerce de cet arrondissement, je vous annonce que je « ne vois nul inconvénient à ce que la présidence qui se trouve « vacante soit confiée à M. Paillon jeune, premier juge en « ordre ; ...... il arrive journellement à M. Paillon de remplir « ces fonctions en l'absence de M. Bréchignac, qui a conservé « jusqu'à ce jour le titre de président, quoique ses pouvoirs « fussent expirés, par la raison qu'il n'avait pas encore été

---

(1) M. Christophe Balay aîné (1785-1837), fabricant de rubans, Juge Consulaire de 1823 à 1831. (*Nous devons son portrait à l'obligeance de M. Ferdinand Balay, son petit-fils.*)

(2) M. Nicolas-Bouterieux, fabricant de rubans, Juge Consulaire de 1823 à 1828, membre de la Chambre Consultative. Nous ignorons si son nom patronymique était *Nicolas* ou *Bouterieux.*

« remplacé. Cet intérim pourra durer jusqu'au mois d'août
« prochain qui sera l'époque où il y aura lieu de procéder au
« renouvellement annuel, la dernière élection qui y a pourvu
« étant du 28 août 1823 ; d'ici là le commerce de l'arrondisse
« ment pourra préparer le choix à faire dans l'assemblée des
« notables commerçants qui sera convoquée à cet effet. »

C'est en effet M. Paillon qui a signé le plus souvent les
jugements comme « président en l'absence ». Toutefois,
M. Bréchignac, qui n'avait pas été agréé par l'ordonnance du
12 juin 1822, siégea encore quelquefois jusqu'au 20 février 1824,
époque à partir de laquelle son nom disparaît définitivement
des jugements.

L'élection suivante dut avoir lieu vers le 9 février 1825.
C'est la date indiquée au bas du portrait de M. Jovin-Deshayes
dans la galerie des Présidents. Nous n'avons trouvé ni le procès-
verbal de l'élection, ni l'ordonnance qui a donné l'institution
aux juges. Nous avons composé cette magistrature par
induction, en prenant en considération l'élection précédente et
la suivante, et en recherchant dans les minutes des jugements
les noms des juges qui ont siégé entre ces deux élections. Nous
pouvons composer approximativement le Tribunal comme suit :

Président :   M. JOVIN-DESHAYES ✻ (1), ancien juge.

Juges :   MM. J. BASSON-GERIN, suppléant sortant.

—   J.-P. LARDERET ✻, suppléant sortant.

—   FLOTTARD, réélu.

—   J.-J. TÉZENAS ✻, réélu.

Suppléants : MM. Ambroise CHARRAT, fabricant de rubans.

—   B.-J.-S. COLARD ✻ (2), fabricant de rubans.

—   Chr. BALAY, réélu.

—   Nicolas BOUTÉRIEUX, réélu.

---

(1) V. *suprà*, p. 174, note 4.

(2) M. Benoît-Joseph-Sébastien Colard, né en 1779, fabricant de rubans, Juge
Consulaire de 1825 à 1831, fut nommé adjoint au maire de Saint-Etienne en 1832.
Il siégea longtemps dans l'Assemblée municipale, où on le trouve encore en 1849.
Il fut décoré de la Légion d'honneur, suivant sa famille, à une date que nous
n'avons pu découvrir, pour sa conduite courageuse dans une des émeutes qui eurent
lieu à Saint-Etienne de 1830 à 1834. (*Communication de M. Félix Thollier,
qui a bien voulu nous autoriser à reproduire le portrait de M. Colard, son grand-père.*)

Il n'y eut pas d'élection jusqu'en 1828, et celle de cette année ne nous est connue que par une lettre du sous-préfet, datée de 1831 et par conséquent postérieure de trois années à la nomination des juges. Avec le concours des jugements, nous pouvons établir la composition du Tribunal de cette façon :

Président : M. J.-C. PEYRET-DUBOIS (1), ancien juge.
Juges : MM. J.-P. LARDERET ✳, réélu.
— J. BASSON-GERIN, réélu.
— Chr. BALAY aîné, suppléant sortant.
— B.-J.-S. COLARD ✳, suppléant sortant.
Suppléants : MM. Etienne FAURE aîné, fabricant de rubans.
— PALIARD-DERVIEUX (2), fabricant de rubans.
— Aimé ROYET-SAUVIGNET (3), marchand de soies.
— PROST-PASCAL (fabricant de rubans ou de quincaillerie).

(1) M. Jean-Claude Peyret-Dubois devait être fabricant de rubans. Mais il existe plusieurs homonymes, dont il serait difficile de faire la distinction sans de longues recherches. (On trouve Jean-Claude Peyret-Plotton, négociant, Président du Conseil des Prud'hommes en 1804; Jean-Claude Peyret-David, quincaillier, membre de la Chambre Consultative en 1824 ; nous croyons que ce dernier est le même que le Président, dont le nom a changé à la suite de son mariage et qui réunissait peut-être les deux professions.)

(2) M. Henry Paliard-Dervieux (1795-1852), fabricant de rubans, fut d'abord associé de M. F. Colombet et fonda ensuite une maison avec ses frères. Juge Consulaire de 1828 à 1837, avec une interruption de trois années, et en même temps membre de la Chambre Consultative, puis de la Chambre de Commerce, dont il fut le Président de 1841 à 1843.

M. Henry Paliard fut aussi adjoint au maire de Saint-Etienne ; il remplissait les fonctions de maire par intérim, lors de l'insurrection de 1831.

Fondateur-directeur de la succursale de la Banque de France à Saint-Etienne qui avait débuté sous le nom de « Comptoir d'Escompte » jusqu'en 1848, M. Henry Paliard occupait ce poste lors de son décès (6 mars 1852).

« Esprit distingué, littérateur érudit, musicien consommé, M. Henry Paliard « joua un rôle important à Saint-Etienne dans le monde des affaires et dans les « milieux politiques et artistiques. » (L. Thiollier, *Notices industrielles.*)

(3) M. Aimé Royet-Sauvignet, Juge Consulaire de 1828 à 1831, était fils de Jean Royet, marchand de soies, et de Marie Sauvignet. Ecrivain érudit, spirituel et élégant, il fonda le *Mercure Ségusien*, à Saint-Etienne (Descreux, *Notices stéphanoises).*

Né en 1797, M. Aimé Royet n'avait que 31 ans lorsqu'il fut élu membre du Tribunal de Commerce. Si son prénom *Aimé* n'était pas clairement désigné, nous croirions plutôt que c'est son père qui fut élu. Mais, dès 1830, il était nommé adjoint au maire de Saint-Etienne et on retrouve sa signature comme conseiller municipal en 1848. C'est probablement le même qui fut membre de la Chambre Consultative en 1828.

Auguste GERIN

*Président du Tribunal de Commerce
de Saint-Etienne*

Elu le 18 Mars 1859

ÉTUDE HISTORIQUE SUR LES JURIDICTIONS CONSULAIRES

Peintre : Besson, 1874

Photot. Bellotti, 1908

Une lettre de M. Peyret-Dubois (ou Peyret-David), écrite au Sous-Préfet de Saint-Etienne, le 2 octobre 1830, dit que le Tribunal de Commerce se trouvait dans une désorganisation telle que ses nombreux justiciables en éprouveraient les plus grands préjudices, si l'on n'y portait pas remède de suite. Sur neuf membres, plusieurs manquent. Une grave indisposition l'empêche lui-même de suivre régulièrement les audiences. Deux juges manquent, trois suppléants sont démissionnaires, et les suppléants exceptés, tous les juges ont dépassé le temps d'exercice voulu par la loi. M. Peyret-Dubois mourut le 26 janvier 1831, avant son remplacement. Il avait siégé jusqu'au 12 octobre 1830.

Une autre lettre, sans signature, datée du 4 décembre 1830, réclame des élections et donne les détails suivants sur la désorganisation du Tribunal. Elle cite : M. J.-C. Peyret-Dubois, président, dont nous venons de parler et qui était alors dangereusement malade depuis plusieurs mois; M. Benoît-Joseph-Sébastien Colard aîné, juge, qui était presque toujours absent; M. Christophe Balay aîné, autre juge, qui ne se présentait pas aux séances ; MM. Henry-Amand Paliard-Dervieux, J. Aimé Royet-Sauvignet, suppléants, qui avaient été nommés adjoints à la mairie ; M. Prost, autre suppléant, qui n'avait pas accepté lorsqu'il avait été élu.

D'un autre côté, en consultant les jugements, nous avons remarqué qu'on était obligé de faire appel à des anciens juges et même à des notables, n'ayant jamais siégé, pour compléter le Tribunal et tenir audience.

CHAPITRE VII

LE TRIBUNAL DE COMMERCE DE 1830 A 1848

*Présidents élus : MM. Téżenas du Montcel, Larderet, David,
Royet-Vernadet.*

**Révolution de 1830 ; — Un Président élu sans stage, mais non agréé ;
— Les électeurs de la Chambre de Commerce choisis par le
Tribunal ; — Le nombre des électeurs du Tribunal basé sur la
population de Saint-Etienne ; — Loi des 3-5 mars 1840 ; —
Elections et installations des Juges.**

LA Révolution de 1830 éclata à propos des ordonnances
que Charles X signa le 25 juillet. En signant ces
ordonnances, le vieux roi ne jetait pas un défi à la
nation ; il n'y voyait qu'une arme légitime fournie par la Charte
pour défendre les prérogatives de la couronne. En réalité, elles
renfermaient une atteinte essentielle aux droits politiques de la
France, et elles constataient entre le roi et la majorité du pays
une profonde incompatibilité de principes qui devait inévitable-
ment aboutir à une rupture violente. En effet, six jours après,
le duc d'Orléans était proclamé lieutenant-général du royaume,
titre qu'il échangea le 9 août suivant contre celui de Roi des
Français, sous le nom de Louis-Philippe.

Pendant ces événements, le Tribunal restait toujours désorga-
nisé. Ce n'est qu'après de nombreuses réclamations que les
notables commerçants furent convoqués, le 22 février 1831, pour
procéder au renouvellement complet du Tribunal. La population de Saint-Etienne, étant en 1830 de 37.031 habitants, ne
donnait droit qu'à 47 électeurs consulaires. Ces 47 électeurs
furent choisis parmi les 105 notables dont se composait le
commerce stéphanois à ce moment.

— 193 —

L'élection du 22 février 1831 eut pour résultat de nommer (1) :

Président pour 2 ans :   M. TÉZENAS aîné ✸ (Jacques-Joseph) (2), ancien juge.

Juges pour 2 ans :   MM. VALENTIN (Jean-Louis), fabricant de rubans.

—   DAVID (Jean-Baptiste) (3), fabricant de velours.

Juges pour 1 an :   MM. FLOTTARD aîné (Mathieu), ancien juge.

—   FAURE aîné (Etienne), fabricant de rubans.

Suppléants pour 2 ans : MM. SALICHON-GERIN (François) (4), quincaillier.

—   PALIARD (Félix) (5), fabricant d'armes.

Suppléants pour 1 an : MM. COLCOMBET-NEYRON ✸ (André) (6), fabricant de rubans.

—   THIOLLIÈRE-LASSAGNE fils aîné (Emile) (7), fabric. de rubans.

(1) *Archives Départementales de la Loire*, Série 1 U³, n° 21.

(2) V. *supra*, p. 184, note 5.

(3) M. Jean-Baptiste David (1782-1855), fabricant de velours, Juge Consulaire de 1831 à 1834, fut Président du Tribunal de Commerce de 1837 à 1840.
Entré fort jeune dans la fabrique de son oncle, M. Thiollière du Champ, qui avait importé à Saint-Etienne avec M. Salichon vers 1765 le métier de velours dit « à la Zurichoise », il en perfectionna le mécanisme et donna une activité considérable à ce genre de fabrication.
Membre de la Chambre de Commerce, il en fut le Président en 1840.
Administrateur des Hospices en 1835, administrateur et censeur de la Banque de France, M. J.-B. David avait épousé Mˡˡᵉ de Sauzéa et mourut en 1855, après avoir associé ses deux fils, MM. André et Francisque David, que nous trouverons plus loin Juges Consulaires l'un après l'autre. (L. Thiollier, *Notices industrielles*.)

(4) M. François Salichon-Gerin aîné, négociant en quincaillerie, Juge Consulaire de 1831 à 1837, était membre de la Chambre Consultative en 1828 et de la Chambre de Commerce en 1833.

(5) M. Félix Paliard (1798-1857), fabricant d'armes, Juge Consulaire de 1831 à 1834. Sa famille ne possède pas de portrait, mais un buste seul (Communication de M. Maurice Paliard, son petit-fils).

(6) M. André-Thomas Colcombet-Neyron, fabricant de rubans, Juge Consulaire de 1831 à 1832, membre de la Chambre Consultative, fut décoré de la Légion d'honneur en 1858.

(7) M. Jean-Baptiste-Emile Thiollière-Lassagne (1797-1879), fabricant de rubans, Juge Consulaire de 1831 à 1834, était fils cadet d'*Antoine*, cité plus haut comme Juge Consulaire en 1806. Administrateur des Hospices civils de Saint-Etienne, M. Emile Thiollière en fut un bienfaiteur insigne *(Notes et portrait communiqués par M. Pr. Philip)*.

Cette élection fut confirmée par ordonnance du 3o avril 1831.

C'est dans le cours de l'année 1831 que le Tribunal de Commerce et le Tribunal civil furent transférés des bâtiments des Ursulines au Palais de Justice, qui a été reconstruit et agrandi depuis (1).

Le remplacement des juges élus pour un an dans la précédente élection eut lieu régulièrement le 26 avril 1832. Furent nommés :

Juges titulaires : MM. André COLCOMBET - NEYRON ✻,
    suppléant sortant.

— Emile THIOLLIÈRE - LASSAGNE,
    suppléant sortant.

Juges suppléants : MM. Victor BERTHOLLET (2), fabricant
    de rubans.

— Benoit DURAND-BADEL, marchand
    de soies.

Ils reçurent l'institution par l'ordonnance royale du 17 mai 1832.

L'élection suivante, qui aurait dû se faire en 1833, n'eut lieu qu'en 1834. Elle fut confirmée par l'ordonnance royale du 14 octobre 1834, qui donne les noms suivants :

Juges pour 1 an : MM. François SALICHON, suppléant
    sortant.

— Victor BERTHOLLET, suppléant
    sortant.

Juge pour 2 ans : M. Jean-Benoit DURAND-BADEL,
    suppléant sortant.

Suppléants pour 1 an : MM. Jean-Louis ROYET-VERNADET ✻
    (3), fabricant de rubans.

— Joseph-Marie BOISSON, drapier à
    Villefranche.

(1) Descreux, *Notes manuscrites.* Ces notes sont soigneusement conservées par M. *J. Grivolat,* conservateur du Palais des Arts, qui nous les a obligeamment communiquées.

(2) M. Victor Berthollet fabricant de rubans, Juge Consulaire de 1832 à 1837, membre de la Chambre de Commerce en 1840.

(3) M. Jean-Louis Royet-Vernadet (1799-1878), chevalier de la Légion d'honneur,

On avait bien élu pour président M. Henry Paliard ; mais l'administration refusa son institution parce qu'il n'avait pas été juge et qu'il n'avait pas l'âge légal (40 ans). Malgré ces raisons sérieuses d'inéligibilité, le Sous-Préfet appuya chaudement l'institution de M. Henry Paliard, parce qu'il était considéré comme un homme de grande valeur. L'ordonnance refusa aussi l'institution de M. Simon Bourgaud, comme juge, de MM. Jules Balay et Gustave Thiollière, comme suppléants, tous les trois pour insuffisance de voix.

On procéda à un deuxième tour pour compléter le Tribunal. Les électeurs, assemblés le 3 novembre 1834, nommèrent :

Président : M. Jean-Pierre LARDERET ✳ (1), ancien juge.
Juge : M. Henry PALIARD-DERVIEUX, ancien suppl.
Suppléants : MM. Charles FOUJOLS (2), fabricant de rubans.
— FESSY fils aîné, fabricant de rubans.

Ces élus furent institués par l'ordonnance royale du 28 novembre 1834. Le Tribunal se trouvait donc composé ainsi :

Président : M. LARDERET ✳.
Juges titulaires : MM. Henry PAILLARD, DURAND-BADEL, SALICHON, BERTHOLLET.
Juges suppléants : MM. FOUJOLS, FESSY, J.-L. ROYET-VERNADET ✳, BOISSON.

Cette magistrature resta en fonctions pendant trois ans, et ne

fabricant de rubans, Juge Consulaire de 1834 à 1840, présida le Tribunal de Commerce de 1844 à 1849 et de 1854 à 1859. Ainsi, il siégea au Tribunal de Commerce pendant 17 ans. M. Royet était gendre de M. André Vernadet qui avait présidé le même Tribunal de 1806 à 1810, et cousin de M. *Hippolyte Royet* qui a laissé de si grands souvenirs comme maire de Saint-Etienne. (*Communication de* M. Louis Brunon, *avocat, petit-fils de* M. Royet-Vernadet.)

(1) M. Jean-Pierre Larderet, né en 1773, fabricant de rubans, Juge Consulaire de 1822 à 1841, fut Président du Tribunal de Commerce de 1834 à 1837 et de 1840 à 1844. Décoré de la Légion d'honneur en 1844, M. Larderet avait été maire de Saint-Etienne en 1837.

(2) M. Charles-François-Marie Foujols aîné, fabricant de rubans, Juge Consulaire de 1834 à 1839, était peut-être le même que celui qui, désigné sous le nom de Foujols-Benevent, était membre de la Chambre de Commerce en 1829.

fut remplacée complètement que le 21 octobre 1837 (1). La situation du Tribunal était encore irrégulière, quand l'administration se décida enfin à procéder au renouvellement intégral. La liste des notables commerçants fut dressée et approuvée par le ministre le 16 février 1837; elle s'élevait à 105 inscrits. C'est sur ce nombre que l'administration choisit les 47 électeurs du Tribunal, nombre légal pour la population de Saint-Etienne qui était encore évaluée, comme en 1830, à 37.031 âmes. L'élection, qui eut lieu le 21 octobre 1837, donna le résultat suivant :

Président pour 2 ans : M. Jacques-Joseph TÉZENAS ✳ (2), ancien président.

Juges pour 2 ans : MM. Jean-Louis ROYET-VERNADET ✳, suppléant sortant.

— Jean-Marie BOISSON, suppléant sortant.

Juges pour 1 an : MM. Charles-Fr.-M. FOUJOLS, suppléant sortant.

— André FESSY, suppléant sortant.

---

(1) Le Tribunal de Commerce prit, le 17 janvier 1837, une délibération qui ne se trouve pas dans les Archives du Tribunal, mais qui est confirmée par une lettre que nous avons trouvée aux *Archives Départementales* (Série 1, U³, n° 22). Voici cette lettre, intéressante parce qu'elle fait connaître les notables commerçants les plus en vue à cette époque. Elle est adressée au Sous-Préfet par M. Salichon aîné, juge, premier en ordre, en l'absence du Président :

« Monsieur le Sous-Préfet,

« Par délibération d'aujourd'hui le Tribunal a nommé électeurs pour concourir « à la nomination des membres de la Chambre de Commerce, MM. :

« 1° *Basson*; « 6° *Gustave Thiollière*;
« 2° *Valentin*; « 7° *Emile Thiollière*;
« 3° *Fromage aîné*; « 8° *François Colcombet*;
« 4° *Berthollet*; « 9° *Lazare Robichon*;
« 5° *Auguste Faure*; « 10° *Jules Paliard*. »

A cette époque, on choisissait vingt notables pour élire les membres de la Chambre de Commerce, et on pouvait les prendre en dehors de la liste des notables dressée pour les élections du Tribunal de Commerce. Le Tribunal en choisissait la moitié, soit dix.

(2) V. *suprà*, p. 184, note 5.

Suppléants pour 2 ans : MM. Jules PALIARD (1),   fabricant
d'armes.

— Henry PALLUAT ✳ (2), marchand
de soies.

Suppléants pour 1 an : MM. Guillaume GERIN (3), quincaillier.

— Auguste THIOLLIER-COLARD
(4), fabricant de rubans.

Leur institution est du 16 novembre 1837. Mais M. Tézenas, qui venait d'être agréé courtier, donna sa démission ; il fut remplacé par M. Jean-Baptiste David (5), ancien juge, qui fut élu Président le 30 décembre 1837 et reçut son institution le 2 février suivant.

Le renouvellement partiel du Tribunal, au lieu de se faire en 1838, n'eut lieu que le 4 avril 1839. Furent élus :

(1) M. Jules Paliard (1802-1885), fabricant d'armes, Juge Consulaire de 1837 à 1840, membre de la Chambre de Commerce en 1848, fut maire de Saint-Etienne en 1846.

(2) M. Henry Palluat de Besset (1806-1886), marchand de soies et banquier, Juge Consulaire de 1837 à 1841, était aussi membre de la Chambre de Commerce dont il fut Président de 1866 à 1871.

Conseiller municipal de Saint-Etienne de 1832 à 1836, maire de Nervieux, conseiller général, M. Henry Palluat de Besset fut décoré de la Légion d'honneur en 1878.

Il avait été administrateur des hospices de Saint-Etienne, administrateur et censeur de la Banque de France.

M. Henry Palluat de Besset s'éteignit à Cannes en 1886, « laissant, dit M. « Lucien Thiollier dans ses *Notices industrielles*, le souvenir d'un homme bien- « veillant, généreux, foncièrement loyal. Sa bourse était ouverte à tous, et ses « aumônes étaient faites avec une noblesse de cœur qui lui attirait les bénédictions « de tous ceux qui l'approchaient ».

Sa famille ne possédant pas de photographie de l'époque de sa judicature, nous ne pouvons, à notre grand regret, reproduire son portrait. (*Communication de M. le comte* Roger Palluat de Besset.)

(3) M. Guillaume Gerin, négociant en quincaillerie, Juge Consulaire de 1837 à 1841, membre de la Chambre de Commerce en 1840.

(4) M. Auguste Thiollier-Colard (1795-1854), fabricant de rubans, Juge Consulaire de 1837 à 1841. Après avoir été officier, il entra dans la fabrique de M. B.-J.-S. Colard, dont nous avons déjà parlé plus haut et dont il épousa la fille. Mais ses goûts artistiques le décidèrent à quitter Saint-Etienne. Il se retira à Paris et se consacra à l'éducation de ses quatre fils, qui se sont tous distingués respectivement dans l'armée, dans le commerce, dans les sciences, dans les beaux-arts et dans la littérature. (*Notes et portrait communiqués par* MM. Félix *et* Noël Thiollier, *fils et petit-fils de M.* Thiollier-Colard.)

(5) V. *suprà*, p. 193, note 3.

Juges titulaires : MM. Guillaume GERIN, suppléant sortant.
— Auguste THIOLLIER-COLARD, suppléant sortant.
Juges suppléants : MM. Lazare ROBICHON ✳(1),fab. de rubans.
— Auguste TÉZENAS, fabricant de rubans.

Ils furent institués par l'ordonnance royale du 3o avril 1839.

Le Ministre, en envoyant ces nominations au Préfet de la Loire, rappelle que la situation irrégulière du Tribunal en 1837 avait forcé de procéder à un renouvellement intégral. Les quatre magistrats qui viennent d'être nommés remplacent ceux qui avaient été nommés pour un an en 1837. Le Ministre ajoute que les notables se sont réunis trop tardivement, le mandat des anciens suppléants finissant le 3o novembre 1838; retard fâcheux, car il faudra procéder en novembre prochain au remplacement des magistrats élus pour deux ans.

Ce remplacement fut encore retardé et n'eut lieu que le 6 février 1840. La liste des notables commerçants, arrêtée par le Ministre le 8 janvier, était de 99 inscrits. Le nombre d'électeurs, choisis parmi ces notables, s'éleva à 59 : on comptait alors 25 électeurs pour 15.000 habitants et 1 par 1.000 habitants en plus. La population de Saint-Etienne comprenait 48.554 habitants.

39 électeurs sur 59 prirent part à l'élection du 6 février 1840 et nommèrent :

Président pour 2 ans : M. Jean-Pierre LARDERET ✳ (2), ancien juge.
Juges pour 2 ans : MM. Jules PALIARD, suppléant sortant.
— Henry PALLUAT ✳, sup. sortant.
Suppléants pour 2 ans : MM. Louis-Etienne CUSSINEL, fabricant de rubans.
— Jules RICHOND ✳ (3), fabricant de rubans.
Suppléant pour 1 an : M. Victor RACINE, fabric. de rubans.

(1) M. Lazare Robichon, fabricant de rubans, Juge Consulaire de 1839 à 1843, adjoint au maire de Saint-Etienne en 1846, fut décoré de la Légion d'honneur en 1855.

(2) V. *suprà*, p. 195, note 1.

(3) M. Jules Richond, fabricant de rubans, Juge Consulaire de 1840 à 1844, membre de la Chambre de Commerce, fut décoré de la Légion d'honneur en 1858.

BRUNON-NUBLAT

*Président du Tribunal de Commerce
de Saint-Etienne*

Elu le 14 Février 1863

ÉTUDE HISTORIQUE SUR LES JURIDICTIONS CONSULAIRES

Peintre : N. Photot. Bellotti, 1908

ANCIENS JUGES CONSULAIRES

VERNEY-CARRON, j. c. de 1858 à 1867.

J.-P. VALANCOGNE, j. c. de 1859 à 1867.

E. LACROIX, j. c. de 1862 à 1866.

Fr. DAVID, j. c. de 1863 à 1872.

J. CALEMARD, j. c. de 1866 à 1872.

J. BROSSARD, j. c. de 1866 à 1872.

ÉTUDE HISTORIQUE SUR LES JURIDICTIONS CONSULAIRES

L'institution leur fut donnée par l'ordonnance royale du 7 mars 1840.

Jusqu'en 1840, le Président et les juges titulaires qui avaient exercé la magistrature pendant deux années consécutives ne pouvaient être réélus qu'après un an d'intervalle. La loi des 3-5 mars 1840, promulguée le 30 mars, fut appliquée seulement en 1841. Le nouvel article 623 du Code de Commerce prescrivait la réélection du Président et des juges titulaires pour deux autres années consécutives. Cette loi modifiait aussi les articles 659, 646, 623, 627, 617, 622.

Le 27 mai 1841, l'Assemblée des notables, présidée par M. Tézenas, procéda au remplacement des juges arrivés au terme de leur mandat et nomma :

Juges pour 2 ans :   MM. Victor RACINE, suppl. sortant.
     —   Lazare ROBICHON ✳, suppléant sortant.
Juge pour 1 an :   M. Louis-Etienne CUSSINEL, suppl. sortant.
Suppléants pour 2 ans : MM. Louis BRINQUIER, quincaillier.
     —   Michel BALAY (1), fabricant de rubans.

Il y eut 17 votants sur 59 électeurs. Cette élection fut confirmée par l'ordonnance royale du 30 juin 1841.

C'est la première élection faite après la promulgation de la loi des 3-5 mars 1840. Cette loi contient une disposition spéciale qui indique que les pouvoirs des juges de commerce doivent prendre date du jour de l'élection. Cette induction résulte d'un alinéa ajouté à l'article 622 du Code de Commerce par la loi du 3 mars 1840, et qui est ainsi conçu : « Tous les membres « compris dans une même élection seront soumis simultanément « au renouvellement périodique, encore bien que l'institution « de l'un ou plusieurs d'entre eux ait été différée. »

---

(1) M. François-Michel Balay (1802-....), fabricant de rubans, Juge Consulaire de 1841 à 1842. (*Portrait communiqué par M. Ferdinand Balay, notaire, son petit-neveu.*)

La même année, l'Assemblée des électeurs fut convoquée le 6 décembre, sous la présidence de M. *Peyret-Gerin*, pour satisfaire au mouvement régulier du Tribunal.

23 votants sur 99 notables nommèrent :

Président :   M. J.-P. LARDERET ✻, président sortant.
Juges titulaires : MM. L.-E. CUSSINEL, juge sortant.
   —   J. RICHOND ✻, juge sortant.
Juge suppléant : M. Victor DELAVELLE, commissionnaire en rubans.

Ces élus furent institués par ordonnance royale du 1er mars 1842.

Une nouvelle élection se fit le 29 avril suivant, pour compléter le Tribunal. Furent nommés :

Suppléants : MM. Auguste GRANGER-VEYRON, quincaillier.
   —   J.-J.-Mathieu PHILIP (1), fabric. de velours.
   —   TÉZENAS-BÉNEVENT, fabric. de rubans.

Elus par 29 votants sur 100 notables, ils furent institués par les ordonnances des 6 et 25 mai. Une première convocation avait été faite antérieurement, mais les notables qui s'étaient présentés n'étaient pas en nombre suffisant.

Vers la fin de cette année, ou au commencement de 1843, M. *Aguiraud*, greffier, est remplacé par M. Antoine-Augustin *Vacher*.

Les pouvoirs de plusieurs membres du Tribunal étant échus, les électeurs furent convoqués le 16 juin 1843 et nommèrent :

Juges :   MM. Auguste GRANGER-VEYRON, suppléant sortant.
   —   André FESSY, ancien juge.
Suppléants : MM. Louis JAMEN, commissionnaire.
   —   Mathieu PASSERAT (2), fabricant de rubans.

---

(1) M. Jean-Jacques-Mathieu Philip (1786-1863), fabricant de rubans, Juge Consulaire de 1842 à 1857, administrateur des Hospices civils de Saint-Etienne et de la Compagnie du Gaz de Saint-Etienne. Malheureusement, il n'existe pas de portrait de lui. (*Communication de M. Pr. Philip, son petit-fils.*)

2) M. Mathieu Passerat (1806-1858), fabricant de rubans, Juge Consulaire de 1843 à 1846, fut Président du Tribunal de Commerce de 1850 à 1854. Membre

L'ordonnance royale du 6 août 1843 confirma ces nominations.

L'installation des juges eut lieu vers le commencement de septembre.

Les élections deviennent de plus en plus régulières; celle du 11 mai 1844, présidée par M. *Tézenas* ainé, amena les changements suivants :

Président :   M. ROYET-VERNADET ✳ (1), ancien juge.

Juges :   MM. Victor DELAVELLE, suppléant sortant.

—   J.-M. PHILIP, suppléant sortant.

Suppléants : MM. Aimé GIRERD, banquier.

—   CARRIÈRE-VIGNAT (2), fabric. de rubans.

Il y eut 48 votants sur 100 notables.

Leur nomination fut confirmée par l'ordonnance du 7 juillet suivant.

L'élection suivante qui eut lieu le 1er juillet 1845, eut pour but de remplacer les membres du Tribunal élus le 16 juin 1843. Ces nouveaux élus furent :

Juges :   MM. Mathieu PASSERAT, suppléant sortant.

—   Louis JAMEN, suppléant sortant.

Suppléants : MM. Claude RENODIER, marchand quincaillier.

—   Claude BARRALLON (3), fabric. de rubans.

de la Chambre de Commerce en 1848, vice-président en 1856, conseiller municipal de Saint-Etienne. M. Passerat fut enlevé presque subitement, à un âge peu avancé. Son décès provoqua d'universels regrets parmi ses concitoyens. Son affabilité, la douceur de ses mœurs, la droiture de son caractère, son esprit conciliant, sa grande connaissance des affaires, lui avaient attiré l'estime et la reconnaissance de tous. Dans ces hautes fonctions il avait déjà rendu de longs et signalés services, et l'on pouvait en espérer de plus grands encore, si la mort ne fût venue l'atteindre à l'âge de 52 ans (*Mémorial de la Loire*, 16 février 1858).

M. Passerat était un grand-oncle maternel de M. Etienne Giron, président du Tribunal, actuellement en exercice. (*Quelques notes nous ont été obligeamment communiquées par* M. J.-J. Epitalon, *avocat, neveu de* M. Passerat.)

(1) V. *suprà*, p. 194, note 3.

(2) M. Carrière-Vignat, fabricant de rubans, Juge Consulaire de 1844 à 1849, se porta candidat à la présidence du Tribunal de Commerce en même temps que M. Royet-Vernadet, dans l'élection du 26 novembre 1854, et n'obtint que quelques voix.

(3) M. Claude Barrallon, fabricant de rubans, Juge Consulaire de 1845 à 1851. (*Portrait communiqué par son fils*, M. A. Barrallon.)

Il y avait 42 votants sur 125 inscrits.

L'ordonnance les instituant est datée du 16 septembre 1845.

L'année suivante, ce fut le tour du Président, des juges et des suppléants qui avaient été élus le 11 mai 1844; ils furent réélus sans aucun changement dans l'élection qui se fit le 27 août 1846, et qui fut confirmée par l'ordonnance royale du 4 octobre de la même année. Cette réélection fut cependant contestée par le sous-préfet qui, dans une lettre (1), observe, en envoyant le procès-verbal au Préfet, que le Président et les juges ne peuvent être renommés sans intervalle, d'après la loi ; or, l'article 622 dit le contraire. Ce sous-préfet, chargé de mettre en pratique la loi, avait donc négligé de la lire. Dans nos recherches, nous avons assez souvent remarqué des erreurs ; les fonctionnaires ne sont pas infaillibles et quelquefois même ils profitent de leur autorité pour commettre des erreurs volontaires, autrement dit des illégalités, qui passent le plus souvent inaperçues et sans protestation.

Les magistrats, élus en 1845, furent remplacés dans l'élection du 19 août 1847, sauf un suppléant qui fut réélu, par les noms suivants :

Juges :   MM. CARRIÈRE-VIGNAT, suppléant sortant.

—   Claude BARRALLON, suppléant sortant.

Suppléants : MM. Claude RENODIER, réélu.

—   Auguste GERIN (2), fabricant de rubans.

(1) Lettre du 3 septembre 1846, série 1, U³, n° 30, *Archives départementales de la Loire*.

(2) M. Auguste Gerin (1810-1890), fabricant de rubans, Juge Consulaire de 1847 à 1853, fut président du Tribunal de Commerce de 1859 à 1862. Membre de la Chambre de Commerce en 1856, il en fut vice-président de 1859 à 1866, remplissant le plus souvent les fonctions de président pour suppléer M. *de Bouchaud*, dont la résidence était éloignée de Saint-Etienne.

M. Auguste Gerin siégea au Conseil municipal de Saint-Etienne en 1848. Malgré sa modestie, il fut porté candidat aux élections législatives et obtint 11.517 voix, mais il ne fut pas élu. Dans toutes les charges qu'il remplit, il déploya un zèle et un dévouement absolus, et pendant toute sa vie il fut l'homme bienfaisant par excellence. Sa généreuse initiative se manifesta dans les œuvres de charité créées à cette époque: l'hospice de l'Enfant-Jésus, la Colonie agricole de Saint-Genest-Lerpt et les patronages d'ouvriers.

Profondément religieux, M. Auguste Gerin fut décoré de la croix de chevalier de Saint-Grégoire-le-Grand.

Fils de M. Antoine Gerin-Plotton, dont nous avons déjà parlé, son nom est et restera longtemps encore l'objet d'une vénération parfaitement méritée.

Ils furent institués par l'ordonnance du 10 octobre 1847.

La même année, on procéda encore, le 9 décembre, à une nouvelle élection qui eut pour résultat de nommer :

Juges :   MM. Claude RENODIER, suppléant sortant.
—   TÉZENAS-BÉNEVENT, suppléant sortant.
Suppléants : MM. Auguste PORRAL, fabricant de rubans.
—   Charles-Henri CASTEL, commissionnaire en
               rubans

Cette élection fut confirmée par l'ordonnance royale du 30 janvier 1848.

CHAPITRE VIII

LE TRIBUNAL DE COMMERCE DE 1848 A 1853

Président élu : M. Passerat.

Révolution de 1848; — Loi des 28-30 août 1848 ; — Demande d'augmentation de Juges; — Etat déplorable de l'installation du Tribunal ; — Tirage au sort de vingt-cinq notables pour former la liste des juges complémentaires ; — Décret des 2-5 mars 1852, abrogeant la loi de 1848 ; — Annulation d'élection pour vice de forme ; — Prestation de serment à l'Empereur ; — Elections et installations des Juges.

EN 1848, nous entrons en révolution, et, comme la révolution veut tout faire passer sous un même niveau, on fit la loi des 28-30 août, remplaçant ou modifiant les articles 618, 619, 620, 621 et 629 du Code de Commerce, et on introduisit le suffrage universel des patentés pour l'élection des juges de commerce.

Dès lors, il y eut à Saint-Etienne 3.132 patentés inscrits sur la liste électorale du Tribunal de Commerce. Mais on mit si peu d'empressement à profiter du privilège de la nouvelle loi qu'il n'y eut, dès la première élection, que 287 votants. Cette élection qui renouvela le Tribunal tout entier, n'eut lieu que le 23 décembre 1849.

Président :   M. Mathieu PASSERAT (1), ancien juge.

Juges pour 2 ans :   MM. Claude BARRALLON, suppléant sortant.

   —   CARRIÈRE-VIGNAT, réélu.

Juges pour 1 an :   MM. Auguste GERIN, suppléant sortant.

   —   Claudius RENODIER, réélu.

(1) V. *suprà*, p. 202, note 2.

Suppléants pour 2 ans : MM. Auguste PORRAL (1), fabricant
de rubans, réélu.

— Martin DALGER, commissionnaire en marchandises.

Suppléants pour 1 an : MM. Pierre CANONNIER-MARCON-
NET, marchand de fers.

— Charles-Henri CASTEL, réélu.

Ces élus furent institués non plus par une ordonnance, mais
par un décret du 22 janvier 1850.

Le commerce grandissant toujours à Saint-Etienne, le Tribunal,
surchargé d'affaires, se vit dans l'obligation de demander
l'augmentation de ses membres et prit la délibération suivante :

« Aujourd'hui, vendredi, quatorze juin mil huit cent
« cinquante, le Tribunal de Commerce de Saint-Etienne, réuni
« dans la Chambre des délibérations, expose que le Tribunal
« de Commerce de Saint-Etienne, se trouve composé depuis sa
« création d'un Président, de quatre juges et de quatre juges
« suppléants ; que depuis longtemps il a reconnu que le nombre
« ci-dessus était insuffisant, soit pour la régularité des audiences,
« soit pour le service des affaires dont le nombre augmente
« chaque jour. En effet, il est tenu par le Tribunal deux et
« quelquefois trois audiences par semaine, sans compter toutes
« les faillites dans lesquelles un des membres du Tribunal est
« appelé comme juge commissaire et doit surveiller les
« opérations et formalités de la faillite.

« Il est expliqué, en outre, que les membres qui composent
« le Tribunal, soit commes juges titulaires, soit comme juges
« suppléants, sont obligés plusieurs fois dans l'année de faire des
« voyages et absences assez longues, par suite de leur commerce,
« ce qui nécessite par conséquent une lacune parmi les membres
« du Tribunal et laisse reposer sur la tête de quelques-uns de
« ses membres tout le poids du travail.

« En conséquence, le Tribunal est d'avis que M. le Ministre

____

(1) M. Auguste Porral, fabricant de rubans, Juge Consulaire de 1849 à 1854,
membre du Conseil des Prud'hommes en 1849.

« de la Justice prenne en considération toutes ces observations
« et augmente le nombre actuel de deux juges et de deux
« suppléants.

« Ainsi fait et délibéré les jour, mois et an ci-dessus. *Signé* :
« Passerat, président, Porral, Renodier, Gerin, Barrallon,
« Castel, Canonnier-Marconnet, Dalger, juges et suppléants;
« *A. Vacher*, greffier. »

M. Passerat, en envoyant ce procès-verbal au sous-préfet, le
prie d'appuyer de son autorité la demande. Il déclare suffisante
l'allocation annuelle de 600 francs accordée jusqu'à présent pour
faire face à diverses dépenses, telles que chauffage, éclairage,
rétribution du concierge, fournitures de bureau, etc., etc. (1).

Une autre lettre de M. Passerat, datée du 12 avril 1850, par
conséquent antérieure à la précédente, nous fait connaître l'état
déplorable où se trouvait l'installation du Tribunal et l'exiguïté
du local : une salle de 7 mètres de longueur sur 2 mètres 50 de
largeur est insuffisante pour les réunions des juges, pour la
comparution des parties en personnes, et pour les assemblées
des créanciers de faillites ou en liquidation, réunions souvent
fort nombreuses. De plus, la salle n'est séparée de celle du
greffier que par une simple cloison, de telle sorte qu'on entend
tout ce qui se discute, et que le secret des délibérations se trouve
ainsi violé, sans avoir les moyens matériels d'y remédier. Le
vestiaire est resté tel qu'il était il y a cinquante ans, et il y a
bien d'autres inconvénients. Le Tribunal de Commerce siégeait
au Palais de Justice qui fut reconstruit ou agrandi quelques
années plus tard (2). Il occupait le même local que le Tribunal

(1) *Archives départementales*, série 1 U³, n° 30.

(2) Voici le texte de cette lettre intéressante qui nous a été signalée par
M. *L.-J. Gras*, comme se trouvant dans les papiers de *Descreux* et qui est aussi
reproduite dans le registre des délibérations du Tribunal de Commerce à la date
du 12 avril 1850 :

« Le Tribunal de Commerce de Saint-Etienne, établi dès le mois d'octobre de
« l'année 1791, a tenu ses audiences avec le tribunal civil dans différents édifices
« jusqu'au moment où ils furent transférés dans le Palais de Justice que le dépar-
« tement *fit construire il y a quelques années dans le quartier Mi-Carême*, mais ce
« monument, qui renferme en même temps la prison et la caserne de gendarmerie,
« est aujourd'hui beaucoup trop restreint, surtout quant à la partie qui a été

DUPLAY-BALAŸ

Président du Tribunal de Commerce
de Saint-Etienne

Elu le 13 Janvier 1867

ÉTUDE HISTORIQUE SUR LES JURIDICTIONS CONSULAIRES

Peintre : Besson, 1873

Photot. Bellotti, 1908

civil à des heures différentes. Cette servitude gênante pour les deux tribunaux fut l'objet d'une demande simultanée de leur part à l'administration préfectorale pour obtenir un local séparé pour chacun d'eux et en même temps pour faire élever l'allocation de 1.800 à 2.200 francs.

Une des particularités de la loi du 28 août 1848 (art. 2) obligeait le Tribunal de Commerce à procéder à la formation de la liste des juges complémentaires qui devaient être appelés dans l'ordre fixé par un tirage au sort, tirage fait en séance

« réservée au Tribunal de Commerce. Lorsque le projet fut connu, il était
« impossible de prévoir la prodigieuse quantité d'affaires commerciales que font
« naître dans l'arrondissement le développement de l'industrie et des établissements
« métallurgiques qui couvrent son sol.

« Dans l'état actuel, le local affecté à ce Tribunal et aux opérations du greffe ne se
« compose que de deux salles ayant chacune une longueur de 7 mètres sur 2 mètres
« et demi de largeur. Ces deux pièces sont évidemment insuffisantes pour les
« réunions des juges, pour la comparution des parties en personne et pour les
« assemblées des créanciers des faillites ou en liquidation. Il arrive très souvent que
« ces assemblées sont nombreuses et dans ce cas la plus grande partie des
« intéressés ne peut prendre part aux délibérations.

« Cet inconvénient, déjà bien grand, n'est pas le plus grave; en effet, la première
« salle n'est séparée de celle du greffier que par une faible cloison; tout ce qui s'y
« discute est parfaitement entendu et compris dans l'appartement où se fait le
« travail du greffe; aussi il est arrivé à un membre du tribunal actuel traversant la
« salle des pas perdus, d'entendre dire, en se voyant montrer au doigt : « Voici un
« tel qui dans une affaire a entraîné la décision de ses collègues. » Si la loi impose
« aux juges le secret des délibérations, faut-il au moins leur assurer les moyens
« matériels de s'y conformer.

« La salle du greffe est également beaucoup trop petite. Les employés sont
« entassés les uns sur les autres, et quand un jugement arrêté est déposé pour être
« mis au net, c'est à peine s'ils peuvent le soustraire aux regards toujours avides
« des allants et des venants, soit pour l'inscription des causes, soit pour réclamer
« des expéditions ; il est arrivé plus d'une fois que le dispositif d'un jugement a été
« connu au dehors avant même d'être prononcé en audience publique.

« D'un autre côté, *le vestiaire des Juges Consulaires a un demi-siècle d'existence,*
« et indépendamment de ce qu'il se trouve dans un état déplorable, il n'est pas
« complet. Dans les cérémonies de prestation de serment et d'installation, on est
« obligé de recourir à l'obligeance des membres du barreau.

« Il existe en outre une foule d'autres inconvénients que nous passerons sous
« silence; nous nous bornons à vous signaler les plus importants, ceux qui
« par leur gravité appellent toute votre attention. Nous venons donc vous prier,
« Monsieur le Préfet, de vouloir bien aviser le plus tôt possible aux moyens de faire
« cesser un état de choses si contraire à la dignité de la justice et aux intérêts des
« justiciables.

« Confiants dans votre sollicitude, nous avons l'espoir que nos représentations
« seront prises en sérieuse considération.

« Veuillez agréer, Monsieur le Préfet, l'assurance de notre considération la plus
« distinguée.

« Les membres du Tribunal de Commerce. »

publique par le Président entre tous les noms de la liste. La première application de cette particularité eut lieu le 19 février 1850 et fit sortir vingt-cinq noms dans l'ordre suivant : MM. *Vincent-Vindry*, *Faure-Belon*, *Colomb*, *Duplay-Balay*, *Balouzet* aîné, *Vignon*, Guillaume *Celle*, *Testenoire* aîné, *Font*, *Hérard*, Philibert *Berthon*, Jules *Balay*, *Toulsa*, *Pondevaux*, Jules *Paliard*, *Sigaud*, *Chalendon*, *Mérieux* aîné, *Dorian*, *Jamen*, *Blancon*, *Rispal* aîné, *Saurel* aîné, *Olagnon*, *Varinier* et *Fessy* fils.

Ce sont les négociants les plus en vue à cette époque ; il n'est donc pas inutile de conserver leurs noms à côté de ceux qui furent élus membres du Tribunal.

La deuxième élection qui se fit sous l'empire de la loi de 1848, eut lieu le 26 janvier 1851, avec 103 votants sur 3.132 électeurs inscrits :

Juges pour 2 ans :	MM. Auguste GERIN, réélu.
—	CASTEL, suppléant sortant.
Juge pour 1 an :	M. PORRAL, suppléant sortant.
Suppléants pour 2 ans :	MM. CANONNIER - MARCONNET, réélu.
—	Guillaume CELLE (1), marchand de fers.
Suppléant pour 1 an :	M. Victor PALIARD (2), commissionnaire en rubans.

Entre cette élection et la suivante parut le décret des 2-5 mars 1852, qui remettait en vigueur les art. 618, 619, 620, 622 et 629 du Code de Commerce, le décret du 6 octobre 1809 et la loi du 3 mars 1840 sur les tribunaux de commerce (3).

---

(1) M. Guillaume Celle (....-1875), marchand de fers, Juge Consulaire de 1851 à 1857 ; chevalier de Saint-Grégoire-le-Grand.

(2) M. Victor Paliard (1807-1889), commissionnaire en rubans, Juge Consulaire de 1851 à 1855, réélu de 1859 à 1863. Sa famille ne possède pas de portrait *(Communication de MM. Paliard, ses fils)*.

(3) Les considérants de la loi des 2-5 mars 1852 sont assez curieux ; ils disent entre autres choses : « Les tribunaux de commerce avaient de sérieuses difficultés « pour se former sous l'empire du décret de 1848. Le nombre de votants diminuait « jusqu'à ne pouvoir former le bureau électoral ; les juges élus refusaient un

C'est donc en suivant les anciennes dispositions du Code que se fit l'élection du 10 juin 1852. Nous n'en n'avons pas trouvé le procès-verbal. Mais une lettre du ministre, transmise au sous-préfet, signale un défaut de forme qui l'oblige à annuler cette élection. M. *Delaroa*, adjoint au maire, répond au sous-préfet (1), et prend la défense de cette élection par une lettre du 10 juillet 1852, où il dit :

« M. Pierre *Bougy*, délégué de la mairie pour présider
« l'Assemblée électorale, affirme que les électeurs ont été avertis
« que les élections de juges et de juges suppléants devaient se
« faire par scrutins individuels, mais que tous les électeurs
« présents à l'Assemblée ayant déclaré qu'ils étaient unanimes
« sur le choix à faire et que le résultat serait absolument le
« même, quel que fut le mode de procéder, il avait cru pouvoir
« se borner à former trois scrutins, l'un pour le Président,
« l'autre pour les juges et le troisième pour les suppléants.
« L'adjoint ajoute que, le défaut de forme signalé n'ayant eu
« aucune influence sur le résultat de l'élection, il espère que le
« ministre reviendra sur sa décision, et maintiendra des élections
« qui ont réuni l'unanimité des suffrages exprimés. »

Néanmoins, l'élection fut refaite le 7 octobre 1852, avec deux changements : M. Dalger, remplacé par M. Jamen et M. Canonnier par M. Pétrus Fraisse. Le Tribunal fut alors constitué par le décret du 17 novembre comme suit :

Président :   M. PASSERAT, réélu.

Juges pour 2 ans :   MM. Auguste PORRAL, réélu.

—   Louis JAMEN, ancien suppléant.

« mandat si mal investi ; abus de choix. Pour rendre la considération due aux élus, « il était nécessaire de revenir aux anciennes dispositions du Code. En effet, il « fallait la qualité de *notable* pour être inscrit sur la liste électorale. » Nous voyons ainsi MM. *Jackson* frères, fils de l'importateur des procédés anglais de fabrication de l'acier, qui donnaient une grande extension à leurs Aciéries d'Assailly. près de Rive-de-Gier, demander au sous-préfet, par une lettre du 18 janvier 1852, leur inscription sur la liste des notables appelés aux élections du tribunal de commerce. Ils disaient que leur naturalisation datait du 8 juillet 1845, et qu'elle avait été autorisée par une ordonnance royale du 19 mai 1845.

(1) *Archives de la Loire*, série 1 U³, n° 30.

Juges pour 1 an :   MM. Auguste GERIN, réélu.

—   Victor PALIARD, suppl. sortant.

Suppléants pour 2 ans : MM. BRUNON-NUBLAT (1), fabricant de rubans.

—   DUPLAY-BALAY (2), marchand de soies.

Suppléants pour 1 an : MM. Guillaume CELLE, réélu.

—   Pétrus FRAISSE, fabricant de rubans.

La prestation de serment des nouveaux juges se fit en séance publique par devant M. Passerat, délégué à cet effet par M. le premier Président de la Cour impériale de Lyon. Voici le procès-verbal :

« Ce jourd'hui, dix-sept mai 1853, Messieurs les membres du « Tribunal de Commerce de l'arrondissement de Saint-Etienne, « à l'exception de M. Victor Paliard, juge absent et empêché « pour cause de voyage, le greffier en chef et le commis-greffier « assermenté, réunis au Palais de Justice sur la convocation de « M. Passerat, Président dudit Tribunal, ont pris place chacun « suivant son rang dans la salle d'audience à trois heures de « relevée.

« M. le Président a déclaré la séance ouverte et a pris la « parole en ces termes :

« Messieurs, par ordonnance du 20 avril dernier, M. le « premier Président de la Cour impériale de Lyon nous a « délégué pour recevoir de MM. les juges, juges-suppléants, « greffier et commis-greffier, qui composent le tribunal, le

---

(1) M. Pierre Brunon-Nublat (1810-1878), fabricant de rubans, Juge Consulaire de 1852 à 1859, fut président du Tribunal de Commerce de 1863 à 1866; il fut aussi membre de la Chambre de Commerce de 1859 à 1867.

(2) M. J.-B. Duplay-Balay (1816-1872), marchand de soies, Juge Consulaire de 1852 à 1858, fut président du Tribunal de Commerce de 1867 à 1872. Membre de la Chambre de Commerce de Saint-Etienne en 1863, il en fut le trésorier depuis 1865 jusqu'à son décès, en 1872.

M. Duplay-Balay avait été conseiller général de la Haute-Loire. (*Communication de M. Charles Duplay, son fils.*)

« serment que prescrit le sénatus-consulte du 25 décembre
« dernier et dont voici les termes sacramentels :
    « Je jure obéissance à la Constitution et fidélité à l'Empereur. »
    « Aussitôt sur l'appel nominal, MM. Auguste Porral, Louis
« Jamen, juges ; Guillaume Celle, Brunon-Nublat, Pétrus
« Fraisse et Duplay-Balay, juges-suppléants, MM. Auguste
« *Vacher*, greffier, et Auguste *Coron*, commis-greffier, ont tour
« à tour, debout, découverts, et la main droite levée, répondu
« à haute voix : « Je le jure. »
    « En conséquence, en vertu de la délégation que nous avons
« reçue, nous donnons acte à MM. .... du serment qu'ils
« viennent de prêter, autorisons M. Victor Paliard, juge
« absent, à fournir nécessairement le sien par écrit, et
« ordonnons qu'il sera de tout dressé procès-verbal pour être
« transcrit sur les régistres du greffe et transmis en expédition
« à M. le premier Président de la Cour impériale de Lyon.
    « Après quoi la séance a été levée, et ont, le Président et le
« greffier en chef, signé le procès-verbal ci-dessus. *Signé :* Math.
« Passerat, président ; A. *Vacher*, greffier (1). »

(1) *Registre des Délibérations du Tribunal de Commerce de Saint-Etienne,*
à sa date.

CHAPITRE IX

LE TRIBUNAL DE COMMERCE DE 1853 A 1857

Président élu : M. Royet-Vernadet.

Innovation d'un Secrétariat de la Présidence dans les Tribunaux de Commerce; — Lettre du Président du Tribunal de Commerce de Lyon; — Réclamations du Tribunal de Commerce de Saint-Etienne; — Augmentation de juges; — Deux candidatures à la Présidence du Tribunal; — Une lettre de M. Auguste Gerin; — Elections et installations des Juges.

UNE innovation fut à cette époque introduite dans l'organisation intérieure des Tribunaux de Commerce, c'est celle d'un Secrétariat de la Présidence du Tribunal, qui a rendu de grands services dans les villes commerçantes. La première idée de cette innovation est venue de Paris, s'est implantée à Lyon, et de Lyon elle s'est répandue dans les autres villes, entre autres à Saint-Etienne, où elle a été connue par une lettre de M. *Claudius Empaire*, président du Tribunal de Commerce de Lyon, lettre publiée dans le *Journal de Saint-Etienne, L'Industrie* (1). Voici un extrait de cette lettre qui explique les raisons de cette mesure :

« Lyon, .. juin 1853.

« La loi du 28 mai 1838 sur les faillites, ayant retiré aux
« créanciers le droit de désigner les syndics de la masse, a mis
« leur nomination à la disposition des tribunaux de commerce.
« C'était une grande innovation introduite dans le Code;
« mais elle a fait peser sur les tribunaux consulaires une certaine
« responsabilité morale.

(1) Numéro du 16 juin 1853.

« Il est donc nécessaire de diminuer cette responsabilité, en
« plaçant la gestion des syndics sous une surveillance active
« des Tribunaux de Commerce; il n'est pas moins utile que les
« créanciers puissent s'assurer par eux-mêmes que l'actif des
« faillites, gage de leurs créances, est bien administré, que les
« deniers de la masse sont, conformément aux prescriptions de
« la loi du 28 avril 1816, versés à la caisse des dépôts et
« consignations; et enfin, que leurs intérêts ne sont pas
« compromis par les mandataires nommés par la justice.

« Ce but, qui a été heureusement atteint par le Tribunal de
« Commerce de Paris, en faisant établir un secrétariat chargé
« du contrôle de la comptabilité centrale des faillites et qui
« depuis longtemps existait dans la pensée des juges du Tribunal
« de Commerce de Lyon, vient de recevoir son exécution dans
« cette dernière ville. grâce au concours de la Chambre de
« Commerce qui a bien voulu voter les fonds nécessaires pour
« cette installation.

« Un secrétaire de la Présidence du Tribunal vient d'être
« nommé. Il sera chargé, sous la surveillance du Président, de
« contrôler et suivre toutes les opérations des syndics.....

« Les créanciers pourront venir librement consulter au
« secrétariat du Tribunal la marche des faillites qui les
« intéresseront..... »

« Signé : J. Claudius Empaire,

« Président du Tribunal de Commerce de Lyon. »

Cette innovation n'a pu être réalisée à Saint-Etienne qu'en
1872 par les soins de M. Guitton-Nicolas, qui a laissé des
traces nombreuses de son passage à la Présidence du Tribunal de
Commerce, comme organisateur et administrateur remarquable.

Les réclamations que le Tribunal avait faites en 1850 pour
améliorer son installation n'ayant pas eu de résultat, elles furent
renouvelées en 1853 dans une autre délibération du Tribunal,
ainsi conçue :

.« Ce jourd'hui, vendredi 22 juillet 1853,

« MM. les membres composant le Tribunal de Commerce de
« Saint-Etienne (Loire), réunis en la Chambre du Conseil, sur la

« convocation de M. Passerat, Président du Tribunal, ont pris
« et arrêté la délibération suivante :

« Considérant que depuis son établissement, qui remonte à
« 1791, le Tribunal de Commerce de Saint-Etienne a été
« composé de quatre juges et de quatre juges-suppléants, que
« depuis quelques années, par l'agrandissement de la ville et de
« l'arrondissement de la juridiction commerciale, les affaires ont
« augmenté d'une manière considérable et les besoins du service
« se sont accrus pareillement et dans les mêmes proportions ;
« Considérant que dans l'état actuel des choses, le nombre
« des juges et suppléants est insuffisant, qu'il importe pour la
« prompte solution des affaires que trois audiences par semaine
« soient consacrées par le Tribunal;
« Considérant que MM. les membres qui composent le
« Tribunal de Commerce sont tous des négociants dont les
« affaires nécessitent pour chacun d'eux, dans le cours de
« l'année, des voyages et des absences fréquentes;
« Considérant que le mode de conciliation admis par le
« Tribunal pour arriver à la solution amiable de quelques
« affaires, le concours de chacun des juges en dehors des heures
« d'audience pour entendre les parties et régler leurs différends
« sans frais, la surveillance et la présence des juges-commissaires
« dans les faillites, les formalités immédiates, auxquelles les
« membres du Tribunal sont appelés chaque jour à procéder
« dans l'intérêt des justiciables; toutes ces considérations
« appellent d'une manière urgente une augmentation de
« deux juges et de deux juges-suppléants;
« Considérant en outre que le local destiné au greffe, aux
« assemblées de créanciers, aux délibérations du Tribunal, aux
« comparutions des justiciables, est trop restreint et insuffisant,
« et qu'il importe dans l'intérêt du service public et de la dignité
« de la Justice que le Tribunal possède des salles dont l'espace
« et la commodité soient en harmonie avec ses besoins,
« Par ces motifs, le Tribunal estime : 1° que le nombre des
« membres qui le composent soit augmenté de deux juges et de
« deux suppléants; 2° qu'il lui soit accordé un local spacieux et

ANCIENS JUGES CONSULAIRES

V. CLAIR, j. c. de 1867 à 1874.

L. BETHENOD, j. c. de 1867 à 1875.

P. COUZON, j. c. de 1868 à 1874.

A. GAUTHIER, j. c. de 1868 à 1876.

PERRICHON-PARADIS, j. c. de 1869 à 1872.

Cl.-M. TROUILLEUX, j. c. de 1872 à 1877.

ÉTUDE HISTORIQUE SUR LES JURIDICTIONS CONSULAIRES

1908

Photot. BELLOTTI

GUITTON-NICOLAS

*Président du Tribunal de Commerce
de Saint-Etienne*

Elu le 2 Mai 1872 et le 18 Décembre 1880

ÉTUDE HISTORIQUE SUR LES JURIDICTIONS CONSULAIRES

Peintre : Besson, 1874   Photot. Bellotti, 1908

« commode pour la tenue de son greffe, de ses délibérations et
« de ses assemblées de créanciers dans les faillites.

« Et sera la présente délibération adressée à M. le Ministre
« de la Justice pour y faire droit.

« En foi de quoi la présente délibération a été signée par
« MM. Passerat, président ; Louis Jamen, Victor Paliard,
« juges ; MM. Pétrus Fraisse, Brunon-Nublat, Guillaume Celle
« et Duplay-Balay, suppléants ; à l'exception de MM. Porral,
« absent, et Auguste Gerin, démissionnaire. » Suivent les
signatures (1).

Il ne se fit pas d'élection en 1853, quoi qu'il y eût plusieurs
juges et suppléants à remplacer. Le dressement de la liste
électorale donna lieu à des réclamations de M. Passerat, qui
écrivit au sous-préfet pour lui faire remarquer que le nombre
des électeurs n'était pas en proportion de l'importance des
industries. La liste des notables qui s'élevait en 1826 à 125 noms,
n'était alors que de 88, et il demandait une augmentation du
nombre des électeurs. Le sous-préfet lui répondit qu'il pouvait
dresser une liste et la faire approuver.

C'est sur cette nouvelle liste que se fit le renouvellement partiel
du Tribunal, le 29 janvier 1854.

Juges :   MM. Victor PALIARD, réélu.
—   Guillaume CELLE, suppléant sortant.
Suppléants : MM. Pétrus FRAISSE, réélu.
—   Jean-François CHALEYER (2), fabricant de
               rubans.

Ils furent institués par décret du 11 février 1854.

La délibération du Tribunal du 22 juillet 1853, que nous
avons reproduite plus haut, eut enfin un heureux résultat (3).
Un décret du 25 mars 1854 autorisa le Tribunal à augmenter
ses membres de quatre juges et de deux juges suppléants.

---

(1) *Archives du Tribunal*, Registre des délibérations, à sa date.

(2) M. Jean-François Chaleyer (1803-1888), fabricant de rubans, Juge Consulaire
de 1854 à 1859. (*Portrait gracieusement communiqué par* Mlle Philippine Chaleyer,
sa fille.)

(3) Pour l'augmentation des juges, mais pour le local, le Tribunal dut encore
attendre plusieurs années.

La même année, on procéda à l'élection des nouveaux sièges et au remplacement de plusieurs membres du Tribunal. Mais deux candidats étaient présentés pour la présidence du Tribunal : M. Royet-Vernadet, ancien président, et M. Carrière-Vignat, ancien juge. Les électeurs se trouvèrent ainsi placés entre deux partis bien résolus à poursuivre le succès de leur candidat ; quelques électeurs, écœurés de voir une lutte s'engager pour la présidence du Tribunal, eurent l'idée, pour rétablir l'union de tous, de soulever une troisième candidature, celle de M. Auguste Gerin, qui répondit aussitôt par la belle lettre suivante :

« Monsieur le Rédacteur du *Mémorial*,

« Je viens de lire mon nom sur la liste des candidats à la « présidence du Tribunal de Commerce. Soyez assez bon pour « me prêter, dans cette circonstance, la publicité de votre journal. « J'ai besoin d'exprimer aux électeurs qui ont pensé à moi ma « profonde gratitude, et en même temps le regret où je suis de « ne pouvoir accepter le mandat que leur confiance veut bien « m'imposer.

« Des occupations multipliées, des devoirs rigoureux de « famille m'obligent absolument à décliner l'honneur de leur « suffrage, et pourtant dans le désir où je serai toujours d'être « utile à mon pays, je ne les regarderais pas comme suffisants, « si je ne savais qu'en cette occasion le choix des électeurs peut, « à défaut de mon nom, se porter sur des hommes d'une « capacité supérieure, connus par d'éminents services et par la « manière si distinguée dont ils ont rempli déjà les fonctions de « la magistrature consulaire.

« Veuillez donc, Monsieur le Rédacteur, faire connaître au « public une détermination qui m'est dictée par des conve- « nances de toutes sortes, et agréez..... etc.

« *Signé :* Auguste Gerin.

« Vendredi, 24 novembre 1854. »

L'élection eut lieu le 26 novembre ; elle eut pour résultat de nommer :

Président :   M. Jean-Louis ROYET-VERNADET ✳ (1),
                  ancien président.

Juges :   MM. Louis JAMEN, réélu.
—   BRUNON-NUBLAT, suppléant sortant.

Et pour les quatre nouveaux sièges créés par décret du 25 mars 1854 :

Juges :   MM. DUPLAY-BALAY, suppléant sortant.
—   Gabriel MAZILIER, fabricant de rubans.
—   Math. E. M. TESTENOIRE-DESFUT,
                  fabricant de rubans.
—   Jean-Georges FRISCHKNECHT, entre-
                  preneur de roulage.
Suppléants :   MM. Jean-François DEYGAS, épicier en gros.
—   PROST aîné, fabricant d'armes.
—   André DAVID-COLCOMBET (2), fabri-
                  cant de rubans.

Et pour les deux nouveaux sièges créés par décret du 25 mars 1854 :

Suppléants :   MM. Honoré BIZALION, quincaillier.
—   Claude COLOMB (3), fabricant de rubans.

M. Royet-Vernadet fut élu président à l'unanimité, moins 3 voix, soit par 26 voix sur 29 votants. L'élection fut confirmée par décret du 20 décembre 1854, exception faite pour M. Georges Frischknecht, de la maison Bély et Cie commissionnaire en roulage, qui, n'étant pas français, était inéligible. Il fut remplacé par M. Porral.

Un an après, le 30 décembre 1855, les électeurs furent régulièrement convoqués pour le renouvellement partiel du

---

(1) V. *suprà*, p. 194, note 3.

(2) M. André David-Colcombet (1821-1894), fabricant de rubans, Juge Consulaire de 1854 à 1859 ; il était fils aîné de M. J.-B. David, ancien président du Tribunal de Commerce. (*Portrait communiqué par* M. Adrien David, *son fils.*)

(3) M. Claude Colomb, fabricant de rubans, Juge Consulaire de 1854 à 1861, membre de la Chambre de Commerce de 1861 à 1865.

Tribunal ; les élections se firent le 13 janvier 1856. Les suffrages des électeurs se portèrent sur les noms suivants :

Juges titulaires : MM. Guillaume CELLE, réélu.
— Etienne TESTENOIRE, réélu.
— Auguste PORRAL, ancien juge.
— François CHALEYER, suppl. sortant.
Juges suppléants : MM. Claude COLOMB, réélu.
— DAVID-COLCOMBET, réélu.
— BUISSON aîné, fabricant de rubans.

Cette élection fut confirmée par décret du 26 janvier 1856. M. Buisson, ayant démissionné, ne siégea pas ; il ne fut remplacé que l'année suivante par M. Faure-Larcher dans l'élection qui eut lieu le 15 février 1857 :

Président : M. ROYET-VERNADET ✳, réélu.
Juges titulaires : MM. BRUNON-NUBLAT, réélu.
— DUPLAY-BALAY, réélu.
— Jean-François DEYGAS, suppl. sortant.
— Honoré BIZALION, suppléant sortant.
Juges suppléants : MM. James DE BRONAC, commissionnaire en marchandises.
— FAURE-LARCHER (1), fabricant de rubans.

(1) M. Faure-Larcher, fabricant de rubans, élu Juge Consulaire en 1857. Nous n'avons pu identifier ce magistrat, faute de documents. Nous avons cru qu'il s'agissait de M. Larcher-Faure, mais sa famille n'a pas conservé de souvenir de sa judicature qui n'a été que d'un an, si toutefois il a siégé au Tribunal. (*Communication de M. J. Larcher.*)

CHAPITRE X

LE TRIBUNAL DE COMMERCE DE 1857 A 1871

Présidents élus : MM. Gerin, Brunon-Nublat, Duplay-Balay.

**Transfert du Tribunal en 1857; — Vote d'allocations par le Conseil
général; — Attentat contre Napoléon III; — Régularité des
mouvements du Tribunal; — Le Tribunal se déclare en nombre
suffisant pour l'expédition des affaires; — Elections et installations des Juges.**

ous avons vu qu'en 1853 le Tribunal demandait un local
mieux en rapport avec son important fonctionnement.
Ce vœu se réalisa enfin dans le cours de l'année 1857.
A la suite d'une décision du Préfet de la Loire, datée du 8 mai
1857, le Tribunal put être transféré provisoirement. dans la
maison Passerat. Ce transfert obligea le Tribunal de prendre
une délibération, en date du 13 juin 1857, dont voici la teneur :

« Considérant que par décision de M. le Préfet de la Loire,
« en date du 8 mai 1857, le Tribunal de Commerce de l'arron-
« dissement de Saint-Etienne et le greffe qui le concerne, ont
« été transférés dans la maison Passerat, place Mi-Carême n° 3 ;
« Considérant que ce changement de local a nécessité des
« dépenses reconnues urgentes et indispensables, soit pour
« l'agencement du Tribunal, soit pour le mobilier destiné à la
« Chambre du Conseil et au cabinet du Président ;
« Considérant que le devis dressé par l'architecte du dépar-
« tement a été reconnu approximativement suffisant ;
« Considérant, en outre, que l'allocation des sommes affectées
« dans le budget départemental pour les mêmes dépenses,
« dont le chiffre s'élève à la somme de 600 francs, n'est point
« en harmonie avec les besoins du service actuel et qu'elle est
« insuffisante ;

« Considérant. de plus, que le vestiaire de MM. les Membres
« du Tribunal est complètement hors de service et qu'il est
« urgent qu'il soit renouvelé en entier (Le nombre des juges
« ayant été augmenté et porté de 9 à 15);
« Par tous ces motifs, le Tribunal estime : 1° Que le devis
« des fournitures s'élevant à la somme de 2.400 francs, soit
« adopté; 2° que les menues dépenses du Tribunal soient
« portées à la somme de 1.200 francs; 3° et, de plus, qu'une
« somme de 2.000 francs soit affectée pour le vestiaire de MM.
« les Membres du Tribunal.
« Le Tribunal supplie M. le Préfet de vouloir bien prendre
« en considération la présente demande. »

Le Préfet soumit cette demande au Conseil général qui prit,
dans sa séance du 26 août suivant, une résolution en ces termes :

« Considérant que les départements sont tenus de fournir
« un local et le mobilier des Tribunaux de Commerce, par les
« lois des 11 frimaire an VII et 10 mai 1838,
« En attendant qu'un nouveau Palais de Justice soit construit
« et permette de loger le Tribunal de Commerce de Saint-
« Etienne, vote : 1° Une somme de 5.133 fr. 40 pour les loyers
« d'un local provisoire, depuis le 1er mars 1857 jusqu'à la fin
« de 1858; 2° une somme de 2.400 francs pour le mobilier. »
Le Tribunal obtenait. ainsi satisfaction pour une partie de ses
réclamations.

Un renouvellement partiel du Tribunal, fait le 10 janvier
1858, eut pour résultat de nommer :

Juges titulaires : MM. TESTENOIRE-DESFUT aîné, réélu.
    —   Claude COLOMB, suppléant sortant.
Juges suppléants : MM. DAVID-COLCOMBET (1), réélu.
    —   Christophe BALAY (2), fabric. de rubans.

---

(1) M. David-Colcombet se trouve réélu suppléant pour la troisième fois. L'art.
623 du Code de Commerce permet la réélection indéfinie des suppléants; nous
verrons dans la suite d'autres exemples semblables.

(2) M. Christophe Balay-David, fabricant de rubans, Juge Consulaire de 1858 à
1859, fut adjoint au maire de Saint-Etienne en 1855. (*Portrait communiqué par*
M. Ferdinand Balay, *notaire.*)

Juges suppléants : MM. CHOLAT-BASSON, fabric. de rubans.
— VERNEY-CARRON (1), fabric. d'armes.
— Pierre GIRINON fils (2), fabricant de rubans.

Quelques jours après cette élection, le 15 janvier, on apprit à Saint-Etienne l'attentat commis la veille à Paris contre la vie de l'Empereur. La dépêche reçue par le *Mémorial de la Loire* était conçue en ces termes :

« Attentat contre la vie de l'Empereur qui se rendait à
« l'Opéra avec l'Impératrice. Deux détonations se sont produites.
« 102 personnes blessées ; la voiture impériale brisée ; mais les
« deux Souverains ont été protégés par la Providence. Un
« projectile a traversé le chapeau de l'Empereur. »

C'était l'attentat d'Orsini.

Le Tribunal de Commerce, comme toutes les autorités constituées, envoya une adresse à Leurs Majestés. Cette adresse était signée : Royet, président ; Brunon-Nublat ; Deygas ; H. Bizalion ; Colomb ; de Bronac ; David-Colcombet ; J.-B. Duplay ; *A. Vacher*, greffier (3).

La régularité des mouvements du Tribunal que nous avons observée depuis l'année 1854, se poursuit sans incident jusqu'en 1870. A part une délibération du Tribunal dans le cours de l'année 1859, déclarant que le nombre de 15 juges est suffisant pour l'expédition des affaires courantes, aucun événement particulier n'est à signaler. Nous allons donc donner le résultat des

---

(1) M. Claude Verney-Carron (1800-1870), fabricant d'armes, Juge Consulaire de 1858 à 1866, avait obtenu, dès l'âge de 20 ans, le premier prix de sculpture sur bois de fusil au concours d'armurerie institué par la Ville de Saint-Etienne en 1820. *(Notes et portrait obligeamment communiqués par* M. Joannès Verney, *son fils.)*

(2) M. Pierre Girinon, fabricant de rubans, Juge Consulaire de 1858 à 1861, membre de la Chambre de Commerce de 1867 à 1871, adjoint au maire de Saint-Etienne en 1855.

M. Girinon était le doyen des anciens Juges Consulaires. A ce titre, il avait souscrit lui-même à notre ouvrage qu'il n'a pu voir, son décès étant survenu le 4 décembre 1908, dans sa 87e année.

(3) Le 22 avril suivant, M. *Vacher* fut remplacé par M. Jacques-Antoine-Edouard Gondre dans la charge de greffier du Tribunal de Commerce.

élections annuelles les unes à la suite des autres presque sans interruption.

L'année 1859 vit le renouvellement complet du Tribunal. L'élection qui eut lieu le 30 janvier fut présidée par M. *Bougy*, fabricant de quincaillerie, adjoint au maire.

Président pour 2 ans :	M. Auguste GERIN (1), 49 ans, ancien juge.
Juges pour 2 ans :	MM. Jean-François DEYGAS, 48 ans, réélu.
—	James DE BRONAC, 51 ans, suppléant sortant.
—	Victor PALIARD, 51 ans, ancien juge.
—	Honoré BIZALION-HAUT-MANN, 48 ans, réélu.
Juges pour 1 an :	MM. Etienne TESTENOIRE aîné, 50 ans, réélu.
—	Pierre GIRINON fils, 38 ans, suppléant sortant.
—	François CHALEYER, 54 ans, réélu.
—	Claude COLOMB, 42 ans, réélu.
Suppléants pour 2 ans :	MM. Jean-Pierre VALANCOGNE (2), 48 ans, fabricant de rubans.
—	Jules-Etienne CLOZEL (3), 48 ans, épicier en gros.
—	VERNEY-CARRON, 56 ans, réélu.
Suppléants pour 1 an :	MM. Pierre CHOLAT, 51 ans, réélu.
—	Victor JUSSY, 40 ans, fabricant d'armes.
—	Edouard JANICOT (4), 49 ans, fabricant de produits chimiques.

(1) V. *suprà*, p. 204, note 2.

(2) M. Jean-Pierre Valancogne (1811-1871), fabricant de rubans. Juge Consulaire de 1859 à 1866. (*Portrait communiqué par M. Augustin VALANCOGNE, son fils.*)

(3) M. Jules-Etienne Clozel, négociant en épicerie, Juge Consulaire de 1859 à 1865, membre de la Chambre de Commerce de 1865 à 1870.

(4) M. Edouard JANICOT, fabricant de produits chimiques, Juge Consulaire de 1859 à 1864, membre de la Chambre de Commerce de 1867 à 1871.

ANCIENS JUGES CONSULAIRES

J. FUSTIER aîné, j. c. de 1872 à 1873.

J.-B. BERNARD, j. c. de 1873 à 1880.

DUFOUR-PENEL, j. c. de 1873 à 1881.

V. BIÉTRIX, j. c. de 1874 à 1876.

G. BRÉCHIGNAC, j. c. de 1874 à 1880.

J.-B. BEDEL, j. c. de 1876 à 1880.

ÉTUDE HISTORIQUE SUR LES JURIDICTIONS CONSULAIRES

1908

Photot. BELLOTTI

Il y eut 48 votants sur 240 électeurs inscrits. L'élection fut confirmée par décret impérial du 12 février 1859. Les élus prêtèrent serment le 16 mars suivant.

Quelques mois plus tard, le 18 juin, M. Auguste Gerin, président du Tribunal de Commerce, réunit les juges en Chambre du Conseil pour leur communiquer une lettre de M. le Procureur impérial. Cette lettre disait que le ministre demandait si pour une plus prompte expédition des affaires pendantes devant le Tribunal de Commerce de Saint-Etienne, il ne serait pas convenable d'augmenter le nombre des juges.

« Le Tribunal, après en avoir délibéré, considérant que si
« quelques retards se sont produits, cela tient à la désorgani-
« sation et à la retraite d'un grand nombre de ses membres,
« que le Tribunal, reconstitué par les dernières élections, est
« complet aujourd'hui avec ses quinze membres; que depuis
« son installation il tient une quatrième audience, indépendam-
« ment des audiences de comparution tenues tous les jours,
« cela sera suffisant et permettra de faire disparaître les
« dernières causes arriérées;

« Que la garantie de la bonne marche des affaires ne réside
« pas dans le nombre; qu'un travail trop éparpillé ne serait pas
« mieux accompli; que l'union et la bonne entente qui font la
« force et la valeur d'un Tribunal, et qui sont un gage de
« l'assiduité de ses membres, n'en sont que plus difficiles avec
« des membres plus nombreux; que la surveillance qui incombe
« au Président en devient d'autant moins facile, d'autant moins
« efficace. Si cela était nécessaire, il solliciterait cette mesure
« plus tard. »

L'Assemblée des notables, qui procéda à l'élection partielle du 22 janvier 1860, fut encore présidée par M. Pierre *Bougy*, adjoint au maire, et nomma :

Juges titulaires : MM. Claudius-Edouard JANICOT, 50 ans, suppléant sortant.

— Pierre CHOLAT, 52 ans, sup. sortant.

— Pierre GIRINON fils, 39 ans, réélu.

— Claude COLOMB, 42 ans, réélu.

Juges suppléants : MM. Louis BÉAL-BARLET (1), 50 ans, fabricant de rubans.
— Victor JUSSY, 40 ans, réélu.
— J.-B. NEYRET (2), 34 ans, fabricant
de rubans.

Il y eut 82 votants sur 217 notables inscrits. L'élection fut
confirmée par décret impérial du 11 février 1860.

Election du 6 janvier 1861

Confirmée par décret impérial du 13 février 1861

Président : M. Auguste GERIN, réélu.
Juges titulaires : MM. Victor PALIARD, réélu.
— James DE BRONAC, réélu.
— Jules CLOZEL, suppléant sortant.
— Victor JUSSY, suppléant sortant.
Juges suppléants : MM. Claude VERNEY-CARRON, réélu.
— Jean Pierre VALANCOGNE, réélu.
— Louis DONZEL-DUMAREST, fabri-
cant de rubans.

Election du 26 janvier 1862

Confirmée par décret impérial du 15 février 1862

(55 votants sur 233 inscrits.)

Juges titulaires : MM. Pierre CHOLAT, réélu.
— Claudius-Edouard JANICOT, réélu.
— Jean-Baptiste NEYRET, supp. sortant.
— Louis BÉAL, suppléant sortant.

---

(1) M. Louis Béal-Barlet (1809-1888), fabricant de rubans, Juge Consulaire de
1860 à 1866 ; ancien président de la Chambre Syndicale des tissus.

(2) M. Jean-Baptiste Neyret-Merllié, fabricant de rubans, Juge Consulaire de
1860 à 1866, fut président du Tribunal de Commerce de 1876 à 1880.
Fondateur des importantes papeteries de Pontcharra et de Rioupéroux, M. J.-B.
Neyret fut longtemps maire de Livet (Isère), commune sur laquelle se trouve situé
Rioupéroux. Dans toutes ces fonctions, M. J.-B. Neyret se distingua par une grande
entente des affaires et un véritable esprit de conciliation.

Juges suppléants :   MM. GUITTON-NICOLAS✳(1), fab. rubans.
—   Ferdinand BERTOLUS-RENODIER,
fabricant de rubans.
—   Eugène LACROIX (2), fabr. de rubans.

Election du 18 janvier 1863

Confirmée par décret du 14 février 1863

(76 votants sur 260 inscrits.)

Président :   M. BRUNON-NUBLAT (3), ancien juge.
Juges titulaires :   MM. Jules CLOZEL, réélu.
—   BIZALION-HAUTMANN, ancien juge.
—   Jean-Pierre VALANCOGNE, suppl.
sortant.
—   VERNEY-CARRON, suppl. sortant.
Juges suppléants :   MM. DONZEL-DUMAREST, réélu.
—   Antoine PÉLISSIER, commissionnaire
en rubans.
—   Francisque DAVID (4), fab. de velours.

L'installation provisoire du Tribunal de Commerce dans la maison Passerat cessa à la fin de cette année. Son transfert eut lieu le 1er janvier 1864 dans le nouveau Palais de Justice, où il se trouve encore.

(1) M. Auguste *Guitton-Nicolas* (1815-1901), chevalier de la Légion d'honneur, fabricant de rubans, Juge Consulaire de 1862 à 1868, fut président du Tribunal de Commerce de 1872 à 1875 et réélu pour une deuxième judicature, en 1880, il siégea au fauteuil de la présidence de 1880 à 1882.

Maire de Villars, administrateur de la Banque de France, administrateur des Hospices de Saint-Etienne, président du Conseil de fabrique de la paroisse Saint-Charles, M. Guitton-Nicolas possédait des qualités de tact, de jugement et de saine clairvoyance qui furent, partout, hautement appréciées.

(2) M. Eugène Lacroix (1827-1877), fabricant de rubans, Juge Consulaire de 1862 à 1866. (*Portrait gracieusement communiqué par* madame veuve Eugène Lacroix.)

(3) V. *suprà*, p. 214, note 1.

(4) M. Francisque David (1828-1902), fabricant de velours, Juge Consulaire de 1863 à 1872, était aussi membre de la Chambre de Commerce en 1872, dont il fut le trésorier de 1873 à 1876.

Président fondateur de la Chambre Syndicale des Tissus, il fut encore administrateur de la Banque de France et membre du Bureau de bienfaisance.

M. Francisque David, fils de M. J.-B. *David*, fut le successeur et le continuateur de l'importante maison fondée par son père, et qu'il a lui-même laissée à son fils. (*Notes et portrait communiqués par* M. Alphonse David.)

Election du 24 janvier 1864

Juges titulaires :   MM. NEYRET, réélu.
—   BÉAL, réélu.
—   GUITTON-NICOLAS ✳, sup. sortant.
—   BERTOLUS-RENODIER, suppléant sortant.

Juges suppléants : MM. Eugène LACROIX, réélu.
—   Etienne THIVILLIER (1), épicier en gros.
—   Antoine GEREST-VARAGNAT ✿(2), fabricant d'armes.

Il y eut 89 votants sur un nombre d'inscrits à peu près semblable à celui de l'année précédente.

Election du 15 février 1865

INSTALLATION DU 6 MARS 1865

Président :   M. BRUNON-NUBLAT, réélu.
Juges titulaires :   MM. VALANCOGNE, réélu.
—   BIZALION-HAUTMANN, réélu.
—   VERNEY-CARRON, réélu.
—   DONZEL-DUMAREST, supp. sortant.

(1) M. Etienne Thivillier (1824-1903), négociant en épicerie, Juge Consulaire de 1864 à 1869, réélu de 1872 à 1876, fut président du Tribunal de Commerce de 1882 à 1886. Il siégea ainsi au Tribunal pendant quatorze ans avec un constant dévouement et un zèle infatigable. « Le soin consciencieux qu'il mettait à l'étude « des affaires, la sûreté de son jugement, sa bienveillance envers les justiciables, sa « patience à les accueillir tous avec bonté, quelle que fût leur situation, étaient « admirables et n'étaient jamais mis en défaut. Il montra en tout et partout une « fermeté que l'exquise bonté de son cœur ne laissait pas soupçonner. » (*Discours de M. Jacques Barailler, président du Tribunal de Commerce, sur la tombe de M. Thivillier, le 26 septembre 1903.*)
Administrateur de la Banque de France, M. Thivillier fut aussi membre de la Chambre de Commerce de 1872 à 1898, et en remplit les fonctions de trésorier de 1877 à 1883.

(2) M. Antoine Gerest-Varagnat, né en 1833, fabricant d'armes, Juge Consulaire de 1864 à 1868, a été membre et ensuite secrétaire de la Chambre de Commerce de 1865 à 1880. Officier d'Académie depuis 1901, M. Gerest avait déjà obtenu une médaille d'or de la mutualité en 1898.

Juges suppléants : MM. PÉLISSIER, réélu.
—   Francisque DAVID, réélu.
--   Antoine DONNEAUD, marchand de rouennerie.

Election du 21 janvier 1866

INSTALLATION DU 12 MARS 1866

Juges titulaires : MM. GUITTON-NICOLAS ✳, réélu.
—   BERTOLUS-RENODIER, réélu.
—   Etienne THIVILLIER, suppl. sortant.
—   GEREST-VARAGNAT ✿, suppl sort.
Juges suppléants : MM. Jules BROSSARD (1), fabric. de rubans.
—   Joseph CALEMARD (2), fabricant de rubans.
—   PREYNAT (de la maison P. et Rozier), fabricant de rubans.

Election du 13 janvier 1867

INSTALLATION DU 25 FÉVRIER 1867

Président :   M. Jean-Baptiste DUPLAY-BALAY (3), ancien juge.
Juges titulaires : MM. Antoine PÉLISSIER, suppl. sortant.
—   Francisque DAVID, suppléant sortant.
—   Antoine DONNEAUD, suppl. sortant.
—   Jean-Pierre SIMÉON, suppl. sortant.

---

(1) Jules Brossard, fabricant de rubans, Juge Consulaire de 1866 à 1872, était le beau-frère et l'associé de M. Claude Barrallon, qui avait aussi siégé au Tribunal de Commerce. (*Portrait communiqué par* M. Jérôme Buhet.)

(2) M. Joseph Calemard (1818-1892), fabricant de rubans, Juge Consulaire de 1866 à 1872, était un dessinateur émérite. (*Portrait communiqué par son petit-fils*, M. Francisque Calemard.)

(3) V. *suprà*. p. 214, note 2.

Juges suppléants : MM. Paul BOITARD, fabricant d'armes.
 — Victor CLAIR (1), constructeur-méca-
nicien.
 — Louis BETHENOD (2), marchand de
charbons.

Election du 26 janvier 1868

INSTALLATION DU 10 MARS 1868

Juges titulaires : MM. Etienne THIVILLIER, réélu.
 — Joseph CALEMARD, suppléant sortant.
 — Jules BROSSARD, suppléant sortant.
 — Claude PREYNAT, suppléant sortant.
Juges suppléants : MM. Pierre COUZON (3), fabric. de rubans.
 — Antoine GAUTHIER, O ✻ (4), fabric.
de rubans.
 — Aimé LACOUR (5), épicier en gros.

Le 7 mai suivant, M. Jacques-Louis-Mathias *Berthon* remplace M. *Gondre,* comme greffier.

---

(1) M. Victor Clair aîné (1830-1905), constructeur-mécanicien, Juge Consulaire
de 1867 à 1874; ancien président de la Société métallurgique de la Loire et de la
Société mutuelle des mécaniciens-machinistes de l'arrondissement de Saint-Etienne;
membre du Conseil d'administration de la Société de l'Industrie minérale.

M. Victor Clair fut encore adjoint au maire de Saint-Etienne en 1865. (*Notes et
portrait communiqués par* MM. Clair *frères.*)

(2) M. Louis Bethenod (1829-1892), négociant en charbons, Juge Consulaire de 1867
à 1875. (*Portrait communiqué par* M. Joannès Bethenod.)

(3) M. Pierre Couzon (1809-1885), fabricant de rubans, Juge Consulaire de 1868
à 1874. (*Portrait communiqué par* M. Boyer-Martin.)

(4) M. Antoine Gauthier, né en 1825, fabricant de rubans, Juge Consulaire de
1868 à 1875, est membre de la Chambre de Commerce depuis 1883; il en est
vice-président depuis 1888.

M. Antoine Gauthier est chevalier de la Légion d'honneur depuis 1889, et officier
de cet ordre depuis 1900. (*Portrait communiqué.*)

(5) M. Aimé Lacour (1818-1888), négociant en épicerie, Juge Consulaire de
1868 à 1869.

Election du 14 février 1869

INSTALLATION DU 10 MARS 1869

(56 votants sur 260 inscrits environ.)

Président :   M. DUPLAY-BALAY (1), réélu.
Juges titulaires :   MM. Antoine PÉLISSIER, réélu.
—   Francisque DAVID, réélu.
—   Antoine DONNEAUD, réélu.
—   Victor CLAIR, suppléant sortant.
Juges suppléants : MM. Paul BOITARD, réélu.
—   Louis BETHENOD, réélu.
—   PERRICHON-PARADIS (2), fabricant
            de velours.
—   Edouard FAVIER, quincaillier.

Election du 13 février 1870

INSTALLATION DU 23 MARS 1870

Juges titulaires :   MM. Jules BROSSARD, réélu.
—   Joseph CALEMARD, réélu.
—   Claude PREYNAT, réélu.
—   Pierre COUZON, suppléant sortant.
Juges suppléants : MM. Antoine GAUTHIER, O✻, réélu.
—   Edouard FAVIER, réélu.
—   E. SOUVIGNET, épicier en gros.

(1) Trois voix s'étaient portées sur M. Guitton-Nicolas, qui n'était pas candidat.

(2) M. Michel Perrichon-Paradis (1809-1894), fabricant de velours, Juge Consulaire de 1869 à 1872, était un homme très aimable et très accueillant. Il avait formé un comité de fabricants de velours et réunissait ses confrères chez lui pour la défense de leurs intérêts. Propriétaire à Saint-Galmier, M. Perrichon-Paradis fut président de la Société de la verrerie de Veauche et de la Société des eaux minérales de Saint-Galmier (source Badoit). *(Portrait communiqué par son neveu, M. Genthon.)*

CHAPITRE XI

LE TRIBUNAL DE COMMERCE DE 1870 A 1876

Président élu : M. Guitton-Nicolas.

Evénements désastreux de 1870 ; — Loi du 21 décembre 1871 augmentant le nombre des électeurs consulaires; — Création d'un Secrétariat de la Présidence; — Vote d'une subvention par le Conseil général; — Règlement des rapports du nouveau Secrétariat avec les autres services du Tribunal; — Fixation des droits du greffier; — Elections et installations des Juges.

LA guerre désastreuse de 1870 entre la France et l'Allemagne suspendit le fonctionnement régulier de toutes les administrations civiles et judiciaires, en même temps que les transactions commerciales devenaient plus rares, plus difficiles et plus dangereuses.

Les juges de commerce qui avaient été élus en 1869 et 1870 continuèrent leur mandat jusqu'en 1872. La proclamation de la République avait consommé la chute de l'Empire (4 septembre 1870). Ce changement de régime fit introduire des modifications dans l'élection des Juges Consulaires. La loi du 21 décembre 1871 permit d'augmenter le nombre des électeurs dans la proportion d'un dixième des commerçants patentés. Le nombre d'électeurs fut alors à Saint-Etienne de 1.000 à 1.100.

La première application de cette loi eut lieu le 25 avril et le 2 mai 1872. Il y eut 405 votants sur 1.077 électeurs inscrits :

Président :   M. Auguste GUITTON-NICOLAS ✳ (1), ancien juge.

Juges titulaires :   MM. Etienne THIVILLIER, ancien juge.

    —   Antoine GAUTHIER, O✳, supp. sort.

    —   Pierre COUZON, réélu.

    —   Edouard FAVIER, suppléant sortant.

(1) V. *suprà*, p. 233, note 1.

J.-B. NEYRET

*Président du Tribunal de Commerce
de Saint-Etienne*

Elu le 9 Décembre 1876

ÉTUDE HISTORIQUE SUR LES JURIDICTIONS CONSULAIRES

Peintre : Besson, 1880

Photot. Bellotti, 1908

Etienne THIVILLIER

*Président du Tribunal de Commerce
de Saint-Etienne*

Elu le 21 Décembre 1882

ÉTUDE HISTORIQUE SUR LES JURIDICTIONS CONSULAIRES

Peintre : Besson, 1887

Photot. Bellotti, 1908

Juges titulaires : MM. Louis BETHENOD, suppléant sortant.
— Eléonor SOUVIGNET, suppl. sortant.
— Victor CLAIR, réélu.
— Antoine PREYNAT (1), réélu.
Juges suppléants : MM. Antoine CHAPON, commissionnaire en rubans.
— C.-M. TROUILLEUX (2), fab. de rubans.
— REY-PALLE, commissionnaire en vins.
— FUSTIER-MERLLIÉ (3), marchand de soies.
— DUTAR, marchand de tissus.
— Jean GAUCHER ✳ (4), fabric. d'armes.

La plupart des juges et suppléants furent élus au premier tour. Seuls, le Président, M. Guitton-Nicolas, un juge, M. Preynat, et un suppléant, M. Rey-Palle, ne furent élus qu'au deuxième tour. Leur installation eut lieu le 27 mai 1872.

Il y avait à cette élection deux listes ; l'une présentée par le Tribunal et la Chambre de Commerce ; l'autre, par les Chambres syndicales réunies, qui portaient, pour présidents et juges, les noms de personnes qui n'avaient pas donné leur consentement. Des compétitions commençaient déjà à se manifester.

Nous avons vu qu'en 1853, une lettre de M. *J. Claudius Empaire*, président du Tribunal de Commerce de Lyon, publiée dans les journaux, exposait l'utilité de créer un secrétariat de la Présidence du Tribunal de Commerce dans les villes d'une

(1) Le prénom de M. Preynat doit être *Claude* et non *Antoine*, fabricant de rubans sous la raison sociale *Preynat et Rozier*.

(2) M. Claude-Marie Trouilleux (1817-1887), fabricant de rubans, Juge Consulaire de 1872 à 1878. *(Portrait communiqué par M. Trouilleux fils.)*

(3) M. Jean Fustier aîné (1827-1875), marchand de soies, Juge Consulaire de 1872 à 1873. *(Portrait communiqué par son fils, M. Louis Fustier.)*

(4) M. Jean Gaucher (1834-1901), fabricant d'armes, Juge Consulaire de 1872 à 1878, fut président du Tribunal de Commerce de 1886 à 1890.

M. Gaucher était administrateur de la Banque de France, directeur honoraire de la Caisse d'épargne, et faisait partie de nombreuses Sociétés, particulièrement de la Chambre syndicale de la fabrique d'armes de Saint-Etienne et de la Chambre syndicale de l'Industrie et du Commerce des armes, munitions et articles de chasse, à Paris.

M. Jean Gaucher s'était beaucoup occupé d'assurer au Tribunal les ressources nécessaires à sa bonne gestion et de le soustraire aux aléas du budget départemental. Il fut honoré de la croix de la Légion d'honneur en 1889. *(Notes communiquées par M. Gaucher fils.)*

certaine importance commerciale. M. GUITTON-NICOLAS, en arrivant à la Présidence du Tribunal de Commerce, continua avec succès les démarches que M. DUPLAY-BALAY avait entreprises pour la création d'un secrétariat à Saint-Etienne.

Cette installation augmentait de 3.000 francs les charges annuelles du Tribunal. M. GUITTON-NICOLAS fit la demande d'une subvention de pareille somme au Préfet, et celui-ci l'appuya au Conseil général dans sa séance du 28 août 1872. Le procès-verbal du Conseil général s'exprime ainsi sur cette question :

« M. *Sonnery* donne lecture de son rapport :

« M. le Président du Tribunal de Commerce de Saint-Etienne
« a adressé à M. le Préfet une demande tendant à obtenir du
« département une allocation suffisante pour établir un secrétariat
« de la Présidence, et M. le Préfet vous propose d'inscrire à votre
« budget la somme de 3.000 francs nécessaires à sa création.

« ..... Vous avez déjà ajourné la proposition l'année dernière.
« Votre première Commission, à la majorité de 5 voix contre 2,
« non convaincue des services que rendrait cette institution,
« pense que, dans tous les cas, cette charge ne doit pas
« incomber au département et vous propose de refuser ce crédit.

« La discussion étant ouverte, M. *Reymond* dit qu'il votera
« ce crédit pour mettre fin à une illégalité regrettable. Aujourd'hui
« on en fait supporter les frais aux plaideurs, en élevant le prix
« de la mise au rôle; la loi ne le permet pas.

« MM. *Sonnery* et *de Saint-Genest* pensent, avec la minorité
« de la Commission, que la création de ce secrétariat est indis-
« pensable, et que les frais ne sauraient rester à la charge des
« juges.

« M. *Cherpin* est d'un avis opposé. Si *le prix de la mise au*
« *rôle doit être augmenté* pour faire face à cette exigence, qu'on
« le demande au Garde des Sceaux par l'entremise des députés
« du département. Une loi ou un décret y pourvoiront.....

« M. *Cuisson* dit que tout le public est intéressé à ce que la
« justice soit promptement et bien rendue. Il est incontestable
« que le mal existe. Un remède efficace est proposé; ce n'est pas
« une innovation. Cette mesure est déjà appliquée à Paris et à

« Lyon. A Lyon, le Conseil général passe pour cet emploi une
« somme de 10.000 francs, inscrite sous la rubrique : Menues
« dépenses. Si on demandait une somme considérable pour un
« service aussi utile, l'hésitation serait permise; mais il s'agit
« d'une somme de 3.000 francs pour un intérêt public.

« M. *Cherpin* fait remarquer que cette somme de 3.000 francs
« doit venir à chaque budget. C'est le sacrifice d'un capital de
« 60.000 francs qui est demandé au Conseil. A ses yeux, cette
« dépense n'est ni juste ni légale, et il trouve la preuve de
« l'illégalité dans ce fait qu'on est obligé d'inscrire le crédit
« sous un nom qui n'est vraiment pas le sien.

« M. *Audiffred* est de l'avis de M. *Cherpin*; il dit que ce n'est
« pas une dépense départementale et qu'elle nuirait à l'équilibre
« du budget; que c'est, à son avis, une dépense de l'Etat.

« M. *Richarme* propose l'amendement suivant :

« Le Conseil général vote la somme de 3.000 francs en sus
« de celle portée à l'article 12 du sous-chapitre 1er, mais à
« titre essentiellement provisoire, et il prie MM. les députés
« faisant partie du Conseil de s'unir à leur collègue du dépar-
« tement pour solliciter un décret ou une loi appliquant par un
« tarif aux justiciables les frais afférents au secrétariat du
« Tribunal de Commerce.

« M. *Sonnery* et plusieurs autres membres se rallient à cet
« amendement. Il est mis aux voix. Une première épreuve est
« douteuse. Sur une demande de scrutin public, la question du
« secrétariat de la Présidence du Tribunal de Commerce est
« enfin votée, suivant le résultat suivant :

« Ont voté pour : MM. *Duchamp, Chavassieu, Sonnery,*
« *Blanc, Gouttenoire, Reymond, d'Assier, Richarme, de Sugny,*
« *de Saint-Genest, Palluat, Ravel, Cuisson, Bouchetal, Dorian,*
« *Crozet-Fourneyron* ; soit seize membres.

« Ont voté contre : MM. *Meaudre, Bertrand, Brossard,*
« *Grosrenaud, Grange, Jamet, Crozet,* notaire; *Fabreguettes,*
« *Coste, Audiffred, Cherpin, Glattard* ; soit douze membres.
« L'amendement est adopté. »

Ce vote du Conseil général permit au Tribunal de Commerce

de créer le secrétariat si désiré depuis longtemps. Il fallut établir un règlement pour le fonctionnement de cette institution et il y eut, à cet effet, une réunion du Tribunal en Chambre de Conseil, le 27 février 1873 ; voici le règlement et les considérants du procès-verbal même :

« M. le Président a donné lecture de la délibération du
« 23 décembre dernier, qui crée près le Tribunal un secrétariat
« de la Présidence ; ensuite il a fait observer que pour le
« fonctionnement utile et efficace de cette institution qui a pour
« but notamment la comptabilité et la surveillance de tout ce
« qui peut intéresser la bonne et prompte administration des
« faillites, il était indispensable de procéder au règlement des
« rapports qui doivent exister entre le Tribunal, MM. les juges
« commissaires, les syndics et le secrétariat ; il a en consé-
« quence proposé le règlement dont voici le résumé :

« Art. 1er. — Le rôle prescrit par la circulaire du Ministre de
« la Justice, en date du 20 mars 1846, sera tenu dans le sens de
« cette circulaire.

« Art. 2e. — Les syndics dresseront le bilan du failli comme
« le prescrit l'art. 476 du Code de Commerce.

« Art. 3e. — Un double du rapport des syndics, exigé par
« l'art. 482 du Code de Commerce, sera déposé au secrétariat
« de la Présidence.

« Art. 4e. — Le secrétaire annotera sur le rôle le résultat de
« la comptabilité du syndic.

« Art. 5e. — *(Relatif à ce que devront contenir les rapports*
« *des syndics.)*

« Art. 6e. — Les rapports déposés au secrétariat par les
« syndics seront seuls consultés pour la taxe de leurs
« honoraires.

« Art. 7e. — *(Relatif au versement à la Caisse des Dépôts et*
« *Consignations des sommes reçues par les syndics, conformé-*
« *ment à l'art. 489 du Code de Commerce.)*

« Art. 8e. — Convocation des créanciers pour les consulter
« sur le moyen de terminer promptement la liquidation.

« Art. 9e. — Surveillance des juges-commissaires sur les
« syndics.

« Art. 10°. — Un dossier de la gestion des syndics sera mis
« à la disposition des créanciers pour être consulté sans
« déplacement et sans frais. Ce dossier indiquera le degré
« d'avancement et la situation de chaque affaire.

« Art. 11°. — Cette communication aura lieu le samedi.

« Art. 12°. — Le secrétariat tiendra un registre de réclama-
« tions pour les créanciers qui trouveront la réponse en marge.

« Art. 13°. — Le secrétaire transmettra les observations aux
« juges-commissaires. »

Les rapports du nouveau secrétariat avec les divers services
du Tribunal étant ainsi réglés, le Tribunal eut encore à prendre
une délibération concernant les droits du greffier. Cette délibération eut lieu en Chambre de Conseil, le 28 mars 1873. Elle
était d'ailleurs provoquée par une lettre de M. le Procureur
général, près la Cour d'appel de Lyon, en date du 24 mars 1873.
Dans sa lettre, ce magistrat exprime l'avis : « 1° Que le droit de
« o fr. 60 perçu depuis un certain nombre d'années par M. le
« greffier du Tribunal sur chaque inscription de cause au rôle,
« en sus de celui de 2 francs, doit être supprimé immédiatement.

« 2° Qu'il y a lieu également à suppression provisoire d'un
« autre droit de 1 fr. 55 que le même greffier exige au moment
« de la mise au rôle, à titre de consignation et pour faire face
« éventuellement aux frais du jugement de radiation de chaque
« affaire inscrite, qui demeure non jugée par suite d'abandon ou
« de transaction.

« Le Tribunal, après en avoir délibéré, considérant que la
« perception de 0,60 en sus du droit de mise au rôle l'a été
« jusqu'ici pour rémunérer M. le greffier de la tenue des
« registres de comparution en Chambre de Conseil, mais que
« ce précédent ne saurait créer à son profit un droit qui n'est
« consacré par aucune loi et que c'est là d'ailleurs une charge
« qui incombera à l'avenir au secrétariat de la Présidence et de
« laquelle M. le greffier devra être exonéré.

« Considérant relativement à la perception de 1 fr. 55 pour
« droit éventuel de radiation de causes et à titre de consignation
« que la prétention toute nouvelle de M. le greffier ne saurait

« être autorisée par le Tribunal, qu'il doit en saisir qui de droit
« et tant qu'il ne l'aura pas fait trancher à son profit, le Tribunal
« ne croit pas pouvoir admettre cette prétention, arrête :

« Le droit de 0,60 perçu par le greffier au moment de
« l'inscription de la cause au rôle est et demeure supprimé et
« cette inscription aura lieu à partir de mardi 1er avril, au taux
« de 2 francs pour chaque cause inscrite. M. le greffier est
« invité en outre à cesser de percevoir au moment de la mise
« au rôle la somme de 1 fr. 55 qu'il exige à titre de consigna-
« tion et pour faire face éventuellement aux frais du jugement
« de radiation, sauf à lui à se pourvoir pour faire statuer sa
« prétention, le Tribunal n'entendant en aucune façon préjudicier
« à ses droits. »

M. SAUZE, ancien commis greffier, qui était attaché au
Tribunal comme secrétaire depuis le 15 septembre 1870 aux
frais personnels des membres du Tribunal, continua ses
fonctions rémunérées par la subvention du Conseil général. Le
traitement, qui était alors de 1.200 francs, s'éleva bientôt au
chiffre de la subvention. Mais cette subvention ne subsista pas
longtemps ; elle fut supprimée en 1877 par le Conseil général,
comme nous le verrons plus loin.

La deuxième élection qui se fit en vertu de la loi de 1871
eut lieu le 13 décembre 1873 avec un deuxième tour de scrutin
le 20 décembre. Au premier tour, il y eut 234 votants, au
deuxième tour 188 sur 1.077 électeurs inscrits.

Juges titulaires: MM. ELÉONOR SOUVIGNET, réélu.
— CLAUDE-MARIE TROUILLEUX, sup-
pléant sortant.
— ANTOINE CHAPON, suppléant sortant.
— LOUIS BETHENOD, réélu.
Juges suppléants: MM. JEAN GAUCHER ✳, réélu.
— LOUIS DUTAR, réélu.
— DUFOUR-PENEL (1), fabricant de
rubans.

(1) M. Jean-Baptiste DUFOUR-PENEL (.....-1898), fabricant de rubans, Juge Consulaire de 1873 à 1881; membre de la Chambre de Commerce de 1885 à 1890.
Portrait gracieusement communiqué par Mme veuve DUFOUR-PENEL.)

Ils furent installés dans leurs fonctions le 19 janvier 1874.

Une élection complémentaire eut lieu le 22 janvier 1874 pour remplacer deux membres du Tribunal :

Juges suppléants : MM. MARTOURET (1), négoc. quincaillier.
. — J.-B. BERNARD (2), fabric. de rubans.

Les élections suivantes se firent avec une régularité parfaite jusqu'en 1883, où la loi des 8-10 décembre remplaça le suffrage restreint et indirect par le suffrage universel et direct des patentés.

Election du 12 décembre 1874

INSTALLATION DU 5 JANVIER 1875

(409 votants sur 1.047 inscrits.)

Président : M. AUGUSTE GUITTON-NICOLAS ✻ (3), réélu.

Juges titulaires : MM. ETIENNE THIVILLIER, réélu.
— ANTOINE GAUTHIER, O✻, réélu.
— REY-PALLE, suppléant sortant.
— MARTOURET, suppléant sortant.

Juges suppléants : MM. BERNARD, réélu.
— BRÉCHIGNAC (4), banquier.
— BIÉTRIX ✻ (5), constructeur-mécanic.

(1) M. Jean MARTOURET (1838-1903), négociant en quincaillerie, Juge Consulaire de 1873 à 1878; membre de la Chambre de Commerce de 1890 à 1902; censeur de la Banque de France et ancien maire d'Andrézieux.

(2) M. Jean-Baptiste BERNARD, né en 1831, fabricant de rubans, Juge Consulaire de 1873 à 1880; ancien président de la Chambre syndicale des tissus; ancien membre du Conseil de perfection de l'Ecole pratique de jeunes filles.

M. J.-B. BERNARD est encore actuellement président de la Commission technique du tissage à l'Ecole pratique des garçons et président de la Société de garantie contre le Piquage d'once. (*Portrait communiqué.*)

(3) V. *suprà*, p. 233, note 1.

(4) M. Gaspard BRÉCHIGNAC, né en 1842, ancien banquier, Juge Consulaire de 1874 à 1880. (*Portrait communiqué.*)

(5) M. Vincent BIÉTRIX, né à Ecully, près Lyon, en 1840, ingénieur, constructeur-mécanicien, Juge Consulaire de 1874 à 1876.

Ancien directeur de l'importante Société des Forges et Aciéries de La Chaléassière à Saint-Etienne, M. BIÉTRIX, a été président de l'Association métallurgique de la Loire et membre du Comité de l'Exposition universelle de 1900.

M. BIÉTRIX a été décoré de la croix de la Légion d'honneur en 1896. (*Portrait communiqué.*)

Elections des 11 et 18 décembre 1875

INSTALLATION DU 10 JANVIER 1876

(170 votants sur 1.040 inscrits.)

Juges titulaires : MM. TROUILLEUX, réélu.
— CHAPON, réélu.
— GAUCHER ✳, suppléant sortant.
— DUTAR, suppléant sortant.
Juges suppléants : MM. DUFOUR-PENEL, réélu.
— BERTHET, épicier en gros.
— CARVÈS (1), fabricant de produits chimiques.

Elections des 9 et 16 décembre 1876

INSTALLATION DU 9 JANVIER 1877

(282 votants sur 1.043 inscrits.)

Président : M. JEAN-BAPTISTE NEYRET (2), ancien juge.
Juges titulaires : MM. REY-PALLE, réélu.
— MARTOURET, réélu.
— BERNARD, suppléant sortant.
— BRÉCHIGNAC, suppléant sortant.
Juges suppléants : MM. POMÉON, marchand de soies.
— BEDEL (3), maître de forges.
— DEVIDAL, extracteur de pierres.

Cette magistrature débuta par un événement imprévu, soudain, qui mit un instant le Tribunal dans l'embarras pour conserver le secrétariat de la Présidence et que nous exposerons dans le chapitre suivant.

(1) M. CARVÈS, fabricant de produits chimiques, Juge Consulaire de 1875 à 1884; membre du Conseil des Prud'hommes en 1867.

(2) V. *suprà*, p. 232, note 2.

(3) M. Jean-Baptiste BEDEL père (1822-1885), maître de forges à la Bérardière (Saint-Etienne), Juge Consulaire de 1876 à 1880.

M. BEDEL père était né à Bèze (Côte-d'Or), où réside actuellement son fils aîné que nous verrons plus loin Juge Consulaire à Saint-Etienne et qui avait alors sa résidence à la Bérardière. (*Portrait communiqué par* M. Camille BEDEL *jeune, maître de forges à la Bérardière.*)

ANCIENS JUGES CONSULAIRES

A. BOUGY, j. c. de 1878 à 1884.

Fr. PRUGNAT, j. c. de 1878 à 1885.

J. VERNEY aîné, j. c. de 1879 à 1886.

GALLET-ANGLADE, j. c. de 1879 à 1886.

F. TARDY, j. c. de 1886 à 1887.

A. MÉHIER-CÉDIÉ, j. c. de 1880 à 1886.

ÉTUDE HISTORIQUE SUR LES JURIDICTIONS CONSULAIRES

Photot. BELLOTTI

1908

ANCIENS JUGES CONSULAIRES

J. FOREST, j. c. de 1881 à 1888.

J. BUHET, j. c. de 1882 à 1887.

J.-M. AUBERT, j. c. de 1882 à 1889.

F. MARTIN aîné, j. c. de 1884 à 1890.

J. GRAS, j. c. de 1885 à 1891.

BOYER-MARTIN, j. c. de 1886 à 1892.

ÉTUDE HISTORIQUE SUR LES JURIDICTIONS CONSULAIRES

Photot. BELLOTTI

1908

CHAPITRE XII

LE TRIBUNAL DE COMMERCE DE 1877 A 1886

Présidents élus : MM. Neyret, Guitton-Nicolas, Thivillier.

Suppression par le Conseil général de la subvention du secrétariat ; — Etablissement par le Tribunal d'un droit sur les rôles pour remplacer la subvention supprimée ; — Avis du Tribunal sur un projet de loi modifiant le mode d'élection ; — Loi des 8-10 décembre 1883 conférant l'électorat à tous les patentés ; — Elections et installations de Juges.

A PEINE les nouveaux magistrats furent-ils installés qu'un événement important pour le Tribunal se produisit. C'est la suppression de la subvention du Conseil général dont le Tribunal jouissait depuis 1872 pour le secrétariat de la Présidence. Les considérations développées dans la discussion par les membres du Conseil général nous paraissant intéressantes à conserver, nous reproduisons la partie du procès-verbal du 27 décembre 1877, où la question fut agitée :

« M. le Préfet soumet au Conseil général la demande formée
« par M. le Président du Tribunal de Commerce de Saint-
« Etienne à l'effet d'obtenir la continuation de l'allocation de
« 3.000 francs accordée pour le secrétaire de ce tribunal. « J'ai
« cru, dit-il, devoir inscrire ce crédit au budget de 1878 et vous
« voudrez bien, sans doute, l'y maintenir. »

« M. *de Rochetaillée*, au nom de la Commission, propose de
« voter le crédit de 3.000 francs demandé par le Tribunal de
« commerce pour maintenir le secrétaire du Tribunal et que
« M. le Préfet a dû inscrire sur le budget de 1878.

« M. *Avril* dit que lorsque la dépense a été votée la première
« fois, le Conseil a décidé que le crédit ne serait inscrit

« qu'exceptionnellement et il a été observé que le Tribunal
« aurait à l'avenir à pourvoir à cette dépense. M. *Avril* ajoute
« que le secrétaire naturel du Tribunal est le greffier qui reçoit
« pour cela une rétribution de l'Etat et des justiciables. Ses
« honoraires sont assez élevés pour qu'il se charge de payer
« tous les commis-greffiers et employés dont le Tribunal a
« besoin.

« M. *Duchamp* explique que le greffier est chargé uniquement
« de la rédaction des jugements par défaut. Les Juges Consu-
« laires ne peuvent, à raison de leurs affaires, s'occuper de la
« rédaction des jugements. Le temps leur manque. Avant la
« création du secrétariat, les décisions n'étaient pas rendues
« avec la célérité nécessaire. Depuis qu'un secrétaire a été
« nommé, les jugements sont rédigés à peu près séance tenante,
« et la prompte expédition des affaires est assurée. On ne peut
« demander à des négociants, très occupés de leurs affaires, de
« donner plus de temps qu'ils n'en ont; le secrétaire, abrégeant
« leur travail, facilite l'exécution de leur mandat.

« M. *Genton* dit que le Conseil général a été décidé par
« d'autres raisons que celles qui viennent d'être données; il a
« été démontré qu'en dehors du travail fait par les greffiers, il
« y avait, pour les faillites, par exemple, un travail considérable.
« A chaque instant les créanciers demandent des renseigne-
« ments qui ne peuvent être fournis que par un employé
« spécialement chargé de ce soin. On a fait remarquer que dans
« les principales villes il y a un secrétaire payé par le départe-
« ment; si le crédit était rejeté, il y aurait un trouble dans
« l'expédition des affaires, dans la direction à donner aux
« faillites.

« M. *Avril* réplique que les renseignements dont il vient
« d'être parlé doivent être donnés par le greffier qui reçoit pour
« ce travail une rétribution fixée par la loi.

« .....M. *Genton* répond qu'à côté des renseignements
« obligatoires, il y a des renseignements facultatifs, et que c'est
« ceux-là que le secrétaire est chargé de fournir.

« M. *Cherpin*, président, dit que l'historique de l'affaire n'a
« pas été complètement fait. Une première fois le crédit avait

« été rejeté sur sa demande. Il ne conteste pas que la besogne
« dont on a parlé ne puisse être très bien faite par un secrétaire,
« et mieux par lui que par tout autre, mais il ne voit pas là une
« raison de voter le crédit. Assurément, il y aurait un moyen bien
« simple de trouver les éléments de cette dépense sans grever
« les juges ni le département, ce serait d'ajouter au droit de
« mise au rôle quelques centimes. Les frais du secrétariat qui
« profitent aux justiciables, seraient alors payés par ceux qui
« les auraient provoqués. MM. les juges pourront très bien
« obtenir à ce point de vue une modification du tarif, ils auront
« alors la satisfaction qu'ils recherchent naturellement. Il y a un
« danger à ouvrir la porte des dépenses facultatives ; dans cette
« voie, on ne sait pas où l'on s'arrête.

« M. *Duchamp* ne pense pas que le moyen indiqué par le
« Président puisse être employé ; il a été tenté ; on a dû y
« renoncer. Avant de supprimer complètement le crédit, il
« faudrait laisser le temps au Tribunal de se pourvoir ailleurs.

« M. *Avril* dit que la loi autorise le greffier à percevoir des
« droits pour les services qu'il rend. Et le total des perceptions
« faites légalement par le greffier constitue un très gros produit.
« En retour de ces honoraires qui lui sont accordés, le greffier
« doit fournir au Tribunal tous les secrétaires dont il a besoin.

« M. le Président met aux voix l'amendement de M. *Avril*,
« tendant à la suppression du crédit de 3.000 francs.

« L'amendement de M. *Avril* est adopté et le crédit supprimé. »

Ce fut un échec pour le Tribunal de Commerce ; il n'y avait
pas de temps à perdre si l'on voulait conserver le secrétariat
devenu indispensable ; on avait seulement quatre jours pour y
pourvoir. M. Neyret, alors président du Tribunal de Commerce,
réunit les membres du Tribunal le 31 décembre en Chambre
de Conseil et fit adopter la résolution suivante, après avoir
exposé la question en ces termes :

« La subvention départementale, à l'aide de laquelle fonction-
« nait depuis plusieurs années le secrétariat institué par le
« Tribunal, a été supprimée pour l'année 1878 par le Conseil
« général qui, dans sa dernière session, a jugé à propos de la

« refuser en se fondant sur des considérations dont il est inutile
« de discuter l'opportunité.

« Cette institution de secrétariat offre cependant d'une manière
« incontestable des avantages divers, non seulement pour le
« Tribunal, mais encore aux personnes qui se trouvent dans la
« nécessité de recourir à la justice consulaire, notamment aux
« intéressés dans les faillites dont une comptabilité fait partie
« des attributions du secrétaire et de laquelle il est donné
« communication à toute réquisition. Il s'agit en conséquence
« de recourir aux mesures nécessaires pour le maintien dudit
« secrétariat, c'est-à-dire de trouver les fonds suffisants pour le
« salaire de l'employé auquel incombera la charge des travaux
« et soins qu'il comporte et qui ont fait l'objet de la création.

« M. le Président a proposé, comme moyen de sortir de la
« situation qu'a faite le Conseil général par son refus de pourvoir
« aux frais du secrétariat, d'imposer un droit de 1 fr. 25 sur
« chaque affaire entrante inscrite au rôle. Ce droit formera le
« salaire de 3.000 francs que le département attribuait précédem-
« ment au secrétaire et son peu d'élévation ne sera qu'une très
« faible aggravation des frais mis à la charge des justiciables ; il
« est à présumer que cette perception ne soulèvera aucune
« réclamation de la part de qui que ce soit. C'est du reste ce qui
« s'est déjà pratiqué alors que le département n'accordait pas
« de subvention. M. le Président du Conseil général lui-même
« dans la discussion, a d'ailleurs reconnu qu'il existait une
« solution à donner à la situation, qui consistait dans la percep-
« tion d'un droit supplémentaire de quelques centimes sur les
« frais de mise au rôle, que de cette façon la dépense serait faite
« par les vrais intéressés et par eux seuls (1).

« M. le Président a enfin ajouté que M. le greffier serait
« chargé de percevoir le droit de 1 fr. 25 dont il s'agit, qu'il
« en ferait mensuellement le versement dans les mains de
« M. Bréchignac, trésorier actuel du Tribunal, qui devra en
« faire compte lui-même au secrétaire, ladite perception devant
« avoir lieu à partir du 1er janvier 1878.

(1) Le *Mémorial de la Loire et de la Haute-Loire*, dans son numéro du
29 décembre 1877, a donné un compte rendu de la séance du Conseil général,
dont il s'agit.

« Les membres présents, après en avoir délibéré, ont à l'unani-
« mité donné leur approbation sans modification aucune aux
« mesures proposées par M. le Président. »

Il est navrant de voir de pareils conflits entre les diverses
administrations. Le Tribunal de Commerce ne devrait-il pas
avoir son autonomie comme la Chambre de Commerce ? Dans
tous les cas, la question devrait être réglée législativement.

L'élection qui suivit cet événement, au lieu de se faire régulièrement à la fin de 1877, n'eut lieu que les 9 et 16 mars 1878, et
l'installation le 8 avril suivant. 355 votants au premier tour,
276 au deuxième tour sur 1.043 inscrits, nommèrent :

Juges titulaires : MM. DUFOUR-PENEL, suppl. sortant.
GAUCHER ✳, réélu.
BERTHET, suppléant sortant.
DUTAR, réélu.
Juges suppléants : MM. CARVÈS, réélu.
RAVEROT, banquier.
GÉLAS, fabricant.
(*Garand*, qui n'a jamais siégé.)

M. *Picard* est nommé greffier en remplacement de M. *Berthon*.

———

Elections des 14 et 21 décembre 1878

INSTALLATION DU 15 JANVIER 1879

(371 et 292 votants sur 1.047 inscrits.)

Président : M. J.-B. NEYRET (1), réélu.
Juges titulaires : MM. BEDEL, suppléant sortant.
POMÉON, suppléant sortant.
BERNARD, réélu.
BRÉCHIGNAC, réélu.

(1) V. *suprà*, p. 232, note 2.

Juges suppléants : MM. PRUGNAT (1), épicier.

ANTOINE BOUGY (2), fabricant de quincaillerie.

COURBON, marchand de bois.

M. *Pailleret*, élu au premier tour, fut remplacé par M. *Courbon* au deuxième tour.

Elections des 13 et 20 décembre 1879

INSTALLATION DU 19 JANVIER 1880

(279 et 322 votants sur 1.047 inscrits.)

Juges titulaires : MM. DUFOUR, réélu.

BERTHET, réélu.

CARVÈS, suppléant sortant.

GÉLAS, suppléant sortant.

Juges suppléants : MM. GALLET-ANGLADE (3), mercier.

JOANNÈS VERNEY aîné ✿ (4), fabricant d'armes.

FERRAND, liquoriste.

(1) M. Francisque PRUGNAT (1832-1906), négociant en épicerie, Juge Consulaire de 1878 à 1885; ancien conseiller d'arrondissement; ancien directeur de la Caisse d'épargne. (*Notes et portrait obligeamment communiqués* par M. André MICHEL, *son gendre.*)

(2) M. Antoine BOUGY (1825-1885), fabricant de quincaillerie, Juge Consulaire de 1878 à 1884.

Conservateur des anciens procédés de fabrication, il avait succédé à son père, M. Pierre BOUGY, chevalier de la Légion d'honneur, qui fut vice-président du Conseil des Prud'hommes, adjoint au maire de Saint-Etienne, et que nous avons vu présider souvent les élections consulaires. (*Portrait gracieusement communiqué par* M⁻ᵉ veuve BOUGY.)

(3) M. GALLET-ANGLADE (1828-1886), négociant en mercerie, Juge Consulaire de 1879 à 1886. (*Portrait gracieusement communiqué par* Mᵐᵉ veuve GALLET-ANGLADE.)

(4) M. Joannès VERNEY aîné, né en 1839, fabricant d'armes, Juge Consulaire de 1879 à 1886. Successeur de son père, M. Claude VERNEY-CARRON, dont nous avons déjà parlé, M. Joannès VERNEY, a été membre du Jury aux expositions d'Amsterdam 1883, de Paris 1889 et 1900 et de Saint-Etienne 1904, où il fut président du Jury.

M. Joannès VERNEY a été décoré de la croix de la Légion d'honneur en 1900. (*Portrait communiqué.*)

Élections des 11 et 18 décembre 1880

INSTALLATION DU 12 JANVIER 1881

(252 et 166 votants sur 1.050 inscrits.)

Président :	M.	GUITTON-NICOLAS ✳ (1), ancien président.
Juges titulaires :	MM.	COURBON, suppléant sortant.
—		POMÉON, réélu.
—		PRUGNAT, suppléant sortant.
—		Antoine CHAPON, suppléant sortant.
Juges suppléants :	MM.	MÉHIER-CÉDIÉ (2), quincaillier.
—		Antoine BOUGY, réélu.
—		Félix TARDY (3), fabricant de rubans.

L'année suivante, un projet de loi, modifiant le mode d'élection du président et des juges consulaires, adopté par la Chambre des députés, le 23 octobre 1880, mit le Tribunal de Commerce de Saint-Etienne dans la nécessité de donner son avis sur les modifications que ce projet contenait. M. GUITTON-NICOLAS, président, réunit les membres du Tribunal en Chambre de Conseil, le 25 février 1881, et après en avoir délibéré, il fut décidé de répondre :

« .....Que le mode d'élection au moyen du suffrage restreint,
« édicté par la loi de décembre 1871, ne devait pas être modifié
« parce qu'il garantissait d'une manière suffisante la bonne
« administration de la justice consulaire. L'article 16 du projet
« porte que « dans les huit jours qui suivront leur réception, les
« juges titulaires et suppléants réunis sous la présidence provi-
« soire du plus ancien des titulaires, éliront parmi les titulaires
« le Président à la majorité des suffrages au scrutin secret ». Le

(1) V. *suprà*, p. 233, note 1.

(2) M. Alexandre Méhier-Cédié (1825-1907), négociant en quincaillerie, Juge Consulaire de 1880 à 1886. (*Portrait obligeamment communiqué par M. Fernand Méhier, son fils, que nous verrons plus loin Juge Consulaire aussi.*)

(3) M. Félix Tardy (1823-1894), fabricant de rubans, Juge Consulaire de 1880 à 1887; membre du Conseil des Prud'hommes en 1870; chevalier de Saint-Grégoire-le-Grand. (*Portrait gracieusement communiqué par Mme veuve Félix Tardy.*)

« maintien de cet article peut avoir des effets regrettables; il « enlève au Président toute son influence et son autorité; sa « nomination pourra ne dépendre que d'une faible majorité, et « peut-être qu'à la suite des coteries il peut enfin se produire « des conflits, et il est d'une bonne et sage administration de « prévenir autant que possible de pareils inconvénients. Le « Tribunal estime donc que la nomination du Président ne doit « pas émaner de ses collègues, mais bien du suffrage direct des « électeurs. »

Le Tribunal passe sous silence tous les autres articles du projet qui reçut de nombreuses modifications avant de devenir la loi, promulguée en 1884.

On procéda ensuite régulièrement au remplacement des juges arrivés à la fin de leur mandat.

Elections des 17 et 24 décembre 1881

INSTALLATION DU 11 JANVIER 1882

(149 votants au 1er tour et 52 au 2e tour sur 1.048 inscrits.)

Juges titulaires : MM. Joannès VERNEY ✻, suppl. sortant.
— CARVÈS, réélu.
— GÉLAS, réélu.
— GALLET-ANGLADE, suppl. sortant.
Juges suppléants : MM. Joannès FOREST (1), fabric. de rubans.
— Claudius PENEL, fabricant de lacets.
— FERRAND, réélu.

Elections des 14 et 21 décembre 1882

INSTALLATION DU 15 JANVIER 1883

(114 votants au 1er tour et 191 au 2e tour sur 1.048 inscrits.)

Président : MM. Etienne THIVILLIER (2), ancien juge.

(1) M. Joannès Forest (1829-1890), fabricant de rubans, Juge Consulaire de 1881 à 1888; membre de la Chambre de Commerce de 1883 à 1889. (*Portrait obligeamment communiqué par* MM. Forest, ses fils.)

(2) V. *suprà*, p. 234, note 1.

Jean GAUCHER

*Président du Tribunal de Commerce
de Saint-Etienne*

Elu le 26 Décembre 1886

ÉTUDE HISTORIQUE SUR LES JURIDICTIONS CONSULAIRES

Louis CHAVANON

Président du Tribunal de Commerce
de Saint-Etienne

Elu le 21 Décembre 1890

ÉTUDE HISTORIQUE SUR LES JURIDICTIONS CONSULAIRES

Peintre : Joanny Faure

Photot. Bellotti, 1908

Juges titulaires : MM. Antoine BOUGY, suppléant sortant.
— COURBON, réélu.
— PRUGNAT, réélu.
— MÉHIER-CÉDIÉ, suppléant sortant.
Juges suppléants : MM. Félix TARDY, réélu.
— Jérôme BUHET (1), fabric. de rubans.
— Jean-Marie AUBERT (2), marchand de
vins.

Dans cette élection il y eut deux listes concurrentes, et ce n'est qu'au deuxième tour que les candidats de la liste approuvée par le Tribunal furent élus (3).

Il n'y eut pas d'élection en 1883. On attendait la promulgation de la nouvelle loi, qui réformait le mode d'élection des Tribunaux de Commerce. Cette loi, promulguée les 8-10 décembre 1883, avait pour but d'appliquer aux élections consulaires le principe fondamental de notre droit public, en substituant au suffrage restreint et indirect, alors en vigueur, le suffrage universel et direct des patentés.

Cette loi a aboli la qualification officielle de *notable* qu'on avait ensuite remplacée par les mots « recommandable par la probité, l'esprit d'ordre et d'économie ». Ce titre était donné au choix par une Commission remplaçant le Préfet.

Par suite du retard apporté dans la convocation des électeurs, tous les membres du Tribunal ayant terminé leur mandat furent soumis à l'élection qui eut lieu en deux tours, l'un le 7 décembre et l'autre le 21 décembre 1884. L'installation eut lieu le 18 février et le 3 mars 1885.

Le premier essai de la nouvelle loi amena au scrutin un plus grand nombre d'électeurs ; il y eut 1.013 votants sur 5.820 patentés inscrits.

(1) M. Jérôme Buhet, fabricant de rubans, Juge Consulaire de 1882 à 1887. *(Portrait communiqué.)*

(2) M. Jean-Marie Aubert, négociant en vins, Juge Consulaire de 1882 à 1889 *(Portrait communiqué.)*

(3) La seconde liste était celle de la Chambre syndicale de la Boulangerie qui voulait avoir un représentant au Tribunal et y faire entrer un de ses membres, M. Aulagnon ; mais celui-ci, quoique fort digne de cet honneur, ne fut élu que dix ans plus tard, en 1892.

Président :	M. Etienne THIVILLIER (1), réélu.
Juges titulaires :	MM. Joannès VERNEY aîné ✳, réélu.
—	MÉHIER-CÉDIÉ, réélu.
—	GALLET-ANGLADE, réélu.
—	Francisque PRUGNAT, réélu.
—	Joannès FOREST, suppléant sortant.
—	Claudius PENEL, suppléant sortant.
—	Jérôme BUHET, suppléant sortant.
—	Félix TARDY, suppléant sortant.
Juges suppléants :	MM. MARTIN aîné, entrepr. de menuiserie.
—	PITET (2), négociant en grains.
—	CHAVANON, O✳(3), fabric. de rubans.
—	GOUBEAUD aîné, commissionnaire en charbons.
—	AUBERT, réélu.
—	Louis PÉRIER (4), liquoriste.

Cette élection fut très agitée et donna lieu à de violentes polémiques entre les partisans des deux listes de candidats : la liste approuvée par le Tribunal de Commerce avec M. Thivillier en tête pour président, et la liste de quelques syndicats d'alimentation qui portait M. Berthet comme président. Nous nous bornons à signaler, sans entrer dans les détails, ce fait regrettable, qui a laissé de fâcheux souvenirs et qui s'est reproduit dans quelques-unes des élections suivantes jusqu'à la formation de l'*Union des Syndicats* (5).

(1) V. *suprà*, p. 234, note 1.

(2) M. Pitet, étant inéligible, ne siégea pas au Tribunal.

(3) M. Louis-Jean-Pierre Chavanon (1838-1907), fabricant de rubans, Juge Consulaire de 1884 à 1890, fut Président du Tribunal de Commerce de 1890 à 1894.

Membre du Conseil des Prud'hommes de 1881 à 1884, administrateur de la Banque de France, conseiller municipal en 1892, maire de Saint-Etienne de 1895 à 1900, M. Chavanon fut décoré de la Légion d'honneur en 1894 et nommé officier de cet ordre par le Président de la République, de passage à Saint-Etienne, le 30 mai 1898.

(4) M. Louis Périer (1845-1899), liquoriste, Juge Consulaire de 1884 à 1891; ancien Président de la Chambre Syndicale des Liquides de la Loire, adjoint au maire de Saint-Etienne en 1892. M. Périer fut nommé chevalier du Mérite agricole.

(5) Les candidats non élus, MM. Berthet, Raverot, Clair aîné, Mounier, Faure, étaient présentés par les Syndicats de l'Ameublement, de la Boulangerie,

Elections des 13 et 27 décembre 1885

INSTALLATIONS DU 25 FÉVRIER ET DU 22 MARS 1886

Il y eut 564 votants sur 6.436 inscrits. Les commerçants se désintéressaient déjà de ces élections et retombaient dans l'indifférence.

Juges titulaires : MM. CLAUDIUS PENEL, réélu.
— JÉRÔME BUHET, réélu.
— FÉLIX TARDY, réélu.
— JEAN-MARIE AUBERT, suppl. sortant.
Juges suppléants : MM. LOUIS PÉRIER, réélu.
— JEAN GRAS (1), marchand de farines.
— HENRI DÉCHAUD ✦ (2), march. épicier.

des Liquides de Saint-Chamond, de la Fumisterie, de la Boucherie et des Liquides de Saint-Etienne.

Les candidats élus, MM. THIVILLIER, PRUGNAT, TARDY, AUBERT, PÉRIER, étaient patronnés par le Tribunal de Commerce, par la Chambre syndicale des Tissus, par les Syndicats des Liquides de la Loire et de l'Horticulture. Ils reprirent la démission qu'ils avaient cru devoir donner pour terminer le conflit et ils adressèrent la lettre suivante à leurs électeurs pour les remercier:

« Electeurs consulaires, qui nous avez honorés de vos suffrages les 7 et
« 21 décembre, et particulièrement vous, Messieurs les membres des Syndicats,
« qui nous avez soutenus avec tant de dévouement, nous vous devons, après nos
« remerciements, quelques mots de loyale explication.

« Tous unis par les sentiments de solidarité qui sont la tradition du Tribunal et
« que nous avons hautement affirmés dès le début, nous y resterons fidèles
« jusqu'à la fin. Le résultat du ballottage nous impose donc aujourd'hui, nous
« sommes obligés de le reconnaître avec vous, le devoir absolu de rester
« ensemble au poste de confiance qui nous est assigné.

« Partisans de toutes les améliorations pratiques, nous apporterons dans nos
« fonctions tout le zèle dont nous sommes capables. »

« Tous les membres du Tribunal. »
(Mémorial de la Loire du 24 décembre 1884.)

Cette lettre répondait à celle du Président de la Chambre syndicale des Tissus, M. Guillaume BALAY, qui invitait les élus à ne pas donner leur démission. « L'opinion publique, disait-il, vous a vengés d'une manière trop éclatante des « erreurs contenues dans la lettre qui a motivé votre démission pour que vous « ne la considériez pas comme lettre morte. »

(1) M. Jean GRAS-BONNEFOY, né en 1842, négociant en grains et farines, Juge Consulaire de 1885 à 1891 ; ancien vice-président du Syndicat des grains et farines de Saint-Etienne et de la région. *(Portrait communiqué.)*

(2) M. Henri DÉCHAUD, né en 1840, négociant en denrées coloniales, Juge Consulaire de 1885 à 1891. Conseiller municipal de Saint-Etienne en 1892, ajdoint au maire de Saint-Etienne en 1894, M. DÉCHAUD est officier d'Académie depuis 1897.

CHAPITRE XIII

LE TRIBUNAL DE COMMERCE DE 1886 A 1894

Présidents élus : MM. Gaucher, Chavanon.

Demande d'allocation votée par le Conseil général ; — Projet d'une
imposition spéciale aux Tribunaux de Commerce ; — Consultation
des Tribunaux de Commerce de France sur ce projet ; — Nouvelle
demande d'allocation au Conseil général ; — Souscription en
faveur de la Mine aux Mineurs ; — Centenaire du Tribunal ; —
Création d'une médaille pour les Jugès ; — Elections et installations de Juges.

ES élections se poursuivent chaque année, avec une
régularité parfaite, sans que nous ayons un événement
à signaler.

Elections des 5 et 19 décembre 1886

INSTALLATION DU 19 JANVIER 1887

(552 votants sur 6.558 inscrits.)

Président :	M. JEAN GAUCHER ✳, ancien juge.
Juges titulaires :	MM. LOUIS CHAVANON, O✳, sup. sortant.
—	JULES-DENIS GOUBEAUD, supp. sort.
—	JOANNÈS FOREST, réélu.
—	FRANÇOIS MARTIN, suppléant sortant.
Juge suppléant :	M. GERMAIN BOYER-MARTIN (1), mar- chand de soies.

(1) M. Germain BOYER-MARTIN, né en 1852, marchand de soies, Juge Consulaire
de 1886 à 1892. Administrateur de la Banque de France, administrateur des
Hospices civils de Saint-Etienne, M. BOYER-MARTIN est, en outre, inspecteur départemental de l'enseignement technique, et vice-président de la Caisse stéphanoise
de secours. (*Portrait communiqué.*)

Juges suppléants : MM. Jean BEDEL (1), maître de forges.
—   Fernand MÉHIER (2), négociant en quincaillerie.

Elections des 11 et 25 décembre 1887

INSTALLATION DU 8 FÉVRIER 1888

(536 votants sur 6.490 patentés inscrits.)

Juges titulaires : MM. Henri DÉCHAUD ✪, suppl. sortant.
—   Jean AUBERT, réélu.
—   Jean GRAS, suppléant sortant.
—   Louis PÉRIER, suppléant sortant.
Juges suppléants : MM. Joseph BONNARD (3), fabricant de rubans.
—   Clément BROSSY ✳ (4), fabricant de rubans.
—   Jean-Marie DEVILLE (5), fabricant de rubans.

(1) M. Jean BEDEL aîné, né en 1842, maître de forges à la Bérardière (Saint-Etienne), Juge Consulaire de 1886 à 1892.

Depuis 1896, M. BEDEL aîné a sa résidence à Bèze (Côte-d'Or), pays d'origine de sa famille, où il dirige les Aciéries et Forges de Bèze et Rome. (*Portrait communiqué.*)

(2) M. Fernand MÉHIER, né en 1850, négociant et fabricant de quincaillerie, Juge Consulaire de 1886 à 1894. Membre de la Chambre de Commerce depuis 1907, M. Fernand MÉHIER est encore directeur de la Caisse d'Epargne et membre de la Commission des Beaux-Arts. (*Portrait communiqué.*)

(3) M. Joseph BONNARD (....-1908), fabricant de rubans, Juge Consulaire de 1887 à 1895; membre du Conseil des Prud'hommes en 1883.

(4) M. Clément BROSSY, né en 1846, fabricant de rubans, Juge Consulaire de 1887 à 1893.

Membre de la Chambre de Commerce depuis 1898, M. BROSSY en est actuellement vice-président.

Ancien Président de la Chambre syndicale des Tissus, fondateur et ancien président de l'Union des Syndicats de Saint-Etienne, M. BROSSY a été vice-président du Comité d'admission à l'Exposition de 1900 (classe des tissus) et décoré la même année de la Légion d'honneur ; il avait été vice-président du Jury de la même classe à l'Exposition de Bruxelles en 1897, où il fut nommé chevalier de l'ordre de Léopold.

(5) M. Jean-Marie DEVILLE (1851-1890), fabricant de rubans, Juge Consulaire de 1887 à 1889; ancien Président de la Chambre syndicale des Tissus. (*Portrait obligeamment communiqué par son frère, M. J.-B. DEVILLE, que nous verrons plus loin Juge Consulaire aussi.*)

Elections des 16 et 30 décembre 1888

INSTALLATION DU 28 JANVIER 1889

(524 votants sur 6.494 patentés inscrits.)

Président :	M. Jean GAUCHER✳ (1), réélu.
Juges titulaires :	MM. Jules GOUBEAUD, réélu.
—	Louis CHAVANON, O✳, réélu.
—	François MARTIN, réélu.
—	BOYER-MARTIN, suppléant sortant.
Juges suppléants :	MM. Jean BEDEL aîné, réélu.
—	Fernand MÉHIER, réélu.
—	Alexandre COLCOMBET✳ (2), fabri-cant de rubans.

Le Tribunal de Commerce eut encore à mendier auprès du Conseil général les allocations nécessaires à l'entretien de ses services. M. Gaucher, Président du Tribunal, écrivit à M. le Préfet pour obtenir une augmentation de l'allocation annuelle attribuée par le Conseil général au Tribunal. M. le Préfet soumit cette demande à la première Commission départementale, et M. *Colombet,* rapporteur, proposa, dans la séance du Conseil général du 2 mai 1889, de porter l'allocation annuelle au chiffre de 3.000 francs. La discussion étant intéressante et instructive, nous n'hésitons pas à la reproduire en la faisant précéder de la partie du rapport de M. le Préfet, relative à cet objet (article 106, menues dépenses du Tribunal de Commerce).

M. le Préfet dit « qu'il a reçu de M. le Président du Tribunal « de Commerce de Saint-Etienne un état des dépenses « occasionnées par le fonctionnement de la justice consulaire, « s'élevant à la somme de 3.840 francs, duquel il résulte un « déficit de 1.640 francs. Mais ce déficit n'est en réalité que de « 1.240 francs, car ce magistrat s'est basé pour établir son

---

(1) V. *suprà*, p. 241, note 4.

(2) M. Alexandre Colcombet, né en 1852, fabricant de rubans, Juge Consulaire de 1888 à 1894, a été Président du Tribunal de Commerce de 1894 à 1898.

Ancien vice-président de la Chambre syndicale des Tissus, administrateur de la Banque de France, M. Alexandre Colcombet a été nommé chevalier de la Légion d'honneur en 1894, à l'occasion de l'exposition de Chicago, où il était membre rapporteur du Jury, en 1893.

« budget sur la subvention de 1888, qui était de 2.200 francs,
« tandis que celle de 1889 est de 2.600 francs.

« Vous voudrez bien, Messieurs, prendre en considération
« les exigences toujours croissantes de cet important service, et
« les sacrifices que s'imposent également les autres départements
« pour venir en aide aux Tribunaux de Commerce des grandes
« villes. Pour n'en citer que quelques exemples, les Tribunaux
« de Commerce reçoivent respectivement :

« A Bordeaux, 3.000 francs ;
« A Rouen, 5.000 francs ;
« A Troyes, 3.790 francs ;
« A Nantes, 3.000 francs ;
« Au Havre, 4.500 francs ;
« A Toulouse, 3.500 francs ;
« A Lyon, 10.000 francs.

« Dans ces conditions, je vous prie d'accueillir favorablement
« la demande qui vous est faite par M. le Président du Tribunal
« de Commerce de Saint-Etienne, sauf à régulariser l'affaire,
« par une inscription au prochain budget rectificatif de la somme
« de 1.240 francs. »

Ce rapport fut soumis à l'examen de la première Commission,
et dans la séance du Conseil général du 2 mai 1889, M. *Colombet*,
au nom de cette Commission, « propose de porter l'allocation
« annuelle au chiffre de 3.000 francs, sans y comprendre,
« comme on le faisait précédemment, les frais de chauffage.

« ... L'allocation actuelle est de 2.600 francs. Il s'agit, par
« conséquent, d'une augmentation de 400 francs seulement.
« Une allocation de 3.000 francs n'a rien d'exagéré, si on la
« compare à celles des principales villes de France, suivant le
« rapport de M. le Préfet.

« ... M. *Crozet-Boussingault*, vice-président, dit que Saint-
« Etienne n'a pas l'importance de Rouen ni celle de Bordeaux.

« M. *Colombet*. — C'est vrai. Mais dans ces villes les tribu-
« naux de commerce possèdent, indépendamment de l'allocation
« pour menues dépenses, des ressources qui n'existent pas à
« Saint-Etienne. Le Tribunal de cette dernière ville est très mal

« installé. Ce matin, nous avons dû demander à l'architecte du
« département un devis des dépenses, nécessaires pour l'amélio-
« ration de l'installation du Tribunal. Le chauffage, notamment,
« est très défectueux, et le Tribunal sera obligé de demander au
« Conseil municipal de Saint-Etienne une subvention sur les
« fonds communaux pour ses menues dépenses, si le Conseil
« général ne lui vient pas suffisamment en aide.

« Après quelques observations entre le Président, M. *Chollet*
« et M. *Thiollier*, le Conseil général adopte les conclusions de
« M. *Colombet*, présentées au nom de la première Commission. »

Quelques mois après, on procéda aux élections qui se firent
les 8 et 22 décembre 1889, et à l'installation le 3 février 1890.
Il y eut 523 votants sur 6.556 patentés inscrits.

Juges titulaires : MM. Clément BROSSY ✳, suppléant sortant.
— Jean GRAS, réélu.
— Louis PÉRIER, réélu.
— Henri DÉCHAUD ✿, réélu.
Juges suppléants : MM. Joseph BONNARD, réélu.
— ÉPITALON-DUBŒUF (1), marchand
de vins.
— Eloi CHOREL (2), fabricant de rubans.

M. *Braud* ✿, greffier en chef, remplace M. *Picard*.

M. Gaucher, alors Président du Tribunal, désirant mettre fin
aux sollicitations que le Tribunal était obligé de faire chaque
année pour obtenir les subventions nécessaires au bon fonctionnement du Tribunal, écrivit, le 18 mars 1890, une lettre à
M. le Préfet pour lui demander son appui au projet d'une imposition spéciale au Tribunal de Commerce.

L'idée émise par M. Gaucher est d'une conception heureuse.
Elle sera sans doute, un jour ou l'autre, adoptée, si l'autorité

---

(1) M. Epitalon-Dubœuf, négociant en vins, Juge Consulaire de 1889 à 1895 ;
conseiller municipal de 1892 à 1896; ancien président de la Chambre syndicale
des vins et spiritueux et directeur-adjoint de la Caisse d'épargne.

(2) M. Eloi Chorel-Escorbia, né en 1842, fabricant de rubans, Juge Consulaire de
1889 à 1895; ancien membre du Conseil des Prud'hommes et ancien maire de
Fontanès.

ANCIENS JUGES CONSULAIRES

J. BEDEL aîné, j. c. de 1886 à 1892.

F. MÉHIER, j. c. de 1886 à 1894.

J.-M. DEVILLE, j. c. de 1887 à 1889.

J. BERGERON, j. c. de 1890 à 1898.

M. FRAPPA, j. c. de 1891 à 1897.

L. AULAGNON, j. c. de 1891 à 1899.

ÉTUDE HISTORIQUE SUR LES JURIDICTIONS CONSULAIRES

1908

ANCIENS JUGES CONSULAIRES

J.-M. BIOL, j. c. de 1892 à 1898.

P. VALLAT, j. c. de 1893 à 1899.

L. GARAND, j. c. de 1894 à 1900.

J.-P. MAZOYER, j. c. de 1895 à 1903.

E. ROYET, j. c. de 1893 à 1899.

E. SANIAL, j. c. de 1898 à 1904.

ÉTUDE HISTORIQUE SUR LES JURIDICTIONS CONSULAIRES

Photot. BELLOTTI

supérieure n'oblige pas le Conseil général à inscrire d'office les dépenses du Tribunal. Voici le texte de cette lettre exposant le projet à M. le Préfet :

« J'ai l'honneur de solliciter votre haute intervention pour « obtenir que la législation qui régit les menues dépenses des « Tribunaux de Commerce soit modifiée.

« Actuellement, ces dépenses constituent l'une des charges « obligatoires du budget départemental, et nous avons dû, nos « prédécesseurs et moi, nous adresser à diverses reprises au « Conseil général pour obtenir, soit l'augmentation du crédit « alloué annuellement, soit le paiement des dépenses arriérées ; « il a dû certainement en être ainsi pour la plupart des Tribu- « naux de Commerce de France.

« Cette situation présente d'assez nombreux inconvénients. « D'abord, l'Assemblée départementale, malgré le bienveillant « intérêt qu'elle porte au Tribunal de Commerce, n'a pas « toujours été en situation d'accueillir ses demandes, à raison « de l'insuffisance des ressources dont elle disposait ; en second « lieu, il est pénible pour les membres du Tribunal de Com- « merce et surtout pour ses présidents, de revenir sans cesse à « la charge pour obtenir les sommes nécessaires, et, enfin, il « n'est pas digne, pour un Tribunal de Commerce de l'impor- « tance de celui de Saint-Etienne, d'être obligé de devoir à ses « fournisseurs, quelquefois pendant plusieurs années.

« Il m'a semblé, et mes collègues du Tribunal partagent mon « avis sur ce point, qu'il serait possible de remédier à ce fâcheux « état de choses, en assimilant, sous le rapport des dépenses, « les Tribunaux de Commerce aux Chambres de Commerce, « c'est-à-dire en autorisant, par une loi à intervenir, ces tribu- « naux à percevoir une légère contribution sur les patentés qui « sont leurs justiciables.

« Une loi du 23 juillet 1820 (1) autorise, par son article 11, « la perception d'une imposition spéciale au profit des Cham- « bres de Commerce. Quel inconvénient y aurait-il à procéder « de la même manière pour les Tribunaux de Commerce, avec

(1) Cette loi est toujours en vigueur ; voir l'art. 21 de la loi du 9 avril 1898.

« cette différence, toutefois, qu'au lieu de ne frapper qu'une
« catégorie de patentés, comme cela a lieu pour les Chambres de
« Commerce, l'imposition dont il s'agit serait perçue sur tous
« les patentés du ressort de chaque Tribunal, ou tout au moins
« sur tous les négociants qui, au terme de la loi du 8 décembre
« 1883, sont aujourd'hui les électeurs des Tribunaux de
« Commerce?

« En prenant pour exemple le Tribunal de Commerce de
« Saint-Etienne, l'imposition nécessaire pour faire face à tous
« les besoins, c'est-à-dire pour procurer une somme de 5.000 fr.,
« serait très minime; il suffirait, en effet, pour obtenir cette
« ressource, étant donné que le principal de l'impôt des
« patentes est d'un million environ pour le ressort du Tribunal,
« d'un demi-centime par franc. Or, cette imposition se tradui-
« rait pour une cote de 100 francs par une augmentation de
« 50 centimes, ce qui n'est pas appréciable, ou un droit fixe
« de 1 franc.

« Cette combinaison, si elle était adoptée, dégrèverait complè-
« tement les budgets départementaux et permettrait aux Tribu-
« naux de Commerce de se mouvoir avec une entière liberté,
« de pourvoir sans difficulté à toutes leurs dépenses.

« Il demeure d'ailleurs bien entendu que, comme les Chambres
« de Commerce, les Tribunaux de Commerce soumettraient
« chaque année à l'approbation de M. le Ministre de la Justice,
« leur projet de budget pour l'année suivante et le compte
« d'emploi, avec pièces à l'appui, des sommes mises à leur
« disposition l'année précédente.

« Tel est le projet que le Tribunal de Commerce de Saint-
« Etienne a l'honneur de vous soumettre, Monsieur le Préfet,
« avec prière de vouloir bien le communiquer au Conseil général
« qui, je l'espère, voudra bien lui donner un avis favorable.
« Ayant votre bienveillant appui, Monsieur le Préfet, et celui
« de l'Assemblée départementale, le Tribunal de Commerce de
« Saint-Etienne priera MM. les sénateurs et MM. les députés
« de la Loire de vouloir bien soumettre ce projet à M. le
« Ministre de la Justice et à leurs collègues de la Chambre, et
« j'ose espérer que nous arriverons ainsi à le faire adopter.

« Une copie du présent projet sera adressée à tous les
« Tribunaux de Commerce de France (1). »

Nous verrons dans le cours de l'année suivante que cette
communication donna lieu à de nombreuses réponses des
Tribunaux de Commerce de France.

Elections des 7 et 21 décembre 1890

INSTALLATION DU 21 JANVIER 1891

(395 votants sur 6.405 inscrits.)

Président :	M. Louis CHAVANON, O✳(2), ancien juge.
Juges titulaires :	MM. BOYER-MARTIN, réélu.
—	JEAN BEDEL, suppléant sortant.
—	FERNAND MÉHIER, suppléant sortant.
—	ALEXANDRE COLCOMBET✳, suppléant sortant.
Juges suppléants :	MM. JEAN BERGERON (3), fabric. d'armes.
—	CLAUDE-HIPPOLYTE GRAND (4), marchand de cuirs.
—	JEAN BRUNON (5), maître plâtrier.

Le projet d'imposition spéciale au Tribunal de Commerce,
qui avait été soumis l'année précédente à M. le Préfet, occupe
toujours l'attention des membres du Tribunal de Commerce.

Dans les délibérations du Tribunal, cette question fut encore
discutée, et le changement de Président amena l'observation
suivante :

« M. DÉCHAUD prie M. le Président de bien vouloir demander
« à son collègue de Lyon de quelle manière le budget

(1) *Archives du Tribunal.*

(2) V. *suprà*, p. 262, note 3.

(3) M. Jean BERGERON (1850-1898), fabricant d'armes, Juge Consulaire de 1890 à
1898; Président de la Chambre syndicale de la Fabrique d'armes. *(Portrait
gracieusement communiqué par M⁰ᵉ veuve BERGERON.)*

(4) M. Claude-Hippolyte GRAND, né en 1836, négociant en cuirs, Juge Consulaire
de 1890 à 1896.

(5) M. Jean BRUNON-WAAS, maître plâtrier, Juge Consulaire de 1890 à 1896;
ancien membre du Conseil des Prud'hommes qu'il a présidé en 1889.

« du Tribunal de cette ville est établi. Il est rappelé aussi
« dans la discussion que, sous la présidence de M. Gaucher, le
« Tribunal avait émis le vœu « que le budget des Tribunaux
« de Commerce soit établi à l'avenir au moyen d'un droit fixe
« appliqué aux électeurs consulaires, comme cela se pratique
« pour les Chambres de Commerce ». L'Assemblée prie M. le
« Président de demander à son prédécesseur, qui avait bien
« voulu faire une enquête auprès d'autres Tribunaux consu-
« laires, les renseignements qu'il peut posséder à ce sujet. »

Si ces renseignements ne se trouvent pas dans les archives du
Tribunal (nous les avons cherchés sans succès), il serait nécessaire qu'ils y soient versés par les héritiers de M. Gaucher.
Ces documents pourraient être utiles à consulter pour les projets
futurs. Tant qu'un projet d'imposition spéciale ne sera pas
transformé en loi, le Tribunal de Commerce sera obligé de
renouveler chaque année la demande d'allocation avec une
augmentation nécessaire : il restera ainsi toujours à la merci
du Conseil général.

Nous trouvons, en effet, dans les procès-verbaux de la
session du Conseil général du 20 août 1891, la délibération
suivante, relative à une nouvelle demande du Tribunal de
Commerce :

« Le rapport du Préfet soumet la demande du Président du
« Tribunal de Commerce de Saint-Etienne pour obtenir que
« l'allocation destinée à faire face aux menues dépenses de ce
« Tribunal soit portée à 3.600 francs au lieu de 3.000 francs,
« et un crédit supplémentaire pour le chauffage du calorifère,
« qui s'est élevé l'hiver dernier à 467 francs. C'est en chiffre
« rond une somme de 4.000 francs qui paraît nécessaire à M. le
« Président du Tribunal pour assurer ce service.

« Enfin, ce magistrat expose qu'il y a lieu de rembourser
« à M. Gaucher, son prédécesseur, une somme de 1.191 fr. 85
« pour avances faites, et dont le mémoire vous est présenté,
« pendant les quatre années de sa présidence. M. *Voytier* lit son
« rapport au nom de la première Commission, sur la demande
« de M. le Président du Tribunal de Commerce de Saint-

« Etienne. Le Conseil général adopte les conclusions du
« rapporteur de la première Commission, qui propose, pour ce
« Tribunal, une allocation annuelle de 4.000 francs. »

Notons, en passant, une demande des délégués de la *Mine aux
Mineurs* pour obtenir du Tribunal une souscription en sa
faveur. Le Tribunal, réuni le 20 novembre 1891 pour délibérer
sur cette demande de secours, décide « qu'il ne peut s'associer
« officiellement à la souscription de la Mine aux Mineurs, mais
« que chacun de ses membres se réserve le droit d'apporter son
« obole personnelle ».

Quelques jours après, le renouvellement partiel du Tribunal
eut lieu, les 13 et 27 décembre 1891, et l'installation le
3 février 1892. Il y eut 570 votants sur 6.302 patentés inscrits :

Juges titulaires : MM. Clément BROSSY ✳, réélu.
     —   Joseph BONNARD, suppléant sortant.
     —   E P I T A L O N - D U B Œ U F, suppléant
                 sortant.
     —   Eloi CHORËL, suppléant sortant.
Juges suppléants : MM. Léon AULAGNON ✪ (1), minotier.
     —   Martial FRAPPA (2), march. de vins.
     —   Pascal TAVERNIER ✳ (3), épicier en
                 gros.

(1) M. Léon Aulagnon, né en 1856, directeur de la Minoterie Stéphanoise, Juge
Consulaire de 1891 à 1899.
    Membre et trésorier de la Chambre de Commerce depuis 1898 ; Président du
Syndicat des grains et farines de la Loire, ancien Président de l'Union des
Chambres syndicales patronales, M. Aulagnon a été lauréat en 1900 du prix *Félix
Escoffier* et il est officier d'Académie depuis 1903. (*Portrait communiqué.*)

(2) M. Martial Frappa (1856-1903), négociant en vins, Juge Consulaire de 1891 à
1897. Ancien Président de la Chambre syndicale des Liquides de la Loire, M. Frappa
avait obtenu une médaille coloniale (Nouvelle-Calédonie). Il était le frère du
regretté peintre, M. José Frappa. (*Portrait gracieusement communiqué par
M*ᵐᵉ *veuve Frappa.*)

(3) M. J.-M.-Pascal Tavernier, né en 1848, négociant en épicerie, Juge Consulaire
de 1891 à 1898, a été Président du Tribunal de Commerce de 1898 à 1902.
    Membre de la Chambre de Commerce, président de l'Union des Chambres
syndicales patronales, Président du Comité de l'Alliance française, vice-président
de la Société de géographie commerciale, administrateur de la Banque de France,
M. Tavernier est chevalier de la Légion d'honneur depuis 1903, et officier du
Nichan-Iftikhar depuis 1905.

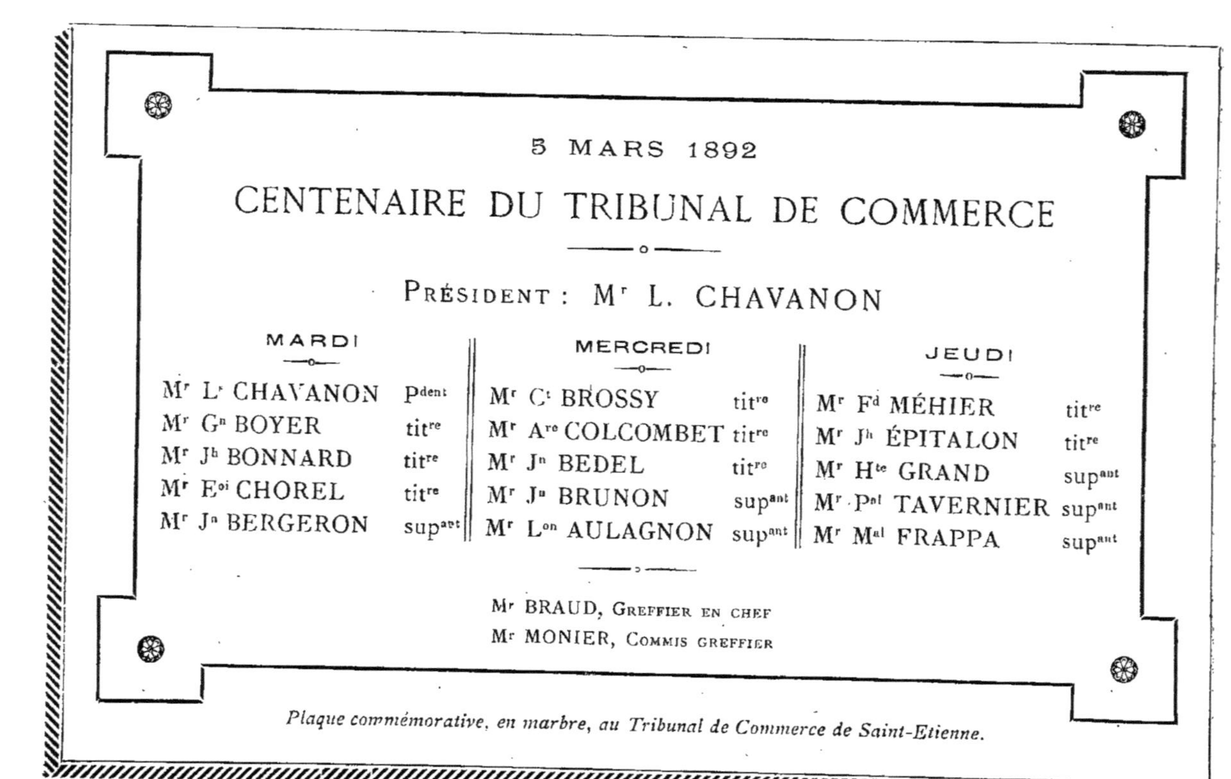

Plaque commémorative, en marbre, au Tribunal de Commerce de Saint-Etienne.

Le secrétariat de la Présidence fonctionne toujours de mieux en mieux. Après M. Sauze, ces délicates fonctions sont admirablement remplies par M. Delmont ✿, avoué honoraire, depuis le 22 février 1892.

L'année 1892 fournit au Tribunal l'occasion de célébrer son centenaire. En effet, la première audience du Tribunal de Commerce de Saint-Etienne, tenue lors de sa création, avait eu lieu le 5 mars 1792. C'est ce centième anniversaire que M. Chavanon, président du Tribunal, voulut célébrer d'une manière remarquable par une fête organisée le 5 mars 1892. Un grand banquet fut servi dans la grande salle des fêtes de l'Hôtel de Ville. Plusieurs discours y furent prononcés. Les journaux de Saint-Etienne des 7 et 8 mars ont rendu compte de cette fête mémorable (1). Une plaque commémorative, en marbre, a été placée dans le cabinet de M. le Président du Tribunal de Commerce ; nous en reproduisons le texte et la forme approximative dans la page précédente.

Les élections qui eurent lieu les 4 et 18 décembre 1892 amenèrent 654 votants sur 6.350 inscrits. L'installation se fit le 11 janvier 1893.

Président :   M. Louis CHAVANON, O✿ (2), réélu.
Juges titulaires :   MM. Alexandre COLCOMBET ✿, réélu.
—   Jean BRUNON, suppléant sortant.
—   Claude-Hippolyte GRAND, supp. sort.
—   Fernand MÉHIER, réélu.

(1) On trouve dans le *Mémorial de la Loire et de la Haute-Loire* les discours de M. Chavanon, président du Tribunal de Commerce et organisateur de cette fête, de M. *Fochier*, procureur général à la Cour d'appel de Lyon, de M. *Lépine*, préfet de la Loire, de M. *Girodet*, député, maire de Saint-Etienne, de M. Guitton-Nicolas, doyen des anciens présidents, de M. *Verny*, membre de la Chambre de Commerce, de M. Tavernier, juge, au nom des nouveaux magistrats, de M. Périer, ancien juge, pour une quête en faveur de l'Asile de nuit.
Ce centenaire donna lieu à quelques études sur le Tribunal de Commerce de Saint-Etienne, qui parurent plus tard dans le « Livre Local » *Saint-Etienne*, édité à propos du Congrès pour l'avancement des sciences, tenu à Saint-Etienne en 1896, notamment : *Les origines des Tribunaux*, par M. Delmont ✿, secrétaire de la Présidence du Tribunal ; *La création du Tribunal de Commerce de Saint-Etienne*, par M. Braud ✿, ancien greffier.

(2) V. *suprà*, p. 262, note 3.

Juges suppléants : MM. Jean BERGERON, réélu.

— Charles CROS ✽ (1), commissionnaire en rubans.

— Joseph-Mathieu BIOL (2), marchand de charbons.

Élections des 3 et 17 décembre 1893

INSTALLATION DU 31 JANVIER 1894

(475 votants sur 6.440 inscrits.)

Juges titulaires : MM. Joseph BONNARD, réélu.

— Eloi CHOREL, réélu.

— EPITALON-DUBŒUF, réélu.

— Martial FRAPPA, suppléant sortant.

Juges suppléants : MM. AULAGNON ❀, réélu.

— TAVERNIER ✽, réélu.

— Pétrus VALLAT (3), fabricant de rubans.

(1) M. Charles Cros (1830-1904), commissionnaire en rubans, Juge Consulaire de 1892 à 1900. Ancien conseiller municipal de Saint-Etienne et adjoint au maire de 1875 à 1877, ancien conseiller général, M. Cros fut nommé chevalier de la Légion d'honneur en 1898.

(2) M. Joseph-Mathieu Biol, né en 1849, négociant en charbons, Juge Consulaire de 1892 à 1898. *(Portrait communiqué.)*

(3) M. Pétrus Vallat, né en 1846, fabricant de rubans, Juge Consulaire de 1893 à 1899 ; ancien membre du Conseil des Prud'hommes et ancien président de la Société de garantie contre le Piquage d'once. *(Portrait communiqué.)*

Alexandre **COLCOMBET**

*Président du Tribunal de Commerce
de Saint-Etienne*

Elu le 16 Décembre 1894

ÉTUDE HISTORIQUE SUR LES JURIDICTIONS CONSULAIRES

Pascal TAVERNIER

*Président du Tribunal de Commerce
de Saint-Etienne*

Élu le 18 Décembre 1898

ÉTUDE HISTORIQUE SUR LES JURIDICTIONS CONSULAIRES

CHAPITRE XIV

Président élu : M. Colcombet.

Rivalités des syndicats aux élections consulaires ; — Indifférence inexcusable des électeurs ; — Premières conférences des Tribunaux de Commerce à Paris et à Lyon ; — Loi des 23-25 janvier 1898 sur l'électorat des femmes commerçantes ; — Résolution du Tribunal réglant la distribution des médailles ; — Elections et installations de Juges.

ES élections au Tribunal de Commerce se font toujours régulièrement, mais au milieu de l'indifférence presque générale des commerçants. Le nombre des votants varie annuellement entre 500 et 800 sur 8.000 patentés inscrits dans l'arrondissement de Saint-Etienne. Quelques exceptions se produisent cependant ; nous avons vu le nombre de votants s'élever à 1.013 en 1884, nous le verrons monter à 1.103 en 1901 et même à 1.597 en 1903, par suite de la rivalité des syndicats.

La loi du 8 décembre 1883 avait élargi l'élection pour donner aux élus plus d'autorité et supprimer ce que pouvait avoir d'arbitraire le choix des électeurs consulaires. Cette loi donna le droit de vote à tout commerçant français âgé de vingt-cinq ans, exerçant sa profession depuis cinq ans au moins et résidant dans le même laps de temps dans le ressort du Tribunal. Dès lors, le chiffre des électeurs consulaires sextupla ; de 1.000 à 1.100, il s'éleva de 6.000 à 8.000.

Quand vint la loi du 21 mars 1884, consacrant l'existence des syndicats professionnels, les syndicats des commerçants en détail voulurent manifester leur influence et leur vitalité en opposant leur liste contre celle des Chambres patronales.

15

Ces syndicats commencèrent dès lors une vigoureuse campagne pour faire entendre leur revendication. De là, des luttes ardentes et des compétitions puissantes, qui ne réussirent cependant à amener aux urnes consulaires qu'un millier de votants au lieu de 200 à 400 électeurs qui votaient précédemment. Pendant plusieurs années il y eut deux listes, celle de l'Union des Chambres syndicales d'une part, et celle de la Fédération des Syndicats de l'alimentation de l'autre.

Cette seconde liste avait pour but de faire entrer les détaillants au Palais. Puis, l'accord qui se fit plus tard entre les syndicats laissa le nombre de votants flotter toujours entre 600 et 800, ce qui est peu sur 7.000 à 8.000 inscrits. Les commerçants devraient cependant comprendre que leur intérêt est de remplir leur devoir de vote. Leur indifférence est inexcusable. Ils doivent, par leurs votes nombreux, investir d'une large autorité ceux qui acceptent la charge gratuite de trancher des conflits, d'être des conciliateurs avant d'être des Juges, et donner un appui moral à ceux qui remplissent de si délicates fonctions.

Elections des 2 et 16 décembre 1894

INSTALLATION DU 17 FÉVRIER 1895

(480 votants sur 6.271 inscrits.)

Président :	M. ALEXANDRE COLCOMBET ✳ (1), juge sortant.
Juges titulaires :	MM. JEAN BRUNON, réélu.
—	HIPPOLYTE GRAND, réélu.
—	JEAN BERGERON, suppléant sortant.
—	MATHIEU BIOL, suppléant sortant.
Juges suppléants :	MM. CHARLES CROS ✳, réélu.
—	HENRI LE HÉNAFF, négoc. en métaux.
—	LÉON GARAND (2), fabric. de rubans.

M. Jean *Faure*, ✳ I, remplace M. *Braud* ✳, comme greffier en chef, le 16 février 1894.

(1) V. *suprà*, p. 266, note 2.

(2) M. Léon GARAND, né en 1852, fabricant de rubans, Juge Consulaire de 1894 à 1900; ancien membre du Conseil des Prud'hommes ; membre de la Chambre de Commerce depuis 1907. (*Portrait communiqué.*)

Elections des 8 et 22 décembre 1895

INSTALLATION DU 3 FÉVRIER 1896

(415 votants sur 6.334 inscrits.)

Juges titulaires :   MM. Martial FRAPPA, réélu.
—   Léon-Joseph AULAGNON ✤, suppléant sortant.
—   Pascal TAVERNIER ✤, supp. sortant.
—   Pétrus VALLAT, suppléant sortant.
Juges suppléants : MM. Jacques BARRAILLER (1), fabricant de velours.
—   Pierre MAZOYER (2), marchand de tissus en gros.
—   François DELAINAUD, négociant en vins.

Elections des 13 et 27 décembre 1896

INSTALLATION DU 14 JANVIER 1897

(576 votants sur 6.320 inscrits.)

Président :   M. Alexandre COLCOMBET ✤ (3), réélu.
Juges titulaires : MM. Jean BERGERON, réélu.
—   Mathieu BIOL, réélu.
—   Charles CROS ✤, suppléant sortant.
—   Léon GARAND, suppléant sortant.

---

(1) M. Jacques Barrailler, né en 1854, fabricant de velours, Juge Consulaire de 1895 à 1901, a été président du Tribunal de Commerce de 1902 à 1906.

Ancien vice-président du Conseil des Prud'hommes, membre de la Chambre syndicale des Tissus, M. Jacques Barrailler est actuellement membre de la Chambre de Commerce.

(2) M. Jean-Pierre Mazoyer (1858-1904), négociant en tissus, Juge Consulaire de 1895 à 1903; président de l'Union des Chambres syndicales patronales; président d'honneur et fondateur de la Chambre des négociants; vice-président du Cercle du Commerce et de l'Industrie. (*Portrait gracieusement communiqué par* Mme veuve Mazoyer.)

M. Mazoyer était un « homme simple et affable, très connu dans les milieux commerçants et syndicaux de Saint-Etienne. » (L.-J.Gras, *L'Année Foréȝienne*,1904.)

(3) V. *suprà*, p. 266, note 2.

Juges suppléants : MM. Henri LE HÉNAFF, réélu.

— Jean MICHALON (1), entrepreneur de constructions en fer.

— Jean-Baptiste TIBLIER 🎖 (2), marchand de cuirs.

La première réunion régionale des Tribunaux de Commerce eut lieu les 6 et 7 décembre de cette année. Elle se tint à Lyon, et le compte rendu imprimé nous indique l'objet de ces réunions ou conférences, qui se poursuivent toujours avec succès.

« Les Tribunaux de Commerce, relevant du ressort de la
« Cour d'appel de Lyon, sont au nombre de six : *Lyon, Saint-*
« *Etienne, Bourg, Roanne, Villefranche, Tarare.*

« Après avis unanimement favorable, ces Tribunaux ont
« adopté le projet d'une réunion amicale.

« Cette réunion s'est tenue à Lyon, et dans la salle du
« Conseil du Tribunal de Commerce de cette ville, les 6 et
« 7 décembre 1897.

« Un programme d'ensemble avait été provisoirement élaboré
« et comportait l'examen de diverses questions, notamment :
« l'établissement d'une réunion annuelle des Tribunaux de
« Commerce du ressort; l'adhésion au programme de la confé-
« rence générale des Présidents des Tribunaux de Commerce de
« France; l'étude du recrutement des Juges Consulaires, fixation
« du nombre de Juges, durée de leur mandat, etc. ; l'examen de
« l'organisation intérieure des Tribunaux de Commerce, enfin,
« l'étude de la loi sur les faillites et liquidations judiciaires et
« de toutes autres questions pouvant intéresser l'Assemblée. »

Cette première Assemblée, constituée sous la présidence de M. Pierre *Vindry*, président du Tribunal de Commerce de Lyon, établit le règlement suivant :

« Art. 1er. — Il est fondé entre tous les Tribunaux de Com-
« merce du ressort de la Cour d'appel de Lyon, une réunion

---

(1) M. Jean Michalon, entrepreneur de constructions en fer, Juge Consulaire de 1896 à 1902; ancien président du Conseil des Prud'hommes.

(2) M. Jean-Baptiste Tiblier, négociant en cuirs, Juge Consulaire de 1896 à 1898; officier d'Académie depuis 1902.

« amicale dont le but est de créer et d'entretenir des relations
« agréables et utiles entre tous ses adhérents ; d'étudier les
« mesures les plus salutaires pour arriver à l'accomplissement
« parfait des devoirs des magistrats consulaires.

« Art. 2. — Font partie de la réunion :

« 1° Les Présidents et Juges en exercice ;

« 2° Les anciens Présidents (de droit) ;

« 3° Les anciens Juges qui en feraient la demande au Prési-
« dent de leur Tribunal, mais après avis favorable de ce
« dernier.

« Art. 3. — La réunion aura lieu, chaque année, du 15 au
« 30 novembre, dans la ville désignée par la précédente réunion.
« (*Les réunions se sont toujours tenues à Lyon et à des dates*
« *différentes, février, mars ou avril.*)

« Art. 4. — Il n'y a pas de bureau. La Présidence de chaque
« réunion revient d'office au Président du Tribunal de la réunion.
« Il sera élu un secrétaire.

« Art. 5. — Les Présidents et Juges étrangers au ressort, qui
« en feront la demande, pourront assister aux Assemblées de
« la réunion, au titre de collègues invités. »

Le Tribunal de Commerce de Saint-Etienne était représenté
aux diverses Assemblées de cette première réunion par
M. Colcombet, président ; par MM. Tavernier, Aulagnon,
Le Hénaff, Mazoyer, Michalon, Delainaud, Garand et Tiblier,
juges.

MM. Colcombet et Aulagnon prirent la parole sur les divers
sujets mis à l'ordre du jour de cette conférence.

Cette première conférence régionale avait été précédée d'une
conférence des Présidents des Tribunaux de Commerce de
France, qui avait eu lieu pour la première fois au mois de mai
de la même année, à Paris.

L'Assemblée de Lyon avait donc à examiner si les tribunaux
du ressort de Lyon devaient adresser leur adhésion à la Conférence générale de Paris. M. le Président *Vindry*, après avoir
constitué l'Assemblée, expose, en quelques mots, que cette
Conférence (de Paris) « doit son origine à un certain nombre de

« Présidents clairvoyants qui, frappés comme nous tous, de
« l'isolement dans lequel vivent les Tribunaux de Commerce,
« et persuadés en même temps des avantages importants du
« groupement, ont eu l'heureuse idée de convier les Présidents
« des Tribunaux de Commerce de France, à une conférence
« purement amicale, ayant pour principal but d'apprendre à se
« connaître, et à s'entretenir des meilleurs moyens à employer
« pour utiliser le plus fructueusement possible le dévouement
« des magistrats consulaires.

« Ce programme naturel, si honnête et patriotique, surprit
« un peu l'Administration centrale, habituée, comme nous tous,
« du reste, en France, à l'individualisme régional.

« L'hésitation ne fut pourtant pas de longue durée, et après
« quelques explications, MM. les Ministres de la Justice et du
« Commerce présidaient notre banquet, à la fin duquel ils ont
« félicité, chacun à leur tour, les Tribunaux présents ou adhé-
« rents, au nombre de 151, des services indispensables qu'ils
« rendent au commerce français; saluant, en outre, dans
« ces magistrats de devoir (ce sont les propres paroles de M. le
« Ministre du Commerce), « *les gardiens de nos traditions*
« *d'honneur et de loyauté commerciale* ».

M. le Président *Vindry* ajoute :

« Sous cette fragile apparence de conférence des Présidents
« des Tribunaux de Commerce, il faut voir une idée générale
« qui se fait jour et qui grandira, fortifiée et protégée par son
« indiscutable utilité. Il est certain qu'en France, les forces
« régionales (et par forces, je n'entends parler que des bonnes
« volontés décidées à se dépenser pour le bien public) sont trop
« étrangères les unes aux autres. Cet isolement a comme consé-
« quence l'épuisement graduel de notre action provinciale et
« l'anémie à peu près fatale de nos institutions d'intérêt général.

« Spécialement au point de vue commercial, nous vivons trop
« loin les uns des autres, sans connaître nos actes, nos besoins,
« et souvent même nos intérêts réciproques. C'est ainsi, pour
« citer un exemple en dehors de notre corporation, que les
« Chambres de Commerce françaises, destinées à développer et

« assurer la marche de notre activité commerciale, restent à peu
« près étrangères entre elles, alors qu'un groupement officiel
« viendrait si efficacement ajouter à leur autorité et à leur salu-
« taire influence.

« Faut-il voir la cause de cet isolement dans la volonté du
« pouvoir central, dans l'importance grandissante de notre
« capitale? Laissons cette recherche de la cause aux hommes
« d'étude; contentons-nous de constater les lacunes de notre
« orientation provinciale et d'essayer d'indiquer les modifi-
« cations capables de conserver au pays tout entier son activité
« commerciale. »

Après ces explications, les membres de l'Assemblée décident
à *l'unanimité* que les Tribunaux de *Lyon, Saint-Etienne, Bourg,
Roanne, Villefranche* et *Tarare* adhèrent à la Conférence des
Présidents des Tribunaux de Commerce de France et chargent
M. le Président de la réunion de faire parvenir à qui de droit
ces adhésions.

Enfin, et comme conclusion, l'Assemblée émet le vœu que les
autres Tribunaux de Commerce se groupent aussi par ressort,
afin de soutenir et préparer l'action salutaire de la Conférence
générale de Paris. Toutes les questions intéressant les Tribunaux
de Commerce sont discutées d'abord dans les Conférences
régionales, et leurs solutions sont rapportées dans la Conférence
générale. Nous donnons à l'Appendice le sommaire des questions
étudiées dans les importantes et remarquables conférences générales, qui se sont tenues à Paris depuis 1898 jusqu'en 1908.

Elections des 12 et 26 décembre 1897

INSTALLATION DU 13 JANVIER 1898

(531 votants sur 6.402 inscrits.)

Juges titulaires : MM. JACQUES BARRAILLER, suppl. sortant.
   — . PASCAL TAVERNIER ✳, réélu.
   —   LÉON-JOSEPH AULAGNON ✇, réélu.
   —   PÉTRUS VALLAT, réélu.

Juges suppléants : MM. François DELAINAUD, réélu.
—   Pierre MAZOYER, réélu.
—   OPPERMANN, brasseur.

La loi des 23-25 janvier 1898, ayant pour objet de conférer l'électorat aux femmes commerçantes pour l'élection des juges aux Tribunaux de Commerce, ne reçut à Saint-Etienne sa première application que dans l'élection de décembre 1900. Voici l'article unique de cette loi :

« L'article premier de la loi du 8 décembre 1883 est complété « par la disposition suivante :

« Les femmes remplissant les conditions énoncées dans les « paragraphes précédents seront inscrites sur la liste électorale ; « néanmoins elles ne pourront être appelées à faire partie d'un « Tribunal de Commerce. »

Dès l'année 1896, le Tribunal avait eu l'heureuse idée de créer une médaille d'or pour les membres du Tribunal. M. Colcombet, président du Tribunal de Commerce, dans une réunion des juges en Chambre de Conseil, tenue le 26 octobre 1896, avait demandé à ses collègues s'ils ne seraient pas d'avis de faire frapper une médaille qui serait donnée à tous les membres actuels ou anciens du Tribunal, comme souvenir de leur judicature.

Ce projet, accueilli avec faveur par tous les membres, fut étudié avec le plus grand soin, et le Tribunal décida, le 4 mars 1898, que, vu la difficulté de se procurer un coin d'un modèle spécial, on se contentera des éléments que peut fournir la Monnaie et qui formeront un joli ensemble. Cette médaille représentera au recto : *La Minerve*, de Chaplain ; au verso, *Le Génie*, de Dubois.

Cette médaille, dont nous reproduisons les deux faces au commencement de ce volume, fut remise à un certain nombre d'anciens membres du Tribunal qui la sollicitèrent comme un attachant et durable souvenir de leur judicature. Il faut féliciter M. Alexandre Colcombet d'avoir profité de son élévation à la Présidence du Tribunal de Commerce pour prendre l'initiative

ANCIENS JUGES CONSULAIRES

M. SOULAVIE, j. c. de 1898 à 1904.

J. NEYRET, j. c. de 1899 à 1904.

P. BOUILLOUD, j. c. de 1899 à 1904.

J. FERRIER, j. c. de 1899 à 1905.

J.-M.-J. DUBŒUF, j. c. de 1900 à 1905.

A. BUISSON, j. c. de 1900 à 1906.

ÉTUDE HISTORIQUE SUR LES JURIDICTIONS CONSULAIRES

Photot. BELLOTTI

1908

ANCIENS JUGES CONSULAIRES

J. CHAPUIS, j. c. de 1901 à 1904.

J.-B. DEVILLE, j. c. de 1901 à 1907.

J. TERRAT, j. c. de 1901 à 1907.

J.-B. PREYNAT, j. c. de 1903 à 1907.

Th. JACOD, j. c. de 1904 à 1907.

J. PENEL, j. c. de 1904 à 1907.

ÉTUDE HISTORIQUE SUR LES JURIDICTIONS CONSULAIRES

1908

Photot. BELLOTTI

d'une création, qui permet de conserver dans les familles des anciens Juges Consulaires un témoignage, aussi discret que délicat, aussi frappant que durable, de leur judicature. D'ailleurs, M. Colcombet a ·laissé de son passage à la Présidence du Tribunal des traces ineffaçables. Il a encore créé une association de syndics, dont l'organisation est un modèle du genre et que d'autres tribunaux consulaires cherchent à imiter (1).

Aussitôt que fût connue la décision du Tribunal de faire frapper une médaille, pour honorer les membres du Tribunal arrivant à la fin de leur mandat, les anciens présidents et la plupart des anciens juges la sollicitèrent. M. Guitton-Nicolas fut un des premiers à faire sonder M. le Président pour obtenir la médaille. La longue magistrature de M. Guitton-Nicolas, soit comme juge, soit comme Président, la superbe galerie des portraits des présidents qu'il avait fait peindre et que nous reproduisons dans cet ouvrage, son assiduité aux réunions annuelles du Tribunal, le distinguaient particulièrement pour cette faveur. Le Tribunal profita de la réunion du 29 octobre 1898, suivie d'un banquet, pour lui offrir, ainsi qu'aux autres anciens présidents, M. Thivillier et M. Chavanon, un exemplaire en vermeil, à titre gracieux.

Quant aux anciens juges, le Tribunal ne pouvant prendre à sa charge les frais d'une médaille en argent pour chacun d'eux, décida que ceux qui la désireraient ne pourraient l'obtenir qu'à titre onéreux.

Le Tribunal décida ensuite que la médaille ne serait remise à ses membres, à titre de souvenir, qu'à la fin de leur judicature et qu'aux magistrats ayant été nommés juges titulaires.

(1) Le Règlement de l'Association des syndics a été imprimé dans le *Recueil du Tribunal de Commerce de Saint-Etienne*, à l'usage de MM. les Juges Consulaires, édité en 1902, par M. P. Tavernier, ancien Président du Tribunal.

CHAPITRE XV

LE TRIBUNAL DE COMMERCE DE 1898 A 1902

Président élu : M. Tavernier.

**Deuxième Conférence à Lyon et à Paris ; — Service funèbre de
M. Félix Faure, Président de la République ; — Avis du Tribunal
sur une réforme relative aux élections consulaires ; — Troisième
Conférence à Paris ; — Demande au Conseil général d'une
augmentation de la subvention ; — Troisième Conférence à
Lyon ; — Quatrième Conférence à Paris ; — Première élection
où les femmes commerçantes sont inscrites sur la liste
électorale ; — Avis du Tribunal sur les saisies-arrêts des marchandises en cours de route ; — Quatrième Conférence à Lyon ;
— Cinquième Conférence à Paris ; — Elections et installations
de Juges.**

A deuxième Conférence régionale eut lieu à Lyon, le
24 novembre 1898, sous la présidence de M. Pierre
Vindry, président du Tribunal de Commerce de Lyon.
Celui de Saint-Etienne était représenté par M. Colcombet,
président ; MM. Tavernier, Aulagnon, Vallat, Barrailler, juges
titulaires ; MM. Le Hénaff, Mazoyer, Delainaud, Bouilloud,
Michalon et Tiblier, juges suppléants. Aucun membre du
Tribunal de Commerce de Saint-Etienne n'est cité comme y ayant
pris la parole, suivant le compte rendu de la Conférence, qui
fut presque entièrement absorbée par la lecture des rapports (1).
La deuxième Conférence générale des Présidents des Tribu-

(1) Questions étudiées dans la deuxième conférence régionale de Lyon, le
24 novembre 1898.

Rapport de M. Vindry, président de Lyon, sur l'*Etude et la rédaction des jugements* ; — Rapport de M. Girin, président de Tarare, sur les *Pouvoirs à exiger
des mandataires : avoués, agréés, défenseurs* et sur le *Droit de présentation aux
audiences par les huissiers* ; — Rapport de M. Araud, juge à Lyon, sur le *Projet
de loi sur les Conseils de Prud'hommes* ; — Rapport de M. Lignon, de Lyon, sur le
Contrat de louage d'ouvrage, sur les *Droits respectifs des patrons et des employés
en cas de rupture* ; — Rapport de M. Pauly, de Roanne, sur le *Louage des services
et la Loi du 27 décembre 1890* ; — Rapport de M. Vindry, président de Lyon,
sur les *Traités et les avantages particuliers en matière de Faillite, de Liquidation
judiciaire et de Concordat amiable*.

naux de Commerce de France, qui eut lieu à Paris en 1898, sous la présidence de M. *Calliet*, président de Corbeil, ne nous est connue que par le sommaire que l'on trouvera à l'Appendice V. (Nous n'avons pu avoir communication du compte rendu qui est introuvable.)

Elections des 4 et 18 décembre 1898

INSTALLATION DU 16 JANVIER 1899

(748 votants sur 6.422 inscrits.)

Président :	M. Pascal TAVERNIER✳(1), juge sortant.
Juges titulaires :	MM. Charles CROS ✳, réélu.
—	Léon GARAND, réélu.
—	Henri LE HÉNAFF, suppléant sortant.
—	Jean MICHALON, suppléant sortant.
Juges suppléants :	MM. Etienne ROYET (2), fabricant d'armes.
—	Emile SANIAL (3,) négoc. en charbons.
—	Michel SOULAVIE ◈ (4), fabricant de meubles.

M. Colcombet, en cédant la présidence à M. Tavernier, prononce un discours. M. Tavernier prend ensuite la parole et fait ressortir les services que M. Colcombet a rendus au Tribunal : « Par sa grande situation industrielle et commerciale, dit-il, « il a rehaussé le prestige des fonctions consulaires, a soutenu « et défendu, en toutes occasions, les prérogatives du Tribunal « de Commerce et a su imposer le respect et la déférence qui « lui sont dus par tous les plaideurs. »

(1) V. *suprà*, p. 275, note 3.

(2) M. Etienne Royet, fabricant d'armes, Juge Consulaire de 1898 à 1900. (*Portrait communiqué.*)

(3) M. Emile Sanial, né en 1854, négociant en charbons, Juge Consulaire de 1898 à 1904, président de la Chambre syndicale des marchands de charbons en gros; vice-président de l'Union des Chambres syndicales patronales. (*Portrait communiqué.*)

(4) M. Michel Soulavie, né en 1862, fabricant d'ameublements, Juge Consulaire de 1898 à 1904; président de la Chambre syndicale patronale de l'ameublement; vice-président honoraire de l'Union des Chambres syndicales patronales; secrétaire du Jury d'Etat départemental de la Loire; membre du Conseil de perfectionnement de l'Ecole pratique d'industrie à Saint-Etienne. M. Soulavie est officier d'Académie depuis 1904. (*Portrait communiqué.*)

Quelque temps après, par suite de la mort de M. *Félix Faure*, Président de la République, le Tribunal de Commerce reçut de M. le curé de la Grand'Eglise une invitation à assister au service funèbre qui devait être célébré le 2 mai 1899, à 10 heures du matin, pour le repos de l'âme du chef de l'Etat. M. le curé annonçait que, dans la pensée que le Tribunal se rendrait en corps et en robe à cette cérémonie, il avait prié M. le général de division de fournir l'escorte d'honneur et d'usage pour accompagner les Magistrats consulaires à l'église. Mais un incident s'était produit : M. le général de division avait d'abord refusé, sous prétexte que la cérémonie publique, en vertu de laquelle l'escorte était requise, n'était pas une cérémonie publique et que le Tribunal n'avait pas droit à l'escorte dont il s'agit. Puis, étant revenu la veille sur sa décision, M. le général de division avait enfin annoncé que cette escorte serait à la disposition du Tribunal le lendemain matin à 9 heures. Ce qui eut lieu.

Le mois suivant (avril 1899), le Tribunal fut consulté par M. *Lebret*, ministre de la Justice, sur un projet de loi modifiant le mode d'élection des Juges Consulaires. Ce projet, présenté par M. *Muzet*, député, avait pour résultat de ne demander qu'un seul vote au corps électoral, lorsqu'il s'agirait d'élections consulaires et par suite de rendre la nomination des candidats au Tribunal de Commerce effective au premier tour.

Le Tribunal de Saint-Etienne adressa au Ministre un avis qui peut se résumer ainsi :

« Toutes les fonctions électives étant soumises à deux tours
« de scrutin, il serait peut-être dangereux de voir l'institution
« des Tribunaux de Commerce procéder à un mode d'élection
« différent ; d'autre part, cette innovation pourrait laisser la
« porte ouverte aux compétitions de la dernière heure. Un seul
« tour de scrutin ne pourrait avoir lieu que dans le cas où les
« candidats présentés aux électeurs et agréés par le Tribunal
« n'auraient pas de concurrents, et si deux listes venaient à se
« trouver en présence, les élections nécessiteraient alors deux
« tours de scrutin. »

Le Tribunal ajouta un vœu tendant à ce que les élections aient lieu sur une seule liste et dans une seule urne.

La troisième Conférence générale des Présidents des Tribunaux de Commerce de France se tint à Paris le 5 juin 1899, sous la Présidence de M. *Galliet*, président de Corbeil. Nous n'avons pu obtenir communication du compte rendu de cette conférence. (Voir Appendice V.)

C'est encore dans le cours de cette année que M. le Président du Tribunal adressa à M. le Préfet une demande pour obtenir une nouvelle augmentation de crédit. La lettre fut soumise au Conseil général dans sa séance du 24 août 1899 ; elle demandait que le crédit de 4.000 francs inscrit au budget départemental soit élevé à 5.500 francs pour les mêmes dépenses.

L'augmentation de 1.500 francs serait affectée au traitement d'un secrétaire adjoint. « Je ne puis qu'appeler votre bien-« veillante attention, dit M. le Préfet, sur les considérations « exposées par M. le Président du Tribunal de Commerce dans « cette demande. »

M. Périer lit ensuite le rapport suivant :

« Messieurs, M. le Président du Tribunal de Commerce de « Saint-Etienne demande que le crédit de 4.000 francs, qui est « alloué pour les menues dépenses de ce tribunal soit élevé « à 5.500 francs. L'augmentation de 1.500 francs servira « à payer un employé supplémentaire, nécessité par l'accroisse-« ment du nombre des affaires inscrites qui dépasse actuelle-« ment le chiffre de 3.000 par an.

« Votre Commission et son rapporteur ont examiné de très « près l'emploi du crédit actuel de 4.000 francs et après avoir « entendu les explications de M. le Président, nous avons été « unanimes pour vous proposer de porter ce crédit de « 4.000 francs à 5.500 francs au budget de 1900.

« Le crédit de 5.500 francs est adopté et porté aux dépenses « nouvelles (1). »

(1) Le premier secrétaire-adjoint ou *appariteur* était M. Isidore Tessonnaud, ancien maréchal des logis de gendarmerie en retraite, décoré de la médaille militaire, décédé en 1906 et remplacé le 9 juillet de la même année par M. Jean-François Magnin, ancien maréchal des logis de gendarmerie, décoré de la médaille militaire ; tous les deux, vigilants serviteurs, dignes en tout point du poste de confiance auquel ils ont été appelés successivement l'un après l'autre.

Élections des 10 et 24 décembre 1899

INSTALLATION DU 23 JANVIER 1900

(449 votants au 1ᵉʳ tour, 809 au 2ᵐᵉ tour sur 6.766 inscrits.)

Juges titulaires : MM. JACQUES BARRAILLER, réélu.
— JEAN-BAPTISTE TIBLIER ✧, suppléant sortant.
— FRANÇOIS DELAINAUD, suppl. sortant.
— PIERRE MAZOYER, suppléant sortant.
Juges suppléants : MM. PIERRE BOUILLOUD (1), liquoriste.
— JULES FERRIER (2), négociant en grains.
— JOSEPH NEYRET (3), fabricant de rubans.

A la troisième Conférence régionale tenue à Lyon, le 21 février 1900, et présidée par M. Achille *Lignon*, Président de Lyon, le Tribunal de Commerce de Saint-Etienne était représenté par huit membres : M. TAVERNIER, président ; MM. MICHALON, MAZOYER, juges titulaires ; MM. BOUILLOUD, ROYET, SOULAVIE et SANIAL, juges suppléants ; M. EPITALON-DUBŒUF, ancien juge.

M. TAVERNIER, président de Saint-Etienne, y présenta deux rapports : l'un sur le *Rang de Préséance* des tribunaux de commerce (ses conclusions furent adoptées à l'unanimité par l'Assemblée et ensuite par la Conférence générale de Paris, et le vœu émis fut réalisé par le décret du 14 juin 1907) ; l'autre rapport, sur l'*Abréviation des délais de distance et diminution des frais de transport.*

(1) M. Pierre BOUILLOUD, liquoriste, Juge Consulaire de 1899 à 1904. (*Portrait communiqué.)*

(2) M. Jules FERRIER, né en 1856, négociant en grains, Juge Consulaire de 1899 à 1905 ; ancien président du Syndicat des grains et farines de Saint-Etienne et de la Chambre des Négociants. (*Portrait communiqué.)*

(3) M. Joseph NEYRET, né en 1858, fabricant de rubans, Juge Consulaire de 1899 à 1904 ; ancien membre du Conseil des Prud'hommes. En prenant possession de son siège, M. Joseph NEYRET pouvait se croire en famille dans ce Tribunal que son père, M. J.-B. Neyret, avait présidé vingt ans avant lui. (*Portrait communiqué.)*

M. Garand, juge à Saint-Etienne, fit à la deuxième assemblée de cette Conférence un rapport sur les *Mandats des huissiers dans les faillites*. De ses explications, il conclut « qu'aucun texte « de loi n'empêche l'huissier de représenter des créanciers dans « les faillites, mais que son mandat ne lui permet pas de « poursuivre ou de défendre à l'égard de la production dont il « est chargé. » Conclusion adoptée par la Conférence (1).

Dans l'ordre du jour de cette conférence figure une question importante, celle relative aux *Budgets des Tribunaux de Commerce*. Aucun rapport n'est présenté ; mais, après discussion, « la « Conférence exprime le désir que les budgets des Tribunaux « de Commerce soient dressés par les soins de chaque Tribunal, « avec le concours de l'autorité préfectorale, et émet le vœu que « les Conseils généraux leur òctroient un peu plus généreuse- « ment les ressources dont ils ont besoin (2) ».

La quatrième Conférence générale des Présidents des Tribu- naux de Commerce eut lieu, à Paris, le 11 juin 1900, et fut présidée par M. Albert *Benoist*, président de Reims. Nous ne connaissons cette Conférence que par.le sommaire du compte rendu. (Voir Appendice V.)

---

(1) Questions étudiées dans la troisième conférence régionale de Lyon, le 21 février 1900.
Rapport de M. A. Lignon, président de Lyon, sur les *Elections et la durée du mandat des Juges Consulaires* et *Projet de loi* déposé au Parlement par M. *Fleury-Ravarin*, député du Rhône ; — Rapport de M. Tavernier, président de Saint-Etienne, sur le *Rang de Préséance des Tribunaux de Commerce* ; – Rapport de M. Araud, de Lyon, sur la *Composition réglementaire des audiences. Moyen d'y assurer le bon ordre. Conditions requises pour la validité des jugements* ; — Rapport de M. Girin, président de Tarare, sur l'*Endossement en blanc* ; — Rapport de M. Tavernier, président de Saint-Etienne, sur l'*Abréviation des délais de distance. Diminution des frais de transports* ; — Rapport de M. Jumel, président de Bourg, sur la *Production aux faillites. Affirmation non obligatoire hors les cas de contestations* ; — Rapport de M. Ferry, ancien président de Rouen, sur l'*Interprétation de l'article 1794 du Code Civil concernant le contrat de louage* ; — Rapport de M. Robert, Juge à Lyon, sur le *Régime légal des Sociétés en participation* ; — Rapport de M. Garand, juge à Saint-Etienne, sur les *Mandats des huissiers dans les faillites* ; — Question discutée sans rapport sur les *Budgets des Tribunaux de Commerce* ; — Rapport de M. A. Lignon, président de Lyon, sur le *Résumé des travaux sur le Nantissement des fonds de commerce. Loi du 1er mars 1898* ; — Rapport de M. Vindry, ancien président de Lyon, sur la *Décentralisation du service du contentieux des Compagnies de chemins de fer* ; — Rapport du même sur la *Réforme judiciaire en matière de colis postaux*.

(2) Sur cette question, voir la lettre de M. Gaucher, *suprà*, p. 271.

Élections des 9 et 23 décembre 1900

INSTALLATION DU 16 JANVIER 1901

(603 votants sur 6.757 inscrits.)

Président :	M. J.-M.-Pascal TAVERNIER ✳, réélu.
Juges titulaires :	MM. Jean MICHALON, réélu.
—	Pierre BOUILLOUD, suppl. sortant.
—	Emile SANIAL, suppléant sortant.
—	Michel SOULAVIE ✇, suppl. sortant.
Juges suppléants :	MM. Paul DUMOND (1), marchand de soies.
—	Etienne GIRON (2), fabric. de rubans.
—	Antoine BUISSON (3), quincaillier.
—	Jules DUBŒUF (4), fabricant d'armes.

Cette élection était la première où les femmes commerçantes furent inscrites sur la liste des électeurs consulaires ; mais il n'y eut qu'une seule dame qui exerça ce nouveau privilège.

Au commencement de l'année suivante, les Tribunaux de Commerce furent consultés pour avoir leur avis sur les saisies-arrêts des marchandises en cours de route.

Une lettre-circulaire de M. le Ministre du Commerce relative aux saisies-arrêts pratiquées entre les mains des commissionnaires de chemins de fer ou de navigation, ou d'autres transporteurs, en vertu de l'article 557 du code de procédure sur des marchandises en cours de route tant par les créanciers

(1) M. Paul Dumond, né en 1852, marchand de soies, Juge Consulaire en exercice depuis 1901 ; président de la Chambre du mercredi. *(Portrait communiqué.)*

(2) M. Etienne Giron, né en 1859, fabricant de velours. Juge Consulaire de 1900 à 1906, est actuellement président du Tribunal depuis 1906. Ancien vice-président du Conseil des Prud'hommes, administrateur de la Banque de France, M. Etienne Giron, fils aîné de M. Marcellin Giron, est, avec son frère, le continuateur de la grande Manufacture de velours, si connue sous le nom de *Giron frères.* M. Etienne Giron siège au Tribunal de Commerce dans le même fauteuil présidentiel qu'ont occupé son grand-oncle maternel, M. Passerat, et son oncle paternel, M. Thivillier.

(3) M. Antoine Buisson, né en 1857, négociant en quincaillerie, Juge Consulaire de 1900 à 1906. *(Portrait communiqué.)*

(4) M. Jean-Marie-Jules Dubœuf, né en 1845, Fabricant d'armes, Juge Consulaire de 1900 à 1905, membre de nombreuses sociétés : Fabrique d'armes, Alliance française, Sauveteurs de la Loire, Foréziens d'Alger. *(Portrait communiqué.)*

Jacques BARRAILLER

Président du Tribunal de Commerce
de Saint-Etienne

Élu le 21 Décembre 1902

ÉTUDE HISTORIQUE SUR LES JURIDICTIONS CONSULAIRES

Peintre : Riolacci, 1907   Photot. Bellotti, 1908

Etienne GIRON

*Président du Tribunal de Commerce
de Saint-Etienne*

Élu le 21 Décembre 1906
(Président en exercice)

ÉTUDE HISTORIQUE SUR LES JURIDICTIONS CONSULAIRES

Photot. Bellotti

de l'expéditeur que par ceux du destinataire..... provoqua la
délibération suivante du Tribunal :

« M. le Ministre propose pour ces trois genres de transport
« une disposition analogue à celle contenue dans l'article de la
« loi du 24 germinal an XI, qui n'admet aucune opposition
« sur les sommes versées en compte courant à la Banque de
« France.

« L'insaisissabilité des fonds déposés à la Banque de France
« a été instituée comme moyen de centralisation du crédit
« commercial dans ce grand établissement destiné, dès sa
« création, non seulement à régulariser, mais encore à soutenir
« au besoin le crédit de l'Etat. C'est uniquement en s'inspirant
« de cette pensée que le législateur de 1803 a préparé les
« éléments de la loi du 24 germinal an XI destinée à organiser
« la Banque de France sous la protection des gouvernements.

« Les dispositions contenues dans l'article 33 de la loi
« prédatée, édictées en apparence dans le but d'assurer la
« prospérité de cet établissement financier, en augmentant ses
« moyens de richesse et en appelant ainsi les capitaux à affluer
« dans sa caisse, n'ont en réalité d'autre visée que de conso-
« lider encore davantage le crédit de l'Etat, dont la Banque de
« France, ainsi constituée, était appelée à devenir un des plus
« puissants soutiens.

« Si tel est le but poursuivi par le législateur dans l'institu-
« tion de la loi du 24 germinal an XI et spécialement dans
« l'article 33 de cette loi, on ne comprend pas pourquoi on
« créerait des dispositions analogues pour des situations
« essentiellement différentes. »

Le Tribunal de Commerce répondit au ministre « qu'aucun
« intérêt sérieux ne militait en faveur de l'adoption d'une
« proposition de loi dont le premier tort serait d'aller à l'encontre
« des dispositions de l'article 2093 du Code civil et qu'il n'y
« avait pas lieu de modifier les dispositions de la loi actuelle en
« ce qui concerne les saisies-arrêts pouvant atteindre les
« marchandises en cours de transport tant sur les diligences des
« créanciers de l'expéditeur que sur celles des créanciers du
« destinataire ».

Dans la quatrième Conférence régionale qui eut lieu à Lyon, le 8 mai 1901 (1), le Tribunal de Commerce comptait huit membres : M. Tavernier, président ; MM. Barrailler, Mazoyer, Bouilloud, Soulavie, Sanial, juges ; MM. Ferrier, Giron, juges suppléants.

M. Tavernier, président de Saint-Etienne, renouvelle le vœu présenté l'année dernière sur l'abréviation des délais de distance, vœu qui fut confirmé par la Conférence générale des Présidents des Tribunaux de Commerce de France.

M. Barrailler, juge à Saint-Etienne, fait un rapport sur l'article 443 du Code de Commerce qui, modifié, supprimerait les frais d'instance en séparation d'un failli avec sa femme. Ses conclusions furent adoptées non seulement par la Conférence régionale de Lyon, mais encore par la Conférence générale de Paris, qui eut lieu la même année.

La cinquième Conférence générale des Présidents des Tribunaux de Commerce de France, se tînt, en effet, à Paris, le mois suivant, sous la Présidence de M. Albert Benoist, président de Reims. Nous ne pouvons dire quels sont les membres du Tribunal de Saint-Etienne qui y ont assisté. (Voir Appendice V.)

(1) Questions étudiées dans la quatrième conférence régionale de Lyon, le 8 mai 1901 :

1° Rapport de M. Girin, ancien président de Tarare, conclusions relues sur l'*Endossement en blanc* ; — 2° Nouveau rapport de M. Tavernier, président de Saint-Etienne, sur la *Nécessité des réformes relatives à l'abréviation des délais de distance* ; — 3° Rapport de M. Robert, juge à Lyon, sur la *Revision de la loi du 26 janvier 1892*, titre 1, § 2, articles 4 à 25 (droit d'enregistrement sur les jugements des Tribunaux de Commerce) ; — 4° Rapport de M. Barrailler, juge à Saint-Etienne, sur la *Proposition de loi* présentée par MM. *Paul Rogez* et *Jules Desjardins*, députés, en vue de modifier l'article 443 du Code de Commerce ; — 5° Rapport de M. Mazoyer, juge à Saint-Etienne, sur la *Forclusion résultant pour les créanciers de la clôture des procès-verbaux de vérification et d'affirmation ; — Relevé de déchéance ; Mode d'admission des créanciers retardataires avant et après le concordat* ; — 6° Rapport de M. Tavernier, président de Saint-Etienne, sur l'*Utilité de la connaissance préalable des propositions du concordat* ; — 7° Discussion sans rapport sur la *Restriction du privilège du propriétaire dans les faillites et liquidations judiciaires* ; — 8° Rapport de M. Rey, juge à Lyon, sur la *Taxe des frais en matière commerciale* ; — 9° Rapport de M. Jame, président de Tarare, sur les *Liquidations fictives* ; — 10° Rapport de M. Lignon, président de Lyon, sur le *Louage d'ouvrage, interprétation de la loi du 27 décembre 1890* ; — 11° Rapport de M. Robert, juge à Lyon, sur le *Référé en matière commerciale et sur les actions en validité de saisies-arrêts ou de mesures conservatoires* ; — 12° Rapport de M. Reymond, président de Vienne, sur la *Publicité à donner à la vente des fonds de commerce.*

Elections des 8 et 22 décembre 1901

INSTALLATION DU 27 JANVIER 1902

(179 et 915 votants sur 3.600 inscrits.)

Juges titulaires : MM. Pierre MAZOYER, réélu.
— Joseph NEYRET, suppléant sortant.
— Jules FERRIER, suppléant sortant.
— J.-M.-Jules DUBŒUF, suppl. sortant.
Juges suppléants : MM. Julien CHAPUIS (1), marchand de bestiaux.
— J.-B. DEVILLE  (2), fabr. de rubans.
— Joannès TERRAT (3), march. de vins.

(1) M. Julien CHAPUIS (1851-1905), négociant en bestiaux, Juge Consulaire de 1901 à son décès (24 février 1905); ancien conseiller municipal. (*Portrait gracieusement communiqué par M*ᵐᵉ *veuve Julien* CHAPUIS.)

(2) M. Jean-Baptiste DEVILLE, né en 1851, fabricant de rubans, Juge Consulaire de 1901 à 1907; ancien membre du Conseil des Prud'hommes. M. J.-B. DEVILLE, frère de M. Jean-Marie DEVILLE, dont nous avons déjà parlé, est officier d'Académie depuis 1898. (*Portrait communiqué.*)

(3) M. Joannès TERRAT, né en 1855, négociant en vins, Juge Consulaire de 1901 à 1907; membre de plusieurs Sociétés, entre autres des Sauveteurs du Forez; officier d'Académie depuis 1907. (*Portrait communiqué.*)

CHAPITRE XVI

LE TRIBUNAL DE COMMERCE DE 1902 A 1906

Président élu : M. Barrailler.

**Conférences des Tribunaux de Commerce en 1902 ; — Deuxième
élection consulaire faite avec le concours des femmes commerçantes ; — Formule de prestation de serment ; — Election et
installation de M. Barrailler, président, et de ses collègues ; —
Conférences des Tribunaux de Commerce en 1903, 1904, 1905
et 1906 ; — Elections et installations de Juges.**

A LA cinquième Conférence régionale tenue à Lyon le
12 avril 1902, le Tribunal de Commerce de Saint-
Etienne était représenté par MM. Michalon, Mazoyer,
Ferrier, juges titulaires ; MM. Terrat, Deville, juges suppléants ;
M. Tavernier, président, empêché au dernier moment.

M. Michalon, premier juge à Saint-Etienne, lit un rapport
sur les *Privilèges en matière de faillite et leur concours*, c'est-à-
dire sur *leur ordre de priorité.* Sur ses conclusions, l'Assemblée
décide qu'il y a utilité à demander une revision et un nouveau
classement des privilèges.

Entre autres choses, le rapporteur fait ressortir l'inégalité
choquante des créanciers. Le pharmacien, qui est un commerçant par excellence, est privilégié comme le docteur et avant
tous les autres fournisseurs (1).

(1) Questions étudiées dans la cinquième conférence régionale de Lyon, le
12 avril 1902 :

1° Rapport de M. Michalon, premier juge à Saint-Etienne, sur les *Privilèges en
matière de faillite et de leur concours, c'est-à-dire de leur ordre de priorité;* —
2° Rapport de M. Dumas, président de Roanne, sur les *Rapports à la masse. Y a-t-il
lieu de restreindre le champ très large d'appréciation laissé au juge par l'article 447
du Code de Commerce, soit par la fixation des conditions, soit par celle d'un délai,
en dehors desquels les actions en rapport ne pourraient pas être exercées ?* —
3° Rapport de M. Carret, président de Villefranche, sur l'*Exécution des concordats ;*
— 4° Rapport de M. J. Robert, ancien premier juge à Lyon, sur l'*Interprétation de*

La sixième Conférence générale des Présidents des Tribunaux de Commerce de France, présidée par M. *Savare*, président de Caen, eut lieu à Paris, le 9 juin suivant. Y assistaient : M. Tavernier, président de Saint-Etienne ; M. Michalon, juge à Saint-Etienne, MM. Chavanon et Colcombet, anciens présidents de Saint-Etienne. (Voir Appendice V.)

Elections des 6 et 21 décembre 1902

INSTALLATION DU 27 JANVIER 1903

(718 votants sur 7.348 inscrits.)

Président :	M. Jacques BARRAILLER, ancien juge.
Juges titulaires :	MM. Antonin BUISSON, suppléant sortant.
—	Emile SANIAL, réélu.
—	Pierre BOUILLOUD, réélu.
—	Michel SOULAVIE, 🏵 réélu.
Juges suppléants :	MM. Pierre MONMILLION (1), entrepreneur de maçonnerie.
—	Paul DUMOND, réélu.
—	Etienne GIRON, réélu.

Cette élection est la deuxième application plus sérieuse de la loi des 23 et 25 janvier 1898 ; elle présente cette particularité que, pour la première fois, plusieurs dames commerçantes

l'article 1657 du Code Civil en matière commerciale ; — 5° Rapport de M. Ginier, président de Romans, sur l'Obligation pour les huissiers, aussitôt qu'ils auront fait le protêt d'un billet à ordre ou d'une lettre de change, d'en aviser par lettre le premier endosseur ou le tireur ; — 6° Rapport du Tribunal de Lyon sur l'Obligation pour tout commerçant d'indiquer son véritable nom dans les manifestations extérieures de sa vie commerciale et d'en faire la déclaration préalable avant de commencer le commerce ; — 7° Rapport de M. de Beylié, président de Grenoble, sur la Revendication des objets mobiliers et notamment des emballages, tels que futailles, sacs, etc. ; — 8° Rapport de M. Lignon, président de Lyon, sur la Recherche des moyens à employer pour obtenir la réduction des droits d'enregistrement sur les contrats, chartes-parties, connaissements et tous autres documents cités au cours des plaidoiries et devant servir à l'établissement des jugements ; — 9° Aucun rapport parvenu sur la Taxe des témoins et les divers frais qui peuvent être réclamés devant les Tribunaux consulaires.

(1) Pierre Monmillion, entrepreneur de constructions, Juge Consulaire en exercice depuis 1903 ; ancien membre du Conseil des Prud'hommes. (*Portrait communiqué.*)

patentées se sont décidées à prendre part au vote. Mais elles ont été encore peu nombreuses à profiter de la prérogative nouvelle qui leur était accordée. Il y eut seulement *vingt votantes*. Ce nombre donnait un caractère particulier à l'élection du nouveau Président du Tribunal de Commerce, M. Jacques Barrailler, et de ses collègues.

M. Barrailler avait quitté le Tribunal depuis un an, ayant accompli, comme juge titulaire, les quatre années de judicature qui le rendaient inéligible. La Présidence du Tribunal était alors occupée par un magistrat distingué, M. Tavernier. Ce dernier étant arrivé à fin de mandat, les anciens collègues de M. Barrailler et de nombreux délégués des Associations du Commerce et de l'Industrie stéphanoise, qui avaient grandement apprécié sa compétence et sa droiture, agrémentées d'une amabilité naturelle, vinrent chez lui solliciter son acceptation pour le fauteuil présidentiel du Tribunal. M. Barrailler, touché par un si grand concours de sympathies et d'estime, n'hésita pas à se dévouer au bien public en acceptant le mandat purement honorifique qu'on voulait lui confier, et qui l'obligeait à distraire de son commerce de nombreuses heures par jour.

La prestation de serment des nouveaux élus eut lieu le 27 janvier 1903 au Tribunal civil de Saint-Etienne. Elle donna lieu à deux procès-verbaux, dont l'un pour le Président et l'autre pour tous les juges et suppléants ensemble. Nous reproduisons celui du président pour servir de comparaison avec les diverses formules employées depuis la création du Tribunal de Commerce.

Extrait du registre des installations de MM. les magistrats du Tribunal civil de Saint-Etienne (Loire) — 27 janvier 1903 — Serment de M. le Président du Tribunal de Commerce.

« Ce jourd'hui vingt-sept janvier mil neuf cent trois, à midi,
« à l'audience publique de la première chambre du Tribunal
« civil de Saint-Etienne, où étaient présents et siégeaient
« MM. *Meynieux*, président, *Bonhomme de Montégut*, juge,
« *Baratte*, juge suppléant faisant fonction de juge en remplace-
« ment du titulaire empêché.

« En présence de M. *Mallein*, procureur de la République,
« assisté de M. *Fonfroide*, commis-greffier, — sur la réquisition
« de M. *Mallein*, procureur de la République et de l'ordre du
« Tribunal, — il a été donné lecture par le greffier d'une déléga-
« tion faite par la Cour d'appel de Lyon au Tribunal civil de
« Saint-Etienne pour recevoir le serment de M. le Président
« du Tribunal de Commerce de Saint-Etienne, nommé et
« proclamé suivant procès-verbaux de la réunion des électeurs
« de la circonscription de Saint-Etienne, sous leurs dates,
« ladite délégation, en date du 14 janvier 1903.

« Cette lecture faite et terminée en présence de M. BARRAILLER
« en qualité de Président, celui-ci a été admis à prêter le
« serment prescrit par la loi. En conséquence, lecture a été
« donnée de la formule du serment ainsi conçu :

« *Je jure et promets de bien et fidèlement remplir mes fonctions,*
« *de garder religieusement le secret des délibérations et de me*
« *conduire en tout comme un digne et loyal magistrat.* »

« Et immédiatement M. BARRAILLER a, la main droite levée,
« répondu à haute voix : « Je le jure. »

« Le Tribunal donne acte de l'arrêt de la Cour d'appel de
« Lyon et de la prestation de serment.

« Renvoie, pour être installé dans ses fonctions, M. BARRAILLER·

« En foi de quoi, le présent procès-verbal a été signé par nous,
« Président, et le Greffier. »

(*Suivent les signatures.*)

La prestation de serment des autres membres du Tribunal
de Commerce, MM. BUISSON, SANIAL, BOUILLOUD, SOULAVIE,
juges titulaires ; MM. MONMILLION, DUMOND et GIRON, juges
suppléants, eut lieu dans la même séance et dans les mêmes
formes que celle de M. Jacques BARRAILLER, mais avec un
procès-verbal séparé.

L'installation des nouveaux magistrats eut lieu aussitôt au
Tribunal de Commerce. M. TAVERNIER, président sortant, déclare
installés les nouveaux élus. « Il a, dit-il, la satisfaction de
« remettre entre bonnes mains la délicate mission qui lui avait
« été confiée. Le Tribunal et les électeurs, en portant leurs

« suffrages sur M. Barrailler, ne pouvaient faire un meilleur
« choix. »

M. Jacques Barrailler prend ensuite possession du fauteuil
de la Présidence. Il remercie M. Tavernier des paroles bien-
veillantes qu'il vient de lui adresser. Au nom du Tribunal, il
lui exprime « tous les regrets que cause son départ, regrets
« justifiés non seulement par l'estime et la confiance qu'il avait
« su acquérir parmi ses collègues, mais surtout par la perte
« sensible d'un Président dont l'autorité, la compétence et le
« dévouement ont été l'apanage pendant tout le cours de sa
« judicature ». Il félicite M. Tavernier de la brillante distinction
dont il vient d'être l'objet (1).

Le 28 mars 1903, eut lieu à Lyon la sixième Conférence
régionale, sous la présidence de M. Eugène *Brizon*, président
de Lyon. Le Tribunal de Commerce de Saint-Etienne y était
représenté par cinq membres : M. Barrailler, président ;
MM. Bouilloud, Sanial, Ferrier, juges ; M. Dumond, juge
suppléant.

M. Barrailler, président de Saint-Etienne, y lut un rapport
sur les « mesures à prendre pour empêcher un commerçant
« failli de recommencer le commerce dans une autre ville et de
« tromper ceux qui sont en relation d'affaires avec lui sur sa
« véritable situation ».

Ce rapport, dont le Tribunal de Saint-Etienne avait été
chargé, était rédigé par M. Mazoyer, juge à Saint-Etienne, qui
n'assistait pas à la séance, et concluait à l'adoption d'un recueil

______

(1) M. Tavernier venait d'être nommé chevalier de la Légion d'honneur.

Avant de quitter la Présidence, M. Tavernier avait fait éditer, en 1902, un
Recueil à l'usage de MM. les Juges Consulaires, fruit de son expérience et de ses
méditations.

Ce petit recueil, in-16, aussi utile que commode, résume les principales
attributions du Juge et le guide dans ses diverses fonctions. Après quelques notions
préliminaires, il traite des *Incompatibilités* ; du *Service intérieur* ; des *Audiences
des plaidoiries* ; des *Audiences de comparution en Chambre de Conseil* ; des
Audiences des Assemblées de faillites ou de liquidations judiciaires ; des *Attributions
spéciales* ; de la *Bibliothèque* ; des *Dispositions du Code pour assurer l'exécution de
la loi en matière de faillite* Il donne, en outre, la *Loi du 4 mars 1889 sur les
liquidations judiciaires avec commentaires* ; le *Règlement des syndics dans leur
rapport avec le Tribunal* et un *Tableau officieux pour la fixation des honoraires
des syndics dans les faillites et liquidations judiciaires*.

CHAMBRE DU MARDI EN 1908

E. GIRON, Président du Tribunal.

M. CHATAIGNIER, juge titulaire.

E. ROUSSET, juge titulaire.

A. GOTARD, juge suppléant.

J. MONTMARTIN, juge suppléant.

ÉTUDE HISTORIQUE SUR LES JURIDICTIONS CONSULAIRES

Photot. BELLOTTI

CHAMBRE DU MERCREDI EN 1908

P. DUMOND, 1er juge, Président.

J. COROMPT, juge titulaire.

A. DREVARD, juge titulaire.

P. FERRIER, juge suppléant.

A. VALANCOGNE, juge suppléant.

ÉTUDE HISTORIQUE SUR LES JURIDICTIONS CONSULAIRES

Photot. BELLOTTI

qui « permettrait de suivre la trace des commerçants qui, en
« changeant de pays, n'ont pas satisfait à leurs engagements ».
Cette conclusion fut adoptée par l'Assemblée (1).

A la septième Conférence générale des Présidents, qui se tint
à Paris le 8 juin suivant, et qui était présidée par M. *Savare*,
comme l'année précédente, M. BARRAILLER, président de Saint-
Etienne, fut seul à représenter le Tribunal de Commerce de notre
ville. (Voir Appendice V.)

Elections des 6 et 21 décembre 1903

INSTALLATION DU 25 JANVIER 1904

(1.148 votants au 1er tour et 1.597 au 2e tour sur 7.414 inscrits.)

Juges titulaires :   MM. JOSEPH NEYRET, réélu.
—   JULES FERRIER, réélu.
—   J.-M. JULES DUBŒUF, réélu.
—   JOANNÈS TERRAT ✤, suppl. sortant.
Juges suppléants : MM. JULIEN CHAPUIS, réélu.
—   JEAN-BAPTISTE DEVILLE ✤, réélu.
—   JEAN-BAPTISTE PREYNAT (2), mar-
chand de tissus.

(1) QUESTIONS ÉTUDIÉES DANS LA SIXIÈME CONFÉRENCE RÉGIONALE DE LYON, LE
28 MARS 1903 :

1° Rapport de M. RIVE, président de Bourg, sur la *Responsabilité des Compagnies
de chemins de fer en matière de transport de personnes*; — 2° Rapport de M. GIRIN,
président de Tarare, sur la *Récusation des Juges des Tribunaux de Commerce*; —
3° Rapport de M. BRIZON, président de Lyon, sur la *Modification à l'article 1006
du Code de Procédure civile, relatif à la clause compromissoire*; — 4° Rapport de
M. REY, juge à Lyon, sur la *Cession des Actions d'apport*; — 5° Rapport de
M. DEVERAUX, juge à Lyon, sur la *Suppression des deux derniers paragraphes de
l'article 420 du Code de Procédure civile*; — 6° Rapport de M. DUMAS, président de
Roanne sur l'*Application de la loi du 4 mars 1889 sur la liquidation judiciaire*; —
7° Rapport de M. GIGNIER, président de Romans, sur le *Cas de transformation de
liquidation judiciaire en faillite*; *le Tribunal peut-il maintenir le liquidateur définitif
en qualité de Syndic définitif de la faillite par son jugement, sans faire une réunion de
Syndicat pour consulter les créanciers sur le maintien du Syndic : 1° avant le
concordat; 2° après union?* — 8° Rapport de M. MAZOYER, juge à Saint-Etienne, sur
les *Mesures à prendre pour empêcher un commerçant failli de recommencer le
commerce dans une autre ville, et de tromper ceux qui sont en relation d'affaires
avec lui, sur sa véritable situation*; — 9° Rapport de M. DE BEYLIÉ, président de
Grenoble, sur les *Personnes ayant capacité pour poursuivre l'homologation du
concordat, et du délai dans lequel cette homologation devrait être poursuivie*; —
10° Rapport de M. CHARRON, juge à Lyon, sur la question : *Quand une faillite est
clôturée pour insuffisance d'actif, qui doit payer les frais de garde et de levée des scellés
apposés en vertu du jugement déclaratif, conformément à l'article 455 du Code de
Commerce?*

(2) M. Jean-Baptiste Preynat, né en 1840, négociant en tissus, Juge Consulaire
de 1903 à 1907. (*Portrait communiqué.*)

L'Union des Chambres syndicales patronales avait fait appel aux électeurs pour leur recommander de se rendre nombreux au scrutin de ballottage, afin d'affirmer, par leur vote, l'excellence de choix qui n'avaient été inspirés que par le souci de ménager les droits de chaque industrie, tout en assurant au Tribunal l'autorité qui lui était nécessaire pour remplir sa délicate mission.

La septième Conférence régionale annuelle fut tenue à Lyon le 26 mars 1904, sous la présidence de M. *Brizon*, président de Lyon. Le Tribunal de Commerce y était représenté par M. BARRAILLER, président, par MM. BOUILLOUD, SANIAL, FERRIER, juges titulaires.

M. BOUILLOUD, juge à Saint-Etienne, communiqua un rapport sur « *La subrogation de l'entrepositaire au privilège de la régie* ».

Le rapporteur adoptant les motifs d'un jugement rendu par le Tribunal civil de Montbrison, jugeant commercialement, le 23 décembre 1899, estime que « l'expéditeur, après avoir payé les droits de régie, est subrogé légalement à cette administration et qu'il peut réclamer comme elle son admission privilégiée au passif de la faillite de son acquéreur pour les droits qu'il n'a acquittés, que comme tenu avec ce dernier et pour lui, entre les mains de la régie ».

M. *Lignon*, président de l'Assemblée, demande une modification aux conclusions de l'excellent rapport de M. BOUILLOUD, qui est adopté (1).

(1) QUESTIONS ÉTUDIÉES DANS LA SEPTIÈME CONFÉRENCE RÉGIONALE DE LYON, LE 26 MARS 1904 :

1° Rapport de M. PERRET, président de Villefranche, sur la *Modification de l'article 103 du Code de Commerce*; — 2° Rapport de M. CHARRON, juge à Lyon, sur l'*Interprétation de l'article 105 du Code de Commerce*; — 3° Rapport de M. A. REY, ancien juge à Lyon, sur l'*Exécution provisoire sans caution en matière commerciale. Dans quel cas peut-elle être ordonnée nonobstant appel? Peut-elle l'être nonobstant opposition?* — 4° Rapport de M. MONROZIER, président de Grenoble, sur l'*Enregistrement du paraphe qui accompagne la cote des livres de commerce*; — 5° Rapport de M. BOUILLOUD, juge à Saint-Etienne, sur la *Subrogation de l'entrepositaire au privilège de la régie*; — 6° Rapport de M. DUMAS, président de Roanne, sur les *Articles 446 à 449 du Code de Commerce; sont-ils applicables à la liquidation judiciaire? Si oui, dans quelle mesure?* — 7° Rapports de M. RIVE, président de Bourg, et de M. BRIZON, président de Lyon, sur l'*Application de l'article 512 du Code de Commerce*; — 8° Rapport de M. BRIZON, président de Lyon, sur le *Rôle des Contrôleurs dans la faillite et la liquidation judiciaire*; — 9° Rapport de M. MERCIER, juge à Lyon, sur la *Représentation en matière de faillite ou de liquidation judiciaire*; — 10° Rapport de M. BRIZON, président de Lyon, sur les *Formalités à remplir*

La huitième Conférence générale, présidée encore par M. *Savare*, président de Caen, eut lieu à Paris le 6 juin suivant. M. BARRAILLER, président, fut encore seul à y représenter le Tribunal de Saint-Etienne. (Voir Appendice V.)

Elections des 11 et 25 décembre 1904

INSTALLATION DU 6 FÉVRIER 1905

(639 votants sur 7.388 patentés inscrits.)

Président :	M.	JACQUES BARRAILLER, réélu.
Juges titulaires :	MM.	ANTOINE BUISSON, réélu.
—		ETIENNE GIRON, suppléant sortant.
—		PAUL DUMOND, suppléant sortant.
—		PIERRE MONMILLION, suppl. sortant.
—		JEAN-BAPTISTE DEVILLE ✠, supp. sort.
Juges suppléants :	MM.	MATHIEU CHATAIGNIER (1), construc-teur-mécanicien.
—		JULES PENEL (2), maître d'hôtel.
—		JOSEPH COROMPT (3), pharmacien honoraire.
—		THÉODORE JACOD (4), épicier en gros.
—		MATHIEU BRENIER (5), charcutier.

pour retirer à la poste la correspondance du failli ou liquidé judiciaire ; — 11° Rapport de M. MONTERET, juge à Roanne, sur la *Communication des Bilans des faillis ou liquidés et des rapports des syndics et liquidateurs à tous les créanciers* ; — 12° Rapport de M. BRIZON, président de Lyon, sur les *Modifications proposées par M. Dormoy, député, à la loi du 4 mars 1889 sur la liquidation judiciaire.*

(1) M. Mathieu CHATAIGNIER, constructeur-mécanicien, Juge Consulaire en exercice depuis 1905. *(Portrait communiqué.)*

(2) M. Jules PENEL (....-1907), maître d'hôtel, Juge Consulaire de 1904 à son décès en 1907. *(Portrait communiqué par sa famille.)*

(3) M. Joseph COROMPT, né en 1848, pharmacien honoraire, Juge Consulaire en exercice depuis 1905 ; ex-président du Syndicat des pharmaciens de la Loire et de la Haute-Loire ; président de la Société pharmaceutique pour l'exploitation des eaux médicinales de Vals et Vichy. *(Portrait communiqué.)*

(4) M. Théodore JACOD (1849-1907), négociant en épicerie, Juge Consulaire de 1904 à son décès (28 octobre 1907) ; membre de plusieurs Sociétés, entre autres des Combattants de 1870-71. *(Portrait communiqué par M. André JACOD.)*

(5) M. Mathieu BRENIER, né en 1864, ancien charcutier, Juge Consulaire en exercice depuis 1905. *(Portrait communiqué.)*

Nous avons vu plus haut (1) combien était vive la rivalité des commerçants en détail pour faire entrer quelques-uns de leurs membres au Tribunal. Cette lutte ne pouvait durer indéfiniment et un accord survenu entre l'*Union* des Chambres syndicales patronales, d'une part, et la *Fédération* des syndicats de l'alimentation, de l'autre, permit de faire cette dernière élection sur une seule liste, alors que, depuis 1884, les élections se faisaient presque toujours sur deux listes. A partir de cette année, nous verrons des commerçants en détail siéger au Tribunal de Commerce. C'est le résultat inévitable du suffrage universel des patentés, institué en 1883, sur lequel on a beaucoup écrit et parlé, et dont les résultats ne pourront être bien appréciés que dans de nombreuses années.

A la huitième Conférence régionale, tenue à Lyon, le 1ᵉʳ avril 1905, sous la présidence de M. *Brizon*, président de Lyon, le Tribunal de Saint-Etienne était représenté par M. BARRAILLER, président; MM. FERRIER et DUBŒUF, juges titulaires; MM. CHATAIGNIER et COROMPT, juges suppléants.

M. FERRIER, premier juge à Saint-Etienne, fait un rapport sur *l'application des articles 542 et suivants du Code de Commerce*, qui protègent la facilité de circulation des effets de commerce et qui, tout en blessant quelques intérêts particuliers, accorde protection à l'intérêt majeur du commerce en général. Sa conclusion, que rien n'est à modifier dans ces articles, est adoptée à l'unanimité (2).

La neuvième Conférence générale des Présidents des Tribu-

---

(1) *Passim*, notamment p. 281.

(2) QUESTIONS ÉTUDIÉES DANS LA HUITIÈME CONFÉRENCE RÉGIONALE DE LYON, LE 1ᵉʳ AVRIL 1905 :

1° Rapport de M. PERRET, président de Villefranche, sur l'*Affirmation des créances par correspondance*; — 2° Rapport de M. GIRIN, président de Tarare, sur l'*Affirmation des créances après la clôture des opérations de vérification et d'affirmation*; — 3° Rapport de M. BRIZON, président de Lyon, sur la *Meilleure manière d'amener la solution pratique et rapide des litiges par la conciliation*; — 4° Rapport de M. RIVE, président de Bourg, sur la *Démission des magistrats consulaires*; — 5° Rapport ce M. MONROZIER, président de Grenoble, sur l'*Etude des frais judiciaires devant les Tribunaux de Commerce. Confection d'un manuel à l'usage des Présidents des Tribunaux de Commerce*; — 6° Rapport de M. PRADEL, juge à Lyon, sur l'*Etude de la loi du 30 décembre 1903, sur la réhabilitation des faillis*; — 7° Rapport de M. FERRIER, premier juge à Saint-Etienne, sur l'*Application de l'article 542 du Code de Commerce*.

naux de Commerce de France, présidée par M. *Daum*, président de Nancy, eut lieu à Paris le 5 juin 1905. Le Tribunal de Saint-Etienne devait y être représenté par M. Barrailler, président; mais, empêché au dernier moment, ce dernier s'est excusé de ne pouvoir s'y rendre. (Voir Appendice V.)

Elections des 3 et 17 décembre 1905

INSTALLATION DU 22 JANVIER 1906

(676 votants sur 7.698 patentés inscrits.)

Juges titulaires :   MM. Joannès TERRAT ✺, réélu.
— J.-B. DEVILLE ✺, réélu.
— J.-B. PREYNAT, suppléant sortant.
— Mathieu BRENIER, suppléant sortant.
Juges suppléants : MM. Antoine DREVARD ✺ (1), négociant en vins.
— Théodore JACOD, réélu.
— Jean-Léon CHORLIER (2), maître de forges.

Dès le 30 janvier 1906, M. James Beaufils remplit les fonctions de commis-greffier, en remplacement de M. Monier (3).

Cette même année (9 juillet) vit le changement du secrétaire-adjoint ou *appariteur*, M. *Tessonnaud*, remplacé par M. *Magnin* (4).

L'Assemblée générale de la neuvième Conférence régionale se tînt à Lyon le 28 avril 1906, sous la présidence de M. *Pradel*, président de Lyon.

---

(1) M. Antoine Drevard, né en 1864, négociant en vins, Juge Consulaire en exercice depuis 1906; ancien président de la Chambre syndicale du commerce des vins de Saint-Etienne et du département de la Loire; membre de plusieurs Syndicats. Officier d'Académie depuis 1907. (*Portrait communiqué.*)

(2) M. Jean-Léon Chorlier, né en 1874, maître de forges, Juge Consulaire en exercice depuis 1906. (*Portrait communiqué.*)

(3) M. Monier, décédé en 1906, avait été nommé commis-greffier en 1880. Nous ne devons pas oublier que c'est grâce à son obligeance que nous avons pu consulter les *Archives du greffe du Tribunal de Commerce.*

(4) V. *suprà*, p. 295, note 1.

Trois membres du Tribunal de Commerce de Saint-Etienne y assistaient : M. Barrailler, président ; M. Buisson, juge titulaire ; M. Chataignier, juge suppléant.

M. Buisson, juge à Saint-Etienne, fait un rapport sur les *Modifications à apporter aux articles 148 à 160 du Code de Commerce sur la perte des effets de commerce*. Il conclut à une modification de ces articles, dont la défectuosité aboutit à une véritable injustice, notamment lorsqu'un des exemplaires d'une lettre de change s'est perdu. Le tiré court tous les risques de la solidité du payement, bien qu'il ne soit pour rien dans la perte de l'exemplaire. L'Assemblée adopte les conclusions du rapporteur, ainsi que celles de M. *Bernier*, président de Bourg, sur le même sujet (1).

A la dixième Conférence générale, tenue à Paris, le 11 juin 1906, sous la présidence de M. *Daum*, président de Nancy, s'était rendu, seul, M. Deville, juge à Saint-Etienne. (Voir Appendice V.)

(1) Questions étudiées dans la neuvième conférence régionale de Lyon, le 28 avril 1906 :

1° Rapport de M. de Montgolfier, président d'Annonay, sur les *Moyens à employer pour faire aboutir les vœux formulés par la Conférence générale ;* — 2° Rapports de M. Monrozier, président de Grenoble, et de M. Vaganay, président de Vienne, sur les *Pouvoirs à conférer aux Tribunaux de Commerce de déléguer un juge pour procéder seul aux enquêtes ;* — 3° Rapports de M. Buisson, juge à Saint-Etienne, et de M. Bernier, président de Bourg, sur les *Modifications à apporter aux articles 148 à 160 du Code de Commerce sur la perte des effets de commerce ;* — 4° Rapport de M. Perret, président de Villefranche, sur les *Référés en matière de faillite ;* — 5° Rapport de M. Monteret, président de Roanne, sur la *Péremption d'instance en matière de faillite;* — 6° Rapport du Tribunal de Lyon, sur l'*Examen du projet de loi sur les Sociétés par actions déposé à la Chambre des Députés le 3 avril 1903*.

CHAPITRE XVII

LE TRIBUNAL DE COMMERCE DE 1906 A 1908

Président élu : M. Giron.

Election et installation de M. Giron, président, et de ses collègues; — Conférences des Tribunaux de Commerce à Lyon et à Paris (1907); — Décret sur les Préséances et honneurs; — Dernières Conférences à Lyon et à Paris (1908);—Elections et installations de Juges ; — Conclusion.

Dans l'élection suivante, nous devons faire remarquer que M. Giron, juge titulaire rééligible, est élu président après avoir accompli seulement deux années de judicature. Mais il avait précédemment siégé au Tribunal, comme juge suppléant, pendant quatre ans ; de telle sorte que, l'expérience et la compétence s'unissant aux heureuses qualités dont il est doué, donnaient à ce choix une haute portée. D'ailleurs, sa situation considérable dans l'Industrie de la région et ses aptitudes personnelles, appréciées de tous, le signalaient particulièrement à l'attention des électeurs pour ce siège présidentiel, que deux membres de sa famille avaient antérieurement occupé (1).

Elections des 9 et 23 décembre 1906

INSTALLATION DU 4 FÉVRIER 1907

(585 votants sur 7.561 patentés inscrits.)

Président :	M. Etienne GIRON, juge sortant.
Juges titulaires :	MM. CHATAIGNIER, suppléant sortant.
—	PENEL, suppléant sortant.
—	DUMOND, réélu.
—	MONMILLION, réélu.

(1) V. *suprà*, p. 298, note 2.

Juges suppléants : MM. Barthélemy ROUSSET (1), marchand
de fers.
—   Antoine GOTARD (2), fabr. de rubans.
—   COROMPT, réélu.

La prestation du serment des nouveaux élus eut lieu le 4 février
suivant. Le même jour, le nouveau Président du Tribunal de
Commerce, M. Giron, et ses collègues, furent installés dans leurs
fonctions par M. Barrailler, président sortant.

Avant de quitter le fauteuil de la Présidence, M. Barrailler
souhaite la bienvenue aux nouveaux élus ; il se félicite du choix
du nouveau Président dont la compétence et le dévouement sont
au-dessus de tout éloge.

Il félicite également de leur précieux concours M. *Delmont*,
secrétaire de la Présidence; MM. *Faure*, greffier en chef et
Beaufils, commis-greffier.

M. Giron, nouveau Président, prend ensuite possession du
fauteuil. Il déclare, en excellents termes, « regretter que les
« conditions légales qui régissent les tribunaux consulaires
« n'aient pas permis de conserver à la tête du Tribunal de
« Commerce de Saint-Etienne un Président dont tous les justi-
« ciables ont pu apprécier la haute compétence et la parfaite
« urbanité. C'est un grand honneur pour moi, dit-il, d'avoir été
« désigné pour prendre une telle succession ».

Pour la dixième Conférence régionale, qui eut lieu à Lyon, le
13 avril 1907, sous la présidence de M. *Pradel*, président de
Lyon, aucun membre du Tribunal de Commerce de Saint-Etienne
n'est signalé dans le compte rendu (3).

(1) M. Barthélemy Rousset, né en 1851, marchand de fers, Juge Consulaire en
exercice depuis 1907. *(Portrait communiqué.)*

(2) M. Antoine Gotard, né en 1860, fabricant de rubans, Juge Consulaire en
exercice depuis 1907; ancien président du Conseil des Prud'hommes; vice-président honoraire de l'Union des Chambres syndicales patronales; ancien vice-
président de la Chambre syndicale des tissus et matières textiles; membre des
Commissions d'examen de l'Ecole pratique d'Industrie et de l'Ecole des Arts
industriels de Saint-Etienne. *(Portrait communiqué.)*

(3) Questions étudiées dans la dixième conférence régionale de Lyon, le
13 avril 1907 :

1° *a)* Rapport de M. Niogret, juge à Lyon, sur l'*Examen de la proposition de
loi Dormoy. (Réforme de la loi sur la Liquidation judiciaire);* — *b)* Rapport de

CHAMBRE DU JEUDI EN 1908

P. MONMILLION, 2ᵐᵉ juge, Président.

M. BRENIER, juge titulaire.

J.-L. CHORLIER, juge titulaire.

Ad. VICAT, juge suppléant.

Fl. MINAIRE, juge suppléant.

ÉTUDE HISTORIQUE SUR LES JURIDICTIONS CONSULAIRES

Photot. BELLOTTI

1908

La onzième Conférence générale se tint, à Paris, le 17 juin 1907, sous la présidence de M. *Daum*, président de Nancy. M. Deville, juge à Saint-Etienne, fut encore le seul à représenter notre Tribunal dans cette Assemblée générale. (Voir Appendice V.)

C'est dans le cours de cette année (14 juin) que parut un nouveau décret sur les *préséances et honneurs*. La question avait été étudiée dans les Conférences de Lyon et de Paris en 1900, où M. Tavernier, ancien président du Tribunal de Commerce de Saint-Etienne, avait fait un rapport dont les conclusions furent adoptées par la Conférence régionale de Lyon et par la Conférence générale des Présidents des Tribunaux de Commerce de France.

Le décret du 14 juin 1907 donne satisfaction à M. Tavernier qui avait demandé, dans son rapport, que le Tribunal de Commerce vienne immédiatement après le Tribunal civil dans les cérémonies officielles. Nous n'avons pas le décret sous les yeux, mais M. *L.-J. Gras*, toujours si obligeant et si compétent, nous en a donné l'explication suivante :

« Le décret du 14 juin 1907 a reculé le corps académique et a
« fait passer le corps municipal avant le Tribunal civil ; tandis
« qu'auparavant ces deux corps étaient placés entre le Tribunal
« civil et le Tribunal de Commerce.

M. Flachaire de Roustan, juge à Lyon, sur la *Recherche des moyens à employer pour éviter que certains mandataires, en accaparant les pouvoirs dans les faillites et liquidations, soient les maîtres absolus du concordat;* — c) Rapport du même, sur le *Sursis, jusqu'à la fin des opérations de la liquidation, de la décision du Tribunal sur le point de savoir si le débiteur mérite la liquidation judiciaire ou la faillite;* — 2° Rapports des Tribunaux de Roanne et de Vienne, sur la *Modification de l'article 427 du Code de Procédure Civile;* — 3° Rapport de M. Pradel, président de Lyon, sur l'*Etude des frais judiciaires devant les Tribunaux de Commerce;* — 4° Rapports de M. Bernier, président de Bourg, et de M. Bornarel, président de Villefranche, sur la *Réouverture d'une faillite close pour insuffisance d'actif; s'impose-t-elle au Tribunal appelé à statuer sur une demande en réhabilitation formée par le failli?* — 5° Rapport de M. Pradel, président de Lyon, sur le *Connaissement; sur les Clauses de non-responsabilité dans les différentes législations; sur l'opportunité de les laisser subsister, de les restreindre ou de les supprimer;* — 6° Rapport de M. Chevrot, juge à Lyon, pour *Etudier la situation faite aux demandeurs par la loi du 12 juillet 1905, sur la compétence des juges de paix, en cas de retards ou de pertes de bagages à l'occasion de transports par terre ou par eau. Le plaignant a-t-il le droit de porter son action à son choix, devant le Tribunal de Commerce ou devant la Justice de Paix, ou bien est-il tenu de la porter exclusivement devant le juge de paix de son canton? Dans cette deuxième opinion, quelle devra être la juridiction d'appel?*

« Jusqu'ici, le président du Tribunal de Commerce venait
« après celui du Civil et avant le Maire. Maintenant, le Maire est
« avancé et placé avant le Président du Tribunal civil.

« Enfin, le Tribunal Civil et le Tribunal de Commerce perdent
« le droit à l'escorte de cavalerie, réservée, en fait de corps
« judiciaires, à la Cour de Cassation et à la Cour des Comptes. »

Elections des 15 et 29 décembre 1907

INSTALLATION DU 29 JANVIER 1908

(532 votants au 1ᵉʳ tour, 8o5 au 2ᵉ tour sur 7.551 patentés inscrits.)

Juges titulaires : MM. Mathieu BRENIER, réélu.
— Joseph COROMPT, suppléant sortant.
— Antoine DREVARD ✿, suppl. sortant.
— Jean-Léon CHORLIER, suppl. sortant.
— Barthélemy ROUSSET, suppl. sortant.
Juges suppléants : MM. Paul FERRIER (1), négoc. en épicerie.
— Fleury MINAIRE aîné (2), négociant
en vins.
— Augustin VALANCOGNE (3), fabricant
de rubans.

Dans cette élection, des compétitions s'étaient élevées avec
une deuxième liste, qui obtint un résultat inférieur de 181 suffrages
en moyenne de moins que la liste approuvée par le Tribunal et
la Chambre de Commerce. L'*Union* des Chambres syndicales
patronales, présidée par M. Tavernier, avait dû faire appel aux
électeurs pour assurer le succès de cette dernière liste.

Mais il manquait deux juges suppléants pour compléter le
Tribunal de Commerce. Les électeurs furent convoqués de
nouveau les 23 février et 8 mars 1908 et ils élirent :

(1) M. Paul Ferrier, né en 1848, négociant en épicerie, Juge Consulaire en
exercice depuis 1908. (*Portrait communiqué.*)

(2) M. Fleury Minaire aîné, négociant en vins, Juge Consulaire en exercice
depuis 1908. (*Portrait communiqué.*)

(3) M. Augustin Valancogne, né en 1859, fabricant de rubans, Juge Consulaire
en exercice depuis 1908. Nous avons déjà vu son père siéger au Tribunal en 1859.
(*Portrait communiqué.*)

Juges suppléants : MM. Joannès MONTMARTIN (1), négociant
en tissus.
— Adrien VICAT (2), représentant de bière.

Leur installation eut lieu le 27 mars 1908.

Nous donnons, au commencement de ce livre, la composition
des Chambres du Tribunal de Commerce pour l'année 1908, où
figurent ces nouveaux élus.

La onzième Conférence régionale des Tribunaux de Commerce
des ressorts des Cours d'appel de Lyon, Grenoble et Chambéry,
auxquels s'était adjoint le Tribunal de Commerce d'Annonay
(*Cour d'appel de Nîmes*), se tint à Lyon, le 11 avril 1908, sous
la présidence de M. Louis *Pradel*, président de Lyon. Cinq
membres du Tribunal de Commerce de Saint-Etienne assis-
tèrent à cette assemblée : M. Giron, président ; MM. Dumond et
Drevard, juges titulaires ; MM. Gotard et Valancogne, juges
suppléants (3).

(1) M. Joannès Montmartin, négociant en tissus, Juge Consulaire en exercice
depuis 1908 ; membre de la Chambre des négociants. (*Portrait communiqué.*)

(2) M. Adrien Vicat, né en 1852, représentant de bière, Juge Consulaire en
exercice depuis 1908 ; membre de diverses Sociétés, entre autres de la Société des
Enfants de l'Isère, son pays d'origine, dont il est l'un des fondateurs. (*Portrait
communiqué.*)

(3) Questions étudiées dans la onzième conférence régionale de Lyon, le
11 avril 1908 :

1° Rapport de M. Niogret, juge à Lyon, sur l'*Examen de la proposition de loi
déposée par M. Thierry, député, le 22 février 1907, ayant pour objet de compléter
l'article 578 du Code de Commerce, en ce qui concerne les dommages-intérêts dus
sur les marchés à livrer par des acheteurs en suspension de paiements;* — 2° Rapports
de M. Bornarel, président de Villefranche, et de M. Flachaire de Roustan, juge à
Lyon, sur les *Actions en responsabilité contre le commissionnaire de transports et
le voiturier. Par qui peuvent-elles être intentées? (Article 100 du Code de Commerce
et 1121 du Code Civil);* — 3° Rapports de M. Ferrière, président de Tarare, et de
MM. Reynier et Legendre, juges à Lyon, sur l'*Etude des modifications et simplifications à apporter à nos lois de procédure et particulièrement revision des tarifs de
transport des huissiers, taxation des frais et honoraires des experts et abréviation
des délais de procédure;* — 4° Rapport de M. Ternet, président de Vienne, sur
cette question : *Les Tribunaux de Commerce ont-ils le droit strict de prononcer des
jugements par défaut, faute de conclure?* — 5° Rapports de M. Bondat, président
de Grenoble, et de M. de Montgolfier, président d'Annonay, sur l'*Examen détaillé
des mesures législatives que comporterait l'application du principe du concordat
préventif;* — 6° Rapport de M. Pradel, président de Lyon, sur les *Sociétés qui
n'étaient pas commerciales avant la loi du 1er août 1893; sont-elles devenues commerciales depuis que l'article 68, ajouté par cette loi à la loi du 24 juillet 1867, a
déclaré commerciales toutes les Sociétés anonymes?* — 7° Rapport de M. Bernier,
président de Bourg, sur l'*Examen de la proposition de loi tendant à rendre d'office*

Le 15 juin de la même année, eut lieu, à Paris, la douzième Conférence générale des Présidents des Tribunaux de Commerce de France, sous la présidence de M. Alfred *Girard*, président de Toulouse ; M. TAVERNIER, ancien président, y représentait seul le Tribunal de Commerce de Saint-Etienne.

Près de 350 magistrats consulaires des tribunaux, même les plus éloignés, s'y étaient fait inscrire. Les assemblées générales précédentes avaient compté en moyenne de 80 à 110 magistrats présents, nombre déjà respectable. L'affluence des magistrats consulaires, à cette conférence, montre le vif intérêt qu'ils prennent aux différentes questions qui y sont discutées. Des vœux importants ont été émis par l'Assemblée. Il faut espérer que ces vœux auront quelque influence sur les décisions des législateurs dans les divers projets de loi sur le point d'être adoptés.

Les dernières élections que nous pouvons enregistrer sont celles qui ont eu lieu les 13 et 27 décembre 1908. Sur 7.812 patentés inscrits sur la liste électorale, il y eut 688 votants au 1er tour et 951 au 2e tour :

Président :	M. Etienne GIRON, réélu.
Juges titulaires :	MM. CHATAIGNIER, réélu.
—	ROUSSET, réélu.
—	GOTARD, suppléant sortant.
—	FERRIER, suppléant sortant.
Juges suppléants :	MM. MONTMARTIN, réélu.
—	VICAT, réélu.
—	Louis DEVILLE, entrepreneur de constructions.

Il y avait encore deux listes en concurrence. Mais les élus étaient ceux de la liste patronnée par les Chambres syndicales patronales, qui avaient encore fait appel aux électeurs pour assurer le succès de leurs candidats.

<hr>

aux faillis leurs droits d'électorat trois ans après la déclaration de faillite et leurs droits à l'éligibilité dix ans après. Etude des conséquences de cette mesure ; — 8° REVISION DES STATUTS DE LA CONFÉRENCE GÉNÉRALE, à l'effet de donner à la Commission administrative le pouvoir de choisir une partie des membres de son bureau, et notamment le président de la Conférence, parmi les anciens présidents de tribunaux aussi bien que parmi les présidents en exercice.

Pour compléter le Tribunal, il manque un juge suppléant. L'*Union* des Chambres syndicales patronales recommande aux électeurs la candidature de M. Edouard PINONCÉLY, commissionnaire en rubans.

Nous donnons plus loin la composition du Tribunal, modifiée par cette élection.

Arrivé au terme de cette étude, il nous paraît utile de conclure par deux remarques principales qui pourront venir naturellement à l'esprit de tout lecteur.

La première remarque est celle relative aux budgets des Tribunaux de Commerce. Nous avons vu les sérieuses difficultés que le Tribunal de Commerce de Saint-Etienne a eues à surmonter pour maintenir les services qui lui sont indispensables. Son assujettissement au bon plaisir du Conseil général n'est pas digne d'un grand corps judiciaire, où des commerçants se dévouent à rendre la justice *gratuitement*. Il nous semble que le Tribunal de Commerce, qui est l'auxiliaire et presque l'égal du Tribunal civil, devrait avoir son budget assuré par l'Etat, comme celui de ce dernier.

Toutefois, le projet exposé par M. GAUCHER, président du Tribunal de Commerce de Saint-Etienne, de 1886 à 1890, dans la lettre que nous avons reproduite plus haut (p. 271 et suivantes), nous paraît le meilleur moyen d'assurer le budget du Tribunal. Il consistait à percevoir une légère imposition sur les patentés, justiciables du Tribunal de Commerce, comme le fait déjà la Chambre de Commerce pour assurer son budget annuel. Mais il semble, aujourd'hui, que la subvention nécessaire au Tribunal de Commerce n'est plus aussi discutée au Conseil général qu'elle l'était autrefois. D'après des renseignements que l'on a bien voulu nous donner, il suffirait que les dépenses des Tribunaux de Commerce puissent être inscrites *obligatoirement* aux budgets départementaux pour le chiffre fixé par le Ministre de la Justice sur la proposition du Tribunal intéressé et sur l'avis de la Cour, au lieu de laisser cette dépense à l'appréciation du Conseil général. Cette question de budget a bien été mise à l'ordre du jour des Conférences de Paris et de Lyon, mais elle n'a été l'objet d'aucun rapport et n'a été effleurée que par un vœu que nous avons reproduit plus haut (p. 297).

La seconde remarque n'est pas moins importante que la première. Elle est relative au recrutement des Juges Consulaires. Avec le suffrage universel des patentés, il faut se mettre en garde contre des surprises qui peuvent se produire un jour ou l'autre, et faire entrer au Tribunal de Commerce des hommes qui, tout en étant honorables, n'auraient ni assez d'instruction, ni assez de capacité pour remplir les délicates fonctions de juges. Les mêmes raisons qui ont obligé, en 1852, de revenir aux anciens modes d'élection, peuvent apparaître de nouveau. Mais les risques à courir sont beaucoup moins grands qu'autrefois : les commerçants sont mieux unis aujourd'hui dans les syndicats professionnels, lesquels peuvent former des *Unions* prenant la direction des affaires les plus importantes, comme *l'Union des Chambres syndicales patronales de Saint-Etienne*, dont l'éloge n'est plus à faire, tant pour la compétence que pour les soins vigilants que son bureau met à résoudre les questions les plus difficultueuses.

En résumé, les Tribunaux consulaires doivent veiller à maintenir leur bonne réputation, en choisissant, sans parti pris, les commerçants les plus éclairés et les plus aptes à rendre service au commerce de leur ville, surtout aujourd'hui qu'ils sont appelés, comme les membres de la Chambre de Commerce, à donner leurs avis sur les projets de loi qui intéressent le commerce. Les Juges Consulaires n'ont pas seulement des jugements à rendre, ils ont encore des rapports à faire sur de nombreuses questions, quand ils sont consultés par les pouvoirs publics ; ils peuvent aussi inspirer ou combattre les projets de loi présentés, soit par le pouvoir exécutif, soit par le pouvoir législatif. Pour cela, ils ont un moyen à leur portée, celui de s'entendre entre tribunaux de diverses villes, en assistant aux Conférences régionales et aux Conférences générales des Présidents qui ont été inaugurées en 1897 et dont nous avons assez longuement parlé dans les chapitres précédents.

En ce qui concerne particulièrement le Tribunal de Commerce de Saint-Etienne, nous sommes persuadé que les cent seize ans de son. existence, dont nous avons essayé de tracer l'histoire, seront considérés, dans l'avenir, comme la période la plus glorieuse de cette institution, tant par la qualité que par le mérite des hommes éminents qui ont présidé ou siégé au Tribunal jusqu'à ce jour. Ils ont tous, par leur dévouement, par leur droiture, par leur assiduité dans les délicates fonctions de juges, contribué, pour une large part, à la grandeur et à la prospérité commerciale de notre cité.

POST-SCRIPTUM

L'INTRODUCTION *placée au commencement de ce livre était déjà terminée, alors que nous ne savions pas encore le nombre de portraits que nous aurions à reproduire dans l'ouvrage. Quelques-uns de ces portraits se sont fait attendre assez longtemps ; c'est la cause du retard que subit notre publication. Nous prions nos souscripteurs de nous en excuser, car ce retard est tout à fait indépendant de notre volonté.*

Nous sommes heureux de reproduire tous les portraits des anciens présidents au nombre de vingt-sept. Ils forment, dans le cabinet de M. le Président du Tribunal de Commerce, une superbe galerie de peintures, qui a été créée avec beaucoup de peine et de difficultés par M. GUITTON-NICOLAS, ancien Président de ce Tribunal. Leur reproduction nous a été accordée par une délibération du Tribunal de Commerce, prise le 2 décembre 1907, sur la proposition de M. Etienne GIRON, son Président. Cette décision honore les magistrats qui l'ont prise, car, si un incendie se produisait au Palais et venait à détruire cette magnifique collection de peintures, les photographies permettraient de la reconstituer assez facilement.

Ces portraits, qui seront ainsi conservés pour toujours, sont un hommage bien mérité de ceux qui ont accepté la lourde et assujettissante charge de présider le Tribunal de Commerce. Mais à côté d'eux, les anciens Juges n'ont pas moins de mérite pour avoir coopéré à la grandeur du Tribunal et à son renom de bonne justice ; ils doivent aussi être à l'honneur, puisqu'ils ont été à la peine.

Leurs portraits n'existant pas au Tribunal, où ils devraient se trouver dans un album spécial, comme cela se fait au Tribunal de Commerce de Lyon, nous avons été obligé de faire appel à la bonne volonté de MM. les anciens Juges et à celle des familles de ceux qui sont décédés; dont nous avons pu nous procurer les adresses. Beaucoup ont répondu à notre appel (1), mais pas en aussi grand nombre qu'il eût été désirable. Plusieurs familles ont disparu de la région; d'autres se sont trouvées dans l'impossibilité de fournir les portraits de leurs parents, et parmi les anciens Juges vivants, quelques-uns n'ont pu surmonter leur modestie; d'autres, mus par des sentiments divers, sans doute respectables, mais très regrettables pour l'œuvre entreprise, ont fait défaut.

Ils ont eu tort; ils n'ont pas su comprendre qu'il s'agissait moins d'une satisfaction personnelle que d'honorer la grande famille consulaire, et qu'en l'honorant, ils s'honoraient eux-mêmes.

Quoi qu'il en soit, si l'on considère que l'art de la daguerréotypie n'a été couramment employé que dans la seconde moitié du xixe siècle, on trouvera sans doute que les cent neuf portraits reproduits dans l'ouvrage en costume de juge (2) ne sont pas une quantité négligeable; ils représentent par leur nombre presque la moitié des membres qui ont siégé au Tribunal de Commerce de Saint-Etienne depuis cent seize ans.

En effet, dans le grand tableau chronologique et synoptique des mouvements du Tribunal de Commerce de Saint-Etienne depuis sa création, que nous donnons à la fin de ce volume (3),

(1) Nous avons été obligé de doubler les pages en plusieurs endroits.

(2) A propos du costume de juge, nous devons ajouter que, pour la prestation de serment et dans les cérémonies importantes, MM. les Juges du Tribunal de Commerce de Saint-Etienne portent une large ceinture, bleu de ciel, nouée sur le devant de la robe consulaire avec les bouts pendants et garnis de franges. Cette ceinture se remarque sur quelques portraits. Nous avons voulu conserver le souvenir de cette couleur, en mettant la couverture du volume bleu de ciel; mais nous n'avons pas trouvé en papier la véritable nuance.

(3) Pour faire apprécier la composition typographique de ce tableau, il nous suffira de dire qu'il sort des presses de l'Imprimerie A. REY ET Cⁱᵉ, 4, rue Gentil, Lyon. Le chef de la maison, M. A. REY, a été juge au Tribunal de Commerce de Lyon, et il est actuellement secrétaire-trésorier de la Conférence générale des Présidents des Tribunaux de Commerce de France.

Nous devons aussi témoigner notre satisfaction envers le personnel de l'Imprimerie J. THOMAS ET Cⁱᵉ pour les soins donnés à l'impression de ce volume, et dire combien les relations sont agréables, tant avec le distingué chef de la maison qu'avec ses collaborateurs.

Nous éprouvons d'autant plus de plaisir à le constater que l'on rencontre parfois un fournisseur grincheux, irascible et de mauvaise foi.

on trouvera deux cent quarante-quatre noms de juges qui ont siégé au Tribunal. Pour faciliter les recherches, nous y avons ajouté une table alphabétique où sont indiquées leurs professions et la date de leur première élection.

Puissent cette longue suite de noms honorables et les portraits de si nombreux magistrats, élus pendant plus d'un siècle, dont on peut dire qu'ils forment en quelque sorte une noblesse de robe, servir d'exemple aux générations futures, les stimuler et exciter en elles des sentiments d'admiration, d'honneur et de respect !

COMPOSITION

DU

TRIBUNAL DE COMMERCE DE SAINT-ÉTIENNE

après les élections des 13 et 27 décembre 1908

M. Etienne GIRON, Président.

M. A. DREVARD ✿, juge titulaire.
M. J. COROMPT, juge titulaire.
M. J.-L. CHORLIER, juge titulaire.
M. M. BRENIER, juge titulaire.
M. M. CHATAIGNIER, juge titulaire.
M. B. ROUSSET, juge titulaire.
M. A. GOTARD, juge titulaire.
M. P. FERRIER, juge titulaire.

M. A. VALANCOGNE, juge suppléant.
M. Fl. MINAIRE, juge suppléant.
M. J. MONTMARTIN, juge suppléant.
M. A. VICAT, juge suppléant.
M. L. DEVILLE, juge suppléant.
M. E. *Pinoncély*, juge suppléant (?).

Services du Tribunal de Commerce de Saint-Etienne à la fin de 1908

Faure (Jean) ✿ I..............	Greffier en chef............ depuis		1894
Beaufils (James).............	Commis-greffier.....	—	1906
Delmont (Auguste) ✿........	Secrétaire de la Présidence.	—	1892
Magnin (Jean-François) ✿....	Appariteur...........	—	1906
Lac (Antoine-Benoît)........ .	Huissier-audiencier.		
Andrillat (Joseph)........... .	id.		
Chassagnard (Joanny)........	Arbitre de commerce.		
Durand (Claudius)...........	id.		
Letiévant (Adolphe).........	id.		

APPENDICES

APPENDICE I

Tableau des anciens Présidents dont les portraits, peints à l'huile, existent au Tribunal de Commerce de Saint-Etienne.

N° D'ORDRE	NOMS ET PRÉNOMS	AGE	ÉLU LE	RÉÉLU LE	PEINTRE
1	MM. **Gontard** (Alexandre-Gaëtan).	»	16 janvier 1792.	1ᵉʳ ventôse an III.	Besson 1874.
2	**Jovin** (François).	»	24 floréal an V.		N...
3	**Véron** (Jacques).	»	11 floréal an VII.		Besson 1874.
4	**Peurière** (Romain).	»	24 vendémiaire an IX.		N...
5	**Bessy** (Mathieu-Etienne).	»	4 messidor an X.		N...
6	**Vernadet** (André).	»	21 juillet 1806.		Besson 1874.
7	**Thiollière de l'Isle** (Eustache) ❀.	41	13 juin 1810.	4 juin 1819.	Besson 1874.
8	**Gerin** (Antoine) ❀, *ancien député.*	46	26 septembre 1816.		Besson 1873.
9	**Bréchignac** (Paul-Louis).	51	11 avril 1821.		N...
10	**Jovin-Deshayes** ❀.	50	9 février 1825.		N...
11	**Peyret-Dubois.**	50	20 mars 1828.		Besson 1873.
12	**Tézenas du Montcel** ❀.	46	30 avril 1831.		N...
13	**Larderet** (Jean-Pierre) ❀.	50	28 novembre 1834.	7 mars 1840.	Besson 1875.
14	**David** (Jean-Baptiste).	56	30 décembre 1838.		N...
15	**Royet-Vernadet** (Jean-Louis) ❀.	45	3 septembre 1844.	16 février 1855.	Besson 1873.
16	**Passerat** (Mathieu).	44	22 janvier 1850.		N...
17	**Gerin** (Auguste) ✠.	49	18 mars 1859.		Besson 1874.
18	**Brunon-Nublat.**	53	14 février 1863.		N...
19	**Duplay-Balay.**	51	13 janvier 1867.		Besson 1873.
20	**Guitton-Nicolas** ❀.	57	2 mai 1872.	18 décembre 1880.	Besson 1874.
21	**Neyret** (Jean-Baptiste).	51	9 décembre 1876.		Besson 1880.
22	**Thivillier** (Etienne).	58	21 décembre 1882.		Besson 1887.
23	**Gaucher** (Jean) ❀.	52	26 décembre 1886.		Besson 1891.
24	**Chavanon** (Louis) O ❀.	52	21 décembre 1890.		Joanny Faure 1895.
25	**Colcombet** (Alexandre) ❀.	42	16 décembre 1894.		Aug. Berthon 1899.
26	**Tavernier** (Pascal) ❀.	50	18 décembre 1898.		Dablin 1903.
27	**Barrailler** (Jacques).	48	21 décembre 1902.		Mˡˡᵉ Riolacci 1906.

*Le 28ᵉ Président est M. Etienne **Giron**, élu le 23 Décembre 1906, à l'âge de 47 ans, et sa judicature quatriennale sera terminée à la fin de 1910.*

APPENDICE II

1° Tableau des faillites déclarées dans le ressort du Tribunal de Commerce de Saint-Etienne, pendant chaque année, de 1820 à 1839 (1).

ANNÉES	BANQUIERS		MARCHANDS		INDUSTRIELS		TOTAUX	
	NOMBRE	MONTANT DU PASSIF	NOMBRE	MONTANT DU PASSIF	NOMBRE	MONTANT DU PASSIF	NOMBRE	MONTANT DU PASSIF
1820	»	»	5	18.000	4	366.000	9	384.000
1821	»	»	11	188.000	11	594.000	22	782.000
1822	»	»	6	164.000	3	102.000	9	266.000
1823	»	»	11	198.000	6	302.000	17	500.000
1824	»	»	9	81.000	5	563.000	14	644.000
1825	»	»	4	123.000	2	76.000	6	199.000
1826	»	»	2	17.000	2	34.000	4	51.000
1827	»	»	5	34.000	6	404.000	11	438.000
1828	»	»	13	83.000	4	226.000	17	309.000
1829	»	»	8	69.000	4	384.000	12	453.000
1830	»	»	2	30.000	4	132.000	6	162.000
1831	1	1.180.000	6	94.000	3	221.000	10	1.495.000
1832	»	»	4	72.000	1	64.000	5	136.000
1833	»	»	4	54.000	2	312.000	6	366.000
1834	»	»	4	40.000	1	124.000	5	164.000
1835	»	»	7	368.132	»	»	7	368.132
1836	»	»	5	85.700	5	420.100	10	505.800
1837	»	»	9	364.000	4	168.500	13	532.500
1838	»	»	1	11.160	3	85.387	4	96.547
1839	»	»	2	121.217	1	3.777	3	124.994

(1) *Extrait des Archives départementales de la Loire*, Série 1 U³, n° 22.

2° Nombre d'affaires contentieuses inscrites pendant les années 1837 à 1908 et de faillites ouvertes pendant le même temps dans le ressort du Tribunal de Commerce de Saint-Etienne (1).

ANNÉES	NOMBRE (a) D'AFFAIRES contentieuses	NOMBRE (a) de FAILLITES	ANNÉES	NOMBRE D'AFFAIRES contentieuses	NOMBRE de FAILLITES
1837	936	»	1873	2.473	40
1838	815	»	1874	2.472	45
1839	889	»	1875	2.659	50
1840	1.576	20	1876	2.276	56
1841	1.085	62	1877	2.599	54
1842	967	14	1878	2.825	45
1843	1.361	26	1879	3.104	52
1844	1.222	21	1880	3.051	59
1845	1.143	25	1881	3.204	66
1846	1.345	22	1882	2.751	73
1847	»	»	1883	2.461	53
1848	»	»	1884	2.114	63
1849	»	»	1885	2.098	58
1850	1.134	12	1886	2.245	69
1851	1.157	19	1887	2.241	49
1852	1.448	20	1888	2.104	47
1853	1.708	28	1889	2.100	62
1854	2.043	34	1890	»	»
1855	2.542	31	1891	2.093	24
1856	2.556	39	1892	2.066	33
1857	3.495	52	1893	2.337	32
1858	3.599	51	1894	2.234	35
1859	3.190	39	1895	2.093	49
1860	2.741	35	1896	2.104	58
1861	2.838	45	1897	2.444	56
1862	2.564	32	1898	2.854	56
1863	2.162	26	1899	3.074	60
1864	2.127	31	1900	3.029	45
1865	2.386	44	1901	2.799	50
1866	2.152	31	1902	2.691	50
1867	2.435	42	1903	2.627	66
1868	2.347	26	1904	2.753	102
1869	2.305	39	1905	2.866	84
1870	1.751	25	1906	2.674	56
1871	2.750	20	1907	2.828	39
1872	2.657	41	1908	2.718	52

(a) Le nombre en regard de chaque année est celui des affaires ou faillites inscrites dans le cours de l'année.

(1) Extrait du *Compte général de l'administration de la justice civile et commerciale en France*. Cette publication fait la remarque suivante (*année 1896*) : « La justice en matière commer-
« ciale est rendue, en France, par des tribunaux spéciaux dans les arrondissements où les affaires
« commerciales sont nombreuses, et dans les autres arrondissements par des tribunaux civils,
« qui jugent les affaires de cette nature suivant les formes simples et rapides en usage devant
« les tribunaux spéciaux. 167 tribunaux civils jugent commercialement, et il y a 225 tribunaux
« spéciaux. On en compte plusieurs dans quelques arrondissements. Ces tribunaux sont composés
« d'un président, de juges et de juges suppléants dont le nombre varie, suivant les exigences du
« service, depuis 3 juges et 2 suppléants jusqu'à 22 juges et 21 suppléants au maximum. Il n'y a
« pas de ministère public près des Tribunaux de Commerce. »
Le ressort du Tribunal de Commerce de Saint-Etienne comprend tout l'arrondissement de
Saint-Etienne; celui de Roanne, tout l'arrondissement de Roanne. Il n'y a pas d'autres tribunaux
de commerce dans le département de la Loire. Le département du Rhône en possède trois,
établis à Lyon, à Villefranche et à Tarare, ce dernier depuis 1882 seulement.

APPENDICE III

Bourse de Commerce.

Sous le titre de Bourse de Commerce, l'article 71 du Code de Commerce désigne « la réunion des commerçants, capitaines de navire, agents de change et courtiers ». Mais le nom de Bourse est habituellement réservé, dans le langage ordinaire, aux lieux où se traitent les opérations d'achat et de vente, soit de marchandises par l'intermédiaire des courtiers, soit de valeurs mobilières par l'intermédiaire des agents de change. Ces deux natures d'opérations, que l'article 81 du Code de Commerce permet de cumuler, ont une origine commune et reçoivent aujourd'hui une dénomination distincte : *Bourse de marchandises* et *Bourse de valeurs mobilières*.

1° Bourse de Marchandises

L'existence des Bourses de Marchandises remonte à une haute antiquité ; on les trouve à Rome sous le nom de *Collegium mercatorum* ; elles reparaissent au moyen âge en Italie et en Flandre. Cependant les premières Bourses, telles qu'elles existent de nos jours, ne remontent pas au delà du XVIe siècle. Elles furent établies à Bruges, à Hambourg, à Venise et à Londres, ensuite en France, à Lyon, à Toulouse en 1549, à Rouen en 1556. A Paris, le *Pont-au-Change* fut assigné dès l'an 1304 aux réunions des négociants, mais la Bourse n'y fut réellement constituée qu'en 1724. Les offices de courtiers ou agents de change étaient commissionnés par le roi et s'étendaient à tout trafic de marchandises ou de banque. Ces offices supprimés en 1791, furent rétablis par la loi du 28 ventôse an IX.

Une Bourse de Commerce fut créée à Saint-Etienne sur la demande des autorités constituées, demande exposée dans l'arrêté suivant du sous-préfet :

« Ce jourd'hui, quatre frimaire an dix. Le sous-préfet de l'arrondissement
« de Saint-Etienne,

« Vu la lettre du maire de la ville de Saint-Etienne du quatre brumaire
« dernier, faisant sentir la nécessité d'y former une Bourse de Commerce
« et d'y établir des agents de change et des courtiers de commerce ;

« Vu la délibération du Conseil de Commerce de ladite ville du deux du
« présent mois approbatif de la demande du maire ;

« Vu la loi du 28 ventôse an IX et l'arrêté des Consuls du 29 germinal
« suivant, relatif à l'établissement des Bourses de Commerce ;

« Considérant que le commerce de la ville de Saint-Etienne avait dans les
« temps prospères une étendue et une activité conséquente, qu'aucun des
« moyens capables de lui faire reprendre cet état florissant ne doivent être
« négligés et que l'établissement d'une bourse de commerce et d'agents de
« change et courtiers de commerce ne peuvent qu'y concourir ;

« Qu'il est instant pour la sûreté des relations commerciales entre eux
« qu'il y ait des intermédiaires dont la lumière, les connaissances et la
« probité inspirent la plus grande confiance et la plus grande sécurité;

« Considérant que dans la ville de Saint-Etienne il ne s'y traite presque
« pas d'affaires en banque, qu'en conséquence il est indispensable de réunir
« les fonctions d'agents de change et de courtiers de commerce, et l'art. 9
« de la loi du 28 ventôse an IX, ayant fixé le minimum du cautionnement
« des premiers à 6.000 francs et des derniers à 2.000 francs; le médium du
« montant de ces deux cautionnements devrait être celui à fournir par les
« agents et courtiers, attendu que les affaires qu'ils feront comme agents de
« change, seront à peu de chose près nulles et que d'ailleurs leur genre
« d'occupation dans cette ville ne peut comporter un cautionnement plus
« élevé;

« Considérant que la ci-devant église des Pénitents est le seul établisse-
« ment national dont le local puisse être affecté à la tenue de la bourse de
« commerce par sa position au centre de la ville et des affaires, mais qu'il
« sera nécessaire d'y faire les réparations utiles à sa nouvelle destination;

« Estime : 1º Qu'il y a lieu d'établir dans la ville de Saint-Etienne une
« Bourse de Commerce et des agents de change et courtiers de commerce
« dont les fonctions soient réunies et dont le nombre, quant à présent,
« ne peut être au-dessus de quatre (élevé ensuite à six).

« 2º Que le montant du cautionnement de chacun de ces agents et
« courtiers doit être de 4.000 francs.

« 3º Que la cy-devant église des Pénitents avec ses dépendances, doit
« être affectée à la tenue de la Bourse et que les réparations nécessitées par
« la nouvelle destination doivent être ordonnées, en conformité de la loi
« du 28 ventôse an IX (1).

« 4' Le présent et les copies de la lettre du maire de Saint-Etienne et de
« la délibération du Conseil de Commerce précisée seront transmis au
« Préfet du Département.

« Fait en sous-préfecture à Saint-Etienne les jour, mois et an susdits.
« *Signé* : Ch. SAUZÉA (2). »

C'est le Tribunal de Commerce qui était appelé à nommer le jury chargé
de former une liste double du nombre des candidats-courtiers à élire par le
gouvernement. Ce jury n'eut pas de peine à faire un choix; il ne s'était
présenté que six candidats, qui furent classés par ordre de mérite. Au
troisième rang venait la citoyenne *Montagron* (Marie-Anne), ancienne
courtière; le ministre ne crut pas devoir proposer sa nomination au Premier
Consul, par la considération que des fonctions de ce genre ne sauraient être
confiées à des femmes (3). Il restait donc cinq candidats en présence ; trois

---

(1) V. dans l'*Histoire de la Rubanerie*, par L.-J. GRAS, p. 238 et suivantes, des
détails intéressants sur l'installation de la Bourse à Saint-Etienne.

(2) *Archives départementales de la Loire*; registre nº 1 des arrêtés et avis du
sous-préfet de l'arrondissement de Saint-Etienne, fº 106.

(3) L.-J. GRAS, *Chambre consultative*, p. 63.

furent nommés le 27 messidor an XI et le quatrième le 3o fructidor suivant.
Voici la formule employée alors :

« Au nom du Peuple Français, BONAPARTE, premier Consul de la
« République.

« Gand, le 27 messidor an XI de la République, sur le rapport du Ministre
« de l'Intérieur,

« Arrête :

« Art. 1ᵉʳ. — Sont nommés courtiers de commerce pour les marchandises
« et le roulage, pour en remplir les fonctions près la Bourse de Saint-
« Etienne :

« Les citoyens : *Audouard* (Joseph) ;
«   —   *Thivet* (Mathieu) ;
«   —   *Gamot* (Jean-Baptiste).

« Art. 2°. — Le Ministre de l'Intérieur est chargé de l'exécution du
« présent arrêté.

« Signé : BONAPARTE (1). »

La nomination du quatrième courtier est datée de Saint-Cloud, le
3o fructidor an XI, signée aussi BONAPARTE, et contresignée de *Chaptal*,
ministre de l'Intérieur.

Quatre mois après, ces courtiers adressent déjà une pétition « au citoyen
ministre de l'Intérieur, à Paris », où ils « exposent que le voisinage de la
« ville de Lyon qui n'est distante de Saint-Etienne que de cinq miriamêtres
« (*sic*), diminue considérablement les oppérations (*sic*) de commerce qui se
« font à Saint-Etienne, les ventes de matières propices aux manufactures,
« les negossiations (*sic*) du papier se font presque toutes à Lyon » (2).

Ils disent qu'ils ne pourraient pas trouver le moyen de vivre, si on ne
fixe pas leur nombre à trois ; si on ne leur laisse pas cumuler les fonctions
de courtier et d'agent de change sans augmentation de cautionnement et
avec un courtage réglé sur le même pied qu'à Lyon ; « si l'autorité locale ne
« fait pas un règlement sévère pour réprimer les fraudes des ventes
« clandestines ; et si les négossians (*sic*) en gros et des femmes habituées
« à ce tripot ce permetent (*sic*) comme sela (*sic*) s'est fait jusques à présent
« d'aller dans les magasins, ne sont pas amandables (*sic*)..... »

« Sans ces condictions (*sic*), les courtiers de Saint-Etienne serront (*sic*)
« dans l'oisiveté et un dénûment absolu, et forcés de ne pas accepter la
« nomination avantageuse du gouvernement pour prendre un autre état,
« cependant ils commancerons (*sic*) à effectuer le premier payement dans
« l'espoir que leur demande serra (*sic*) acceptée.

« *Signé* : *Thivet, Audouard, Gamot, Malliquet.* »

<hr>

(1) *Archives départementales de la Loire*, série 12 M¹⁰, n° 142.

(2) *Archives départementales de la Loire*, série 12, M¹⁰, n° 142.
La matière principalement vendue était la soie pour fabriquer les rubans.

— 341 —

Leurs réclamations, renouvelées plusieurs fois, n'obtinrent aucun résultat.
Ils refusèrent de compléter leur cautionnement. M. Thivet donna sa
démission en 1807, et les trois autres furent rayés du tableau des courtiers le
18 novembre 1808, pour n'avoir pas versé en entier le montant de leur
cautionnement. Il n'y avait donc plus de courtier officiel à Saint-Etienne.
Cependant l'année suivante, M. Jacques *Plotton-Colomban* était nommé
courtier de marchandises, le 4 septembre 1809. Il resta le seul courtier pendant
dix ans jusque vers 1820, époque à partir de laquelle les six offices de
courtiers prirent de l'extension par l'accroissement du commerce des soies.
Ces offices ont subsisté jusqu'à leur suppression, en 1866, dans l'ordre
suivant de succession (1).

SUCCESSION DES COURTIERS DE MARCHANDISES A SAINT-ETIENNE
depuis leur établissement jusqu'à leur suppression.

NOMS ET PRÉNOMS	DATE DE LA NOMINATION	REMPLACÉS PAR	DATE DU REMPLACEMENT
MM.		MM.	
THIVET (Jean).	27 messidor an XI	Démissionnaire.	en 1807.
AUDOUARD (Joseph).	Id.	Rayés officiellement du tableau.	18 nov. 1808.
GAMOT (Jean-Baptiste).	Id.		Id.
MALLIQUET (Joseph).	30 fructidor an IX		Id.
PLOTTON-COLOMBAN (Jacq.).	4 septemb. 1809	*Courally* (Jean).	27 juin 1832.
ROBIN (Achille).	vers 1820.	*Phélip.*	27 mai 1835.
HEYRAUD.	Id.	*Micolon.*	26 avril 1832.
MERLEY.	Id.	*Daniel.*	24 mai 1830.
COURBON.	Id.	*Payre* (Etienne).	27 janvier 1832
PARADIS.	Id.	*Sourdillon.*	9 février 1832.
DANIEL.	24 mai 1830.	*Armand.*	23 avril 1832.
COURALLY (Jean).	27 janvier 1832.	*Courally* (Ferdin.).	7 juin 1861.
PAYRE (Etienne).	Id.	*Payre* (Eugène).	16 mars 1858.
SOURDILLON.	9 février 1832.	*Maussier.*	9 juillet 1834.
ARMAND (Gabr.-Fr.-Antoine)	23 avril 1832.	*Chambovet.*	20 septem. 1845
PHÉLIP.	27 mai 1832.	*Jamet.*	18 mars 1852.
MICOLON.	16 août 1832.	*Tézenas* (J.-A.).	11 décemb. 1861
MAUSSIER.	19 juillet 1834.	*Crozet* (J.).	12 mars 1845.
TÉZENAS (Jean-Auguste).	5 juin 1839.	*Tézenas* (J.-J.-A.).	11 décemb. 1861
CHAMBOVET.	20 septem. 1845	*Gerin* (Christophe).	24 février 1863.
CROZET (Jérôme).	12 mars 1845.	Racheté par l'Etat.	en 1866.
JAMET (Alexis-Auguste).	24 mai 1847.	*Chapelon.*	18 mars 1852.
CHAPELON (Pierre).	18 mars 1852.	*Payre* (Gilbert).	25 mars 1863.
PAYRE (Eugène).	16 mars 1858.		
COURALLY (Ferdinand).	7 juin 1861.		
TÉZENAS (J.-Joseph.-A.).	11 décemb. 1861	Rachetés par l'Etat.	en 1866.
GERIN (Christophe).	24 février 1863.		
PAYRE (Gilbert).	25 mars 1863.		

(1) Pour de plus amples renseignements, voir l'*Histoire de la Rubanerie*, par
L.-J. GRAS, p. 265 et suiv.

Les six offices réunis furent rachetés par l'Etat 520.000 francs. Cette grande valeur vient de l'importance du commerce des soies. Dès le 1er janvier 1867, l'exercice de cette profession devint libre, suivant la loi du 18 juillet 1866.

2° Bourse de valeurs mobilières

L'origine des Bourses de valeurs mobilières se confond avec celle des marchandises. De même l'origine des agents de change se confond avec celle de la spéculation et du commerce. Les trafics opérés dans les foires portèrent non seulement sur les marchandises, mais aussi sur les métaux précieux et plus souvent sur les monnaies étrangères. Ils entraînaient des opérations de banque et de change. Un endroit déterminé leur était assigné, tel que le *Pont-au-Change* à Paris, dès le xiie siècle, la *Loge des Florentins* à Lyon, au xve siècle. Les gens qui pratiquaient le change avaient un congé du roi. Sous Charles IX, la profession fut érigée en office, d'abord viager, puis héréditaire et vénal. Les offices d'agent de change profitèrent de la création des actions des Grandes Compagnies au xviiie siècle et subsistèrent jusqu'à la Révolution, qui les supprima en 1791.

Le règne des assignats, les emprunts, la création du Grand-Livre de la dette publique accentuèrent le phénomène de séparation des opérations qui se traitaient au sein des Bourses et malgré le nom de Bourses de Commerce, donné aux monuments pendant la période révolutionnaire, le marché des valeurs fiduciaires et celui des marchandises tendirent à se séparer de plus en plus. Toutefois, la loi du 28 ventôse an IX, qui rétablit les offices de courtiers et d'agents de change, ne les distingue à peine que pour le montant du cautionnement. C'est à partir de la loi du 18 juillet 1866 permettant à toute personne d'exercer librement la profession de courtier de commerce, et laissant la profession d'agent de change à l'état de monopole, que la séparation est consommée (1).

A Saint-Etienne, la Bourse n'a jamais fonctionné. L'ancienne église des Pénitents qui lui fut attribuée a été remplacée sur le lieu même par un monument construit aux frais de la ville d'abord, puis reconstruit par la Chambre de Commerce (2). Cette Compagnie y a établi son siège et installé la Condition des soies. Mais le monument qui porte toujours le nom de Bourse n'a jamais eu de parquet, et les agents de change qui ont été nommés à Saint-Etienne n'ont jamais fait des opérations que dans leur cabinet. La création des offices d'agents de change à Saint-Etienne ne date d'ailleurs que de 1831. Voici la lettre du sous-préfet, en date du 21 avril 1831, qui donne un avis favorable à cette création :

« La Chambre consultative des Arts et Manufactures de Saint-Etienne

---

(1) Avant cette loi, le cumul des fonctions d'agent de change et de courtiers existait dans un grand nombre de villes : *Angers, Angoulême, Arras, Brest, Cahors, Carcassonne, Châtellerault, Clermont-Ferrand, Dijon, Dunkerque, Gray, Grenoble, Limoges, Luçon, Metz, Milhau, Poitiers, Rochefort, La Rochelle, Rodez, Saint-Omer, Vienne.* (*Archives départementales*, série 12, M³ 36.)

(1) V. L.-J. Gras, *Histoire de la Rubanerie*, p. 238.

« a pris le 14 de ce mois une délibération portant qu'il y a lieu de demander
« la création de deux agents de change près la Bourse de cette ville.

« Le Tribunal de Commerce, en séance extraordinaire du 16, a appuyé
« cette proposition. Le sous-préfet, à qui ces deux actes ont été présentés
« pour être transmis à M. le Préfet de la Loire, partage entièrement
« l'opinion de la Chambre consultative et du Tribunal.

« L'importance qu'ont acquise les relations de Saint-Etienne rend
« indispensable la création d'agents légalement institués pour être les
« intermédiaires des négociants et des fabricants, et qui, étrangers eux-
« mêmes à toutes opérations de négoce et de banque, aient seuls le droit de
« faire des négociations de papiers commerciaux et d'effets publics.

« Un arrêté consulaire du 8 mars 1802 a créé dans cette ville une Bourse
« de Commerce ; cet arrêté n'y a institué que des courtiers de commerce
« pour les marchandises et pour le roulage.

« Un bâtiment a été construit récemment pour la bourse, mais la bourse
« est un vain mot, puisqu'il n'y a pas d'agents de change. L'article 75 du
« Code de Commerce porte qu'il doit y en avoir dans toutes les villes qui
« ont une bourse. Cette volonté de la loi doit s'accomplir.

« Le sous-préfet, chevalier de la Légion d'honneur, est d'avis qu'il soit créé
« deux agents de change près la Bourse de Commerce de Saint-Etienne et
« de fixer leur cautionnement au même taux que celui des courtiers.

« Fait en l'hôtel de la sous-préfecture.

« Signé : Teissier (1). »

Le cautionnement des courtiers était fixé à Saint-Etienne à 4.000 francs
par l'ordonnance du 9 janvier 1818. Celui des agents de change était fixé,
par la loi du 28 ventôse an IX, à 6.000 francs au minimum. C'est à cette
condition que deux places d'agents de change furent créées à Saint-Etienne
par l'ordonnance du 24 juin 1831, ainsi conçue :

« Mulhausen, le 24 juin 1831.

« Louis-Philippe, roi des Français,

« A tous présent et à venir, salut.

« Sur le rapport de notre ministre, secrétaire d'Etat au département du
« Commerce et des Travaux publics,

« Nous avons ordonné et ordonnons ce qui suit :

« Art. 1er. — Il est créé deux places d'agent de change à Saint-Etienne
« (Loire).

« Art. 2º. — Le cautionnement attaché à ces emplois est fixé à six mille
« francs.

« Art. 3e. — Notre ministre, secrétaire d'Etat du Commerce et des travaux
« publics, est chargé de l'exécution de la présente ordonnance qui sera
« insérée au Bulletin des ordonnances.

« Donné à Mulhausen, le 24 juin 1831.

« Signé : Louis-Philippe (2).

(1) *Archives départementales de la Loire*, série 12, M², n° 36.

(2) *Ibidem.*

Les deux premiers agents de change furent MM. *Raverot* et Isidore *Hedde*. Leurs opérations furent peu nombreuses et encore moins heureuses. L'une des charges, celle de M. Sastre, resta sans titulaire de 1860 à 1884. Les deux charges s'éteignirent avant 1891, époque où elles furent supprimées. Cette suppression ne se fit pas sans une vive opposition du Tribunal de Commerce qui voulait les maintenir et qui demandait même la création d'une bourse avec parquet.

SUCCESSION DES AGENTS DE CHANGE A SAINT-ETIENNE
depuis leur établissement jusqu'à leur suppression.

	NOMS ET PRÉNOMS	DATE DE LA NOMINATION	REMPLACÉS PAR	DATE DU REMPLACEMENT
	MM.		MM.	
1	RAVEROT.	5 octobre 1831.	Tranchard.	Février 1848.
2	HEDDE (Isidore).	5 mars 1832.	Brossard.	Décemb. 1843.
3	BROSSARD (Hugues).	26 décembre 1843.	Rondel.	Juin 1877.
4	TRANCHARD.	vers février 1848.	Villeneuve.	Février 1854.
5	VILLENEUVE.	vers février 1848.	Sastre.	Décemb. 1654.
6	SASTRE dit BRUNOT.	vers décembre 1854.	Cesse ses fonctions.	En 1860.
7	RONDEL.	vers juin 1877.	Bellier.	Août 1882.
8	BELLIER.	vers août 1882.	Cessent leur fonc-	En 1888.
9	GONON.	vers décembre 1884.	tions.	

Il semble bien que Saint-Etienne est destiné à ne jamais plus avoir d'agents de change, ni de Bourse, non seulement à cause du voisinage de Lyon, mais aussi parce que les agents de change de Paris et de Lyon ont des représentants à Saint-Etienne, et surtout parce que les succursales des grandes banques absorbent presque toutes les opérations financières.

APPENDICE IV

(Nous croyons utile de reproduire les deux documents suivants qui contiennent des renseignements aussi intéressants pour le commerce stéphanois que pour l'histoire de la ville.)

1° Création d'une école de dessin (7 février 1803).

« Ce jourd'hui dix-huit pluviôse an onze de la République française,
« Le sous-préfet de l'arrondissement de Saint-Etienne,
« Vu l'arrêté du Préfet du 15 nivôse année courante, relatif à la convoca-
« tion du Conseil municipal de Saint-Etienne pour délibérer sur l'établis-
« sement d'une école de dessin, la délibération dudit Conseil en date du
« 26 nivôse suivant sur cet objet.

« Considérant que depuis longues années le vœu du commerce implore
« cette utile institution pour perfectionner ses manufactures et rivaliser
« avec toutes les nations dans les branches multipliées de l'industrie des
« habitants de cette commune laborieuse, que les ressources pécuniaires et
« de local permettent actuellement l'institution d'une école publique de
« dessin pour l'ornement.

« Que cette première mesure devient l'initiative du projet aussi univer-
« sellement désiré que reconnu nécessaire de l'établissement d'une école
« secondaire qui doit être naturellement la principale école de cet arrondis-
« sement (1).

« Estime que la délibération du Conseil municipal du 27 nivôse dernier
« mérite l'approbation du Préfet, sauf les modifications suivantes : 1° de
« réduire à huit le nombre des élèves gratuits ; 2° d'assigner la somme
« allouée pour cet objet sur tous les fonds disponibles affectés aux dépenses
« de la commune ; 3° que le maître de dessin sera choisi par le Préfet,
« d'après l'avis du sous-préfet et du maire, parmi ceux qui auront préalable-
« ment présenté un ouvrage quelconque, relatif à l'objet de l'article dont il
« est ici question, et qui l'aura fait reconnaître en état d'en remplir les
« fonctions.

« Fait en sous-préfecture, à Saint-Etienne, les jour et an susdits :

« *Signé* : Ch. Sauzéa (2). »

(1) La Révolution avait supprimé le collège de Notre-Dame de Grâces, près Saint-Rambert-en-Forez, tenu par les prêtres de l'Oratoire. C'était, croyons-nous, le principal collège de la région. Il fallait bien le remplacer, puisqu'on reconnais-sait maintenant utile ce que l'on avait supprimé dans un moment de folie furieuse.

(2) *Archives départementales de la Loire*, registre n° 1 des arrêtés et avis du sous-préfet de l'arrondissement de Saint-Etienne, f° 175, verso.

2° Création d'une école secondaire (22 mars 1803).

« Projet de règlement pour l'établissement d'une école secondaire à Saint-
« *Etienne.*

« Art. 1er. — Il sera établi dès le commencement de l'an XII à Saint-
« Etienne une école secondaire à laquelle les bâtiments des cy-devant
« Minimes appartenant à la commune seront spécialement affectés.

« Toute la partie de ces bâtiments en Orient et Midi du préau,
« à l'exception des deux appartements où sont placés les bureaux civils et
« militaires, sera employée à la destination ci-dessus fixée.

« Les autres bureaux de la mairie seront provisoirement transférés dans
« la partie de ces bâtiments, qui se trouve en Occident du Préau, et en
« cas d'insuffisance dans la petite maison louée au citoyen Moulin. »

(*De l'art. 2 à l'art. 20, organisation des classes où l'on enseignera la*
langue latine).

« Art. 21. — Attendu que la commune de Saint-Etienne en fondant une
« école secondaire dans la maison des cy-devant Minimes se prive du seul
« local où elle puisse former divers établissements, tels que Tribunal de
« Commerce, Tribunal de police, etc., et aussi que par l'érection en
« succursale de l'église des « cy-devant » Minimes, elle sera privée d'une
« salle de spectacles et obligée à des dépenses considérables pour rendre
« cette église à l'exercice du culte, il sera fait demande au gouvernement de
« la propriété et bâtiments nationaux de la cy-devant église des Pénitents,
« déjà affectée à la tenue de la Bourse, pour que la commune puisse
« y former les établissements que le bien public exigera, et sous la seule
« réserve du local nécessaire à l'établissement de la Bourse.....

« Au préfet du département avec prière de prendre dans sa sollicitude
« constante pour ses administrés cet important objet en considération.

« Fait en sous-préfecture, à Saint-Etienne, les jour, mois et an susdits.

« *Signé*: Sauzéa (1). »

Cette école secondaire est devenue plus tard le lycée des garçons et
dernièrement le lycée des jeunes filles.

---

(1) *Archives départementales,* même registre que le précédent, f° 177, verso.

APPENDICE V

Questions étudiées par la Conférence générale des Présidents des Tribunaux de Commerce de France pendant les années 1898 à 1908.

Présidence de M. CALLIET, président de *Corbeil*.

1898. — Modification des articles 622 et 623 du Code de Commerce, relatifs à la durée du mandat des Juges Consulaires.

1899. — 1. Des mesures à prendre pour assurer la sincérité des déclarations des demandeurs en liquidation judiciaire. — 2. Avis sur la conversion de la liquidation judiciaire en faillite, en cas de refus du concordat. — 3. De la détermination d'un délai au delà duquel le report d'une faillite ne devrait pas être prononcé. (Art. 441, Code de Commerce.) — 4. Avis sur la création de Tribunaux spéciaux d'appel pour les jugements des Tribunaux de Commerce.

Présidence de M. Albert BENOIST, président de *Reims*.

1900. — 1. Du nantissement des fonds de commerce. — 2. Décentralisation du service du contentieux des Compagnies de chemins de fer. — 3. Proposition Jouart sur la compétence des litiges en matière de colis postaux. — 4. Du rang de préséance des Tribunaux de Commerce. — 5. De la composition réglementaire des audiences, des moyens d'y assurer le bon ordre et des conditions requises pour la validité des jugements prononcés en audience.

1901. — 1. De l'endossement en blanc. — 2. *a)* De l'abréviation des délais de distance. — *b)* De la réduction des frais de signification des exploits d'ajournement et autres actes du ministère des huissiers. — 3. De la revision de la loi du 26 janvier 1892, titre I, § 2, art. 4 à 25 (droits d'enregistrement sur les jugements des Tribunaux de Commerce). — 4. De la proposition de loi de MM. Rogez et Desjardins, députés, en vue de modifier l'article 443 du Code de Commerce. — 5. De la forclusion résultant pour les créanciers retardataires de la clôture des procès-verbaux d'affirmation. — Relevé de déchéance, mode d'admission des créanciers retardataires. — 6. De l'utilité de la connaissance préalable des propositions du concordat. — 7. De la restriction du privilège du propriétaire dans les faillites ou liquidations judiciaires. — 8. De la taxe des frais en matière commerciale. — 9. Des liquidations fictives. — 10. De l'interprétation de la loi du 27 décembre 1890 sur le louage d'ouvrage. — 11. Du référé en matière commerciale. — 12. De la publicité à donner à la vente des fonds de commerce.

1902. — 1. Des privilèges en matière de faillite et de leur concours. — 2. Y a-t-il lieu de resteindre le champ très large d'appréciation laissé au juge par l'article 447 du Code de Commerce ? — 3. De l'exécution des concordats. — 4. De l'interprétation de l'article 1657 du Code civil en matière commerciale. — 5° Obligation pour les huissiers d'aviser du protêt des billets à ordre ou lettres de change le premier endosseur ou le tireur. — 6. Obligation pour tout commerçant d'indiquer son véritable nom dans les manifestations extérieures de sa vie commerciale et d'en faire la déclaration préalable avant de commencer le commerce. — 7. De la revendication des objets mobiliers, et notamment des emballages, tels que futailles, sacs, etc. — 8. Recherche des moyens à employer pour obtenir la réduction des droits d'enregistrement sur les contrats, chartes-parties, connaissements et tous autres documents, cités au cours des plaidoiries et devant servir à l'établissement des jugements. — 9. De la taxe des témoins et de divers frais qui peuvent être réclamés devant les tribunaux consulaires. — 10. De l'honorariat pour les membres des Tribunaux de Commerce.

1903. — 1. De la responsabilité des Compagnies de chemins de fer en matière de transport de personnes. — 2. De la récusation des juges des Tribunaux de Commerce. — 3. Modification à l'article 1006 du Code de procédure civile, relatif à la clause compromissoire. — 4. De la cession des actions d'apport. — 5. De la suppression des deux derniers paragraphes de l'article 420 du Code de procédure. — 6. De l'application de la loi de 1889 sur la liquidation judiciaire. — 7. Dans le cas de transformation de liquidation judiciaire en faillite, le Tribunal peut-il maintenir le liquidateur définitif en qualité de syndic définitif de la faillite par son jugement sans faire une réunion de syndicat pour consulter les créanciers sur le maintien du syndic : 1° avant le concordat ; 2° après union ? — 8. Des mesures à prendre pour empêcher un commerçant failli de recommencer le commerce dans une autre ville et de tromper ceux qui sont en relation d'affaires avec lui sur sa véritable situation. — 9. Des personnes ayant capacité pour poursuivre l'homologation du concordat et du délai dans lequel cette homologation devrait être poursuivie. — 10. Quand une faillite est clôturée pour insuffisance d'actif, qui doit payer les frais de garde et de levée des scellés apposés en vertu du jugement déclaratif conformément à l'article 455 du Code de Commerce ? — 11. De l'extension de la compétence des Conseils de Prud'hommes aux litiges entre les commerçants et leurs employés de commerce et de l'attribution de l'appel de ces décisions aux Tribunaux civils.

1904. — 1. Modification à l'article 163 C. Com. — 2. Interprétation de l'article 105 C. Com. — 3. De l'exécution provisoire sans caution en matière commerciale. Dans quel cas peut-elle être ordonnée nonobstant appel ? Peut-elle l'être nonobstant opposition ? — 4. De l'enregistrement du paraphe qui accompagne la cote des livres de commerce. — 5. De la subrogation de l'entrepositaire au privilège de la régie. — 6. Les articles 446 à 449

C. Com. sont-ils applicables à la liquidation judiciaire? Si oui, dans quelle mesure ? — 7. Formalités à remplir pour retirer à la poste la correspondance du failli ou liquidé judiciaire. — 8. Projet de loi Dormoy tendant à la modification de la loi du 4 mars 1889 sur la liquidation judiciaire.

Présidence de M. DAUM, président de *Nancy*.

1905. — 1. De l'affirmation des créances par correspondance. — 2. De l'affirmation des créances après la clôture des opérations de vérification et d'affirmation. — 3. De la meilleure manière d'amener la solution pratique et rapide des litiges par la conciliation. — 4. De la démission des Magistrats consulaires. — 5. Etude des frais judiciaires devant les Tribunaux de Commerce. — Confection d'un manuel à l'usage des Présidents de Tribunaux de Commerce. — 6. Etude de la loi du 30 décembre 1903 sur la réhabilitation des faillis. — 7. De l'application de l'article 542 C. Com.

1906. — 1. De la conciliation obligatoire en matière commerciale. — 2. De la péremption d'instance en matière de faillite. — 3. Du nantissement des fonds de commerce.

1907. — 1. Examen de la proposition de loi Dormoy sur la réforme de la loi sur la liquidation judiciaire. Recherche des moyens à employer pour éviter que certains mandataires, en accaparant les pouvoirs dans les faillites et liquidations, soient les maîtres absolus du concordat. Sursis, jusqu'à la fin des opérations de la liquidation, de la décision du Tribunal sur le point de savoir si le débiteur mérite la liquidation judiciaire ou la faillite. — 2. Des modifications à apporter à l'article 427 du Code de procédure civile concernant les vérifications d'écriture. — 3. Etude des frais judiciaires devant les Tribunaux de Commerce. — 4. De la nécessité, pour la réhabilitation d'un failli dont la faillite avait été close pour insuffisance de l'actif, de rouvrir préalablement la faillite. — 5. Du connaissement. Des clauses de non responsabilité dans les diverses législations, de l'opportunité de les laisser subsister, de les restreindre ou de les supprimer. — 6. Etudier la situation faite aux demandeurs par la loi du 12 juillet 1905 sur la compétence des Juges de paix en cas de retards ou des pertes de bagages à l'occasion de transports par terre et par eau. Le demandeur a-t-il le droit de porter son action à son choix devant le Tribunal de Commerce ou devant la justice de paix, ou bien est-il tenu de la porter exclusivement devant le Juge de paix de son canton ? Dans cette deuxième opinion, quelle devra être la juridiction d'appel? — 7. Dépôt des marques de fabrique. — 8. Projet de loi sur le nantissement des fonds de commerce.

Présidence de M. A. GIRARD, président de *Toulouse*.

1908. — 1. Proposition de loi déposée par M. Thierry, député, le 22 février 1907, ayant pour objet de compléter l'article 578 du Code de Commerce, en ce qui concerne les dommages-intérêts dus sur les marchés à livrer par des acheteurs. — 2. Des actions en responsabilité contre le commissionnaire de transports et le voiturier. Par qui peuvent-elles être intentéees ? (Art. 100 du Code de Commerce et 1121 du Code Civil.) — 3. Modifications et simplifications à apporter à nos lois de procédure et particulièrement revision des tarifs de transport des huissiers, taxation des frais et honoraires des experts et abréviation des délais de procédure. — 4. Les Tribunaux de Commerce ont-ils le droit strict de prononcer des jugements par défaut faute de conclure ? — 5. Des mesures législatives que comporterait l'application du principe de concordat préventif. — 6. Les Sociétés qui n'étaient pas commerciales avant la loi du 1er août 1893 sont-elles devenues commerciales depuis que l'article 68, ajouté par cette loi à la loi du 24 juillet 1867, a déclaré commerciales toutes les Sociétés anonymes ? — 7. Examen de la proposition de loi tendant à rendre d'office aux faillis leur droit d'électorat trois ans après la déclaration de faillite et leurs droits à l'éligibilité dix ans après. Etude des conséquences de cette mesure. — 8. Vœu relatif au projet de loi sur le nantissement et la vente des fonds de commerce. — 9. Vœu contre la répétition indéfinie des intérêts de titres amortis. — 10. Vœu relatif à la prolongation du mandat des Juges Consulaires et au mode d'élection. — 11. Vœu relatif à la réforme de la législation des assurances.

N. B. — On trouvera les solutions de chaque question à la fin des Comptes rendus annuels de la Conférence générale des Présidents des Tribunaux de Commerce de France. (*Imprimerie* A. REY ET Cie, *éditeurs de la* GAZETTE JUDICIAIRE ET COMMERCIALE, *4, rue Gentil, Lyon.*)

Nous complétons cette revue par les

STATUTS

DE LA CONFÉRENCE DES PRÉSIDENTS DES TRIBUNAUX DE COMMERCE

Approuvés dans la réunion du 24 mai 1897.

Modifiés par les Assemblées des 5 Juin 1899, 11 juin 1900, 9 juin 1902 et 15 juin 1908.

I. Il est fondé entre les Présidents des Tribunaux de Commerce de France une Société amicale qui portera le nom de *Conférence des Présidents des Tribunaux de commerce.*

II. Pourront faire partie de la Conférence :

1° Les Présidents en exercice;
2° Les anciens Présidents;
3° Un juge par Tribunal désigné par ses collègues.

Tous les autres juges et juges suppléants des Tribunaux adhérents sont invités à l'Assemblée générale annuelle, où ils ont voix consultative. — Les Présidents et membres de tous les Tribunaux, même non adhérents à la Conférence générale, font partie des Conférences régionales.

III. La Conférence générale a pour but de développer et d'entretenir des relations cordiales entre ses adhérents et d'étudier toutes les questions qui pourront intéresser les Tribunaux de Commerce.

IV. La cotisation annuelle est de 3o francs par adhérent. Sur cette somme, la Conférence prélève celle nécessaire pour faire à ses adhérents le service gratuit de la *Ga{ette judiciaire et commerciale de Lyon*, qu'elle a adoptée pour son organe officiel.

Il n'y a qu'une seule cotisation par tribunal; les membres ou anciens membres des Tribunaux de Commerce, qui désirent être adhérents à titre individuel, n'ont à payer que l'abonnement à la *Ga{ette judiciaire*, au prix spécial de 12 francs par an.

V. Une Commission de trente membres, élue par la Conférence générale, est chargée d'assurer le fonctionnement de la Conférence.

Elle peut s'adjoindre un nombre indéterminé de membres pris parmi les anciens présidents.

Font partie de droit de la Commission, les anciens présidents et anciens rapporteurs généraux de la Conférence générale.

VI. Une réunion générale de tous les adhérents aura lieu chaque année à Paris, dans le mois de mai. La Commission administrative est nommée par la réunion générale; ses fonctions durent un an à dater du 1er juin qui suit sa nomination.

Les membres de cette Commission sont rééligibles.

VII. La Commission élit, parmi ses membres, qu'ils soient ou non en exercice, son Bureau, qui devient celui de la Conférence générale.

Toutefois, le Président devra de préférence être pris parmi ceux qui ont rempli, au moins une année, les fonctions de rapporteur général.

Le Bureau comprend : un président, un vice-président, un secrétaire général trésorier, un secrétaire adjoint, élus; et, comme membres de droit, les anciens présidents et anciens rapporteurs généraux de la Conférence.

ERRATA ET ADDENDA

Page 7, avant-dernière ligne, ajoutez à M. Joannès TERRAT, la palme d'officier d'Académie.

Page 51, au sommaire du § 2, après *Le premier Conservateur*, ajoutez : *La Conservation instituée par Louis XI.*

Page 69, sur le portrait de M. BESSY, président, lisez *4 messidor* au lieu de *24 messidor.*

Page 102, chapitre X (1ʳᵉ partie), ajoutez au sommaire, 2ᵉ ligne, *Citations de Montesquieu et de d'Aguesseau.*

Page 109, sur le portrait de M. BRÉCHIGNAC, président, lisez *11 avril* au lieu de *2 avril.*

Page 225, chapitre X (2º partie), lisez *Le Tribunal de Commerce de 1857 à 1870*, au lieu de *1871.*

Sur le tableau des mouvements du Tribunal, fin du volume :

    Election de 1890, lisez *7-21 décembre*, au lieu de *7-27 décembre.*
    —   1893, lisez *3-17 décembre*, au lieu de *13-27 décembre.*
    Installation de 1880, lisez *19 janvier*, au lieu de *18 février-23 mars.*
    —   1889, lisez *28 janvier*, au lieu de *22 janvier.*
    —   1898, lisez *13 janvier*, au lieu de *24 janvier.*

Au tableau, Membres de diverses assemblées, lire : M. CHOREL (Eloi), maire de *Fontanès* au lieu de *Fontaines.*

LISTE DES SOUSCRIPTEURS

Tribunal de Commerce de *Saint-Etienne*. *(2 Ex. hollande; 5 ex. s.-japon ;*
(*Président : M. Etienne Giron.*)   *38 ex. sur papier teinté.)*

Tribunal de Commerce de *Bourg-en-Bresse*. *(Ex. s.-japon.)*
(*Président : M. Bernier.*)

Tribunal de Commerce de *Bourges*.
(*Président : M. Mornet.*)

Tribunal de Commerce de *Limoges*.
(*Président : M. Jean Nadaud.*)

Tribunal de Commerce de *Lyon*. *(Ex. s.-japon.)*
(*Président : M. Pradel.*)

Tribunal de Commerce de Villefranche-sur-Saône. *(Ex. hollande.)*
(*Président : M. Bornarel.*)

Chambre de Commerce de Saint-Etienne. *(2 Ex.)*
(*Président : M. A. de Montgolfier.*)

Chambre de Commerce de Lyon. *(Ex. s.-japon.)*
(*Président : M. Aug. Isaac.*)

Bibliothèque publique de la ville de Saint-Etienne. *(2 Ex. dont 1 s.-japon.)*
(*Bibliothécaire en chef : M. P. Lévêque.*)

Bibliothèque publique de la ville de Roanne.
(*Conservateur : M. A. Simond.*)

Comité des Houillères de la Loire, 19, rue du Grand-Moulin.
(*Secrétaire général : M. E. Allimant.*)

Librairie ancienne de Louis Brun, 13, rue du Plat, *Lyon*.

Librairie Ph. Clermontet, 6, rue de Paradis, *Bourges*.

Librairie E. Flammarion et J.-A. Vaillant, 34, rue Paradis, *Marseille*.

Librairie H. Georg, 36-42, passage de l'Hôtel-Dieu, *Lyon*.

Librairie T. Pasteur, 6, rue Sainte-Catherine, *Saint-Etienne*. *(2 Ex.)*

SOUSCRIPTEURS INDIVIDUELS [1]

Mme veuve J. BERGERON, 19, rue Gambetta, *Saint-Etienne.*
Mme veuve A. BOUGY, 27, rue de la République, *Saint-Etienne.* (*Ex. hollande.*)
Mlle Philippine CHALEYER, rentière, 12, rue Sainte-Catherine, *Saint-Etienne.*
Mme Julien CHAPUIS, rentière, à Vourlat, *Saint-Etienne.* (*Ex. s.-japon.*)
Mme Marie DAVID, 16, rue de la Bourse, *Saint-Etienne.* (*3 Ex. s.-japon.*)
Mlle Emma DELOBRE, rentière, 1, rue Beaubrun, *Saint-Etienne.* (*Ex. hollande.*)
Mmes EUDE et DARD, 20, rue du Parc, *Fontenay-sous-Bois* (Seine). (*Ex. s.-japon.*)
Mme veuve Martial FRAPPA, rentière, 53, rue de la Préfecture, *Saint-Etienne.*
Mme C. GALLET-ANGLADE, 35, place Fourneyron, *Saint-Etienne.* (*Ex. hollande.*)
Mme veuve JACOD, 2, place Marengo, *Saint-Etienne.* (*Ex. s.-japon.*)
Mme veuve LACROIX-DESCOURS, rentière, 57, rue Michelet, *Saint-Etienne.*
Mme Marie MAZOYER, 2, rue de la République, *Saint-Etienne.* (*Ex. hollande.*)
Mlle Delphine MOUSSY, ancienne marchande, 34, rue Haute-Rotonde, *Marseille.*
Mlle Maria PORTALLIER, *Saint-Just-sur-Loire* (Loire). (*Ex. hollande.*)
Mme Antoinette ROLLAND-GUITTON, rentière, 7, place Marengo, *Saint-Etienne.* (*Ex. s.-japon.*)

MM.

Léon AULAGNON ✿, ancien juge au Tribunal de Commerce de Saint-Etienne, minotier, 13, rue de la Préfecture, *Saint-Etienne.* (*Ex. s.-japon.*)
Ferdinand BALAY, notaire, 10, rue de la Paix, *Saint-Etienne.* (*Ex. s.-japon.*)
André BARRAILLER, fabricant de velours, 11, rue de la République, *Saint-Etienne.* (*2 Ex. s.-japon.*)
Antoine BARRAILLER, rentier, *Saint-Just-sur-Loire* (Loire). (*Ex. s.-japon.*)
Jacques BARRAILLER, ancien président du Tribunal de Commerce de Saint-Etienne, fabricant de velours, 25, rue de la République, *Saint-Etienne.* (*4 Ex. s.-japon.*)
A. BARRALLON, rentier, *Sorbiers* (Loire).
Camille BEDEL, maître de forges, à La Bérardière, *Saint-Etienne.*
Jean BEDEL, ancien juge au Tribunal de Commerce de Saint-Etienne, maître de forges, *Bèze* (Côte-d'Or).
Jean-Baptiste BERNARD, ancien juge au Tribunal de Commerce de Saint-Etienne, fabricant de rubans, 9, place Marengo, *Saint-Etienne.*
Joannès BETHENOD, négociant en charbons, 115, rue d'Annonay, *Saint-Etienne.*
Vincent BIÉTRIX ✳, ancien juge au Tribunal de Commerce de Saint-Etienne, rentier, 28, rue d'Arcole, *Saint-Etienne.*

---

(1) Pour faciliter les recherches, nous mettons tous les noms des souscripteurs dans l'ordre alphabétique, en commençant par les dames, et nous indiquons en abrégé la qualité de l'exemplaire comme suit :
Ex. hollande, pour exemplaire de luxe extra, sur papier de Hollande.
Ex. s.-japon, pour exemplaire de luxe sur papier simili-japon.
Pour les exemplaires sur papier teinté, nous indiquons seulement le nombre, quand la souscription comprend plusieurs exemplaires.

MM.

J. Biol, ancien juge au Tribunal de Commerce de Saint-Etienne, négociant en charbons, 20, rue de la Préfecture, *Saint-Etienne.*

Germain Boyer, ancien juge au Tribunal de Commerce de Saint-Etienne, marchand de soies, 8, rue de la Paix, *Saint-Etienne. (Ex. s.-japon.)*

Mathieu *BRENIER*, juge titulaire, en exercice, au Tribunal de Commerce de Saint-Etienne, ancien charcutier, 15, rue Saint-Honoré, *Saint-Etienne.*

Clément Brossy ✻, ancien juge au Tribunal de Commerce de Saint-Etienne, fabricant de rubans, 13, rue des Jardins, *Saint-Etienne.*

Léon Brottier, fabricant de rubans, 11, rue de la République, *Saint-Etienne. (Ex. hollande.)*

L'abbé A.-P. Brunon, à la Porchère, *La Fouillouse* (Loire).

Louis Brunon, avocat, 31, rue Gambetta, *Saint-Etienne. (Ex. hollande.)*

Jérôme Buhet, ancien juge au Tribunal de Commerce de Saint-Etienne, rentier, 2, chemin de Bizillon, *Saint-Etienne.*

Antoine Buisson, ancien juge au Tribunal de Commerce de Saint-Etienne, négociant en quincaillerie, 21, rue Gambetta, *Saint-Etienne.*

Francisque Calemard, négociant, 6, rue Paul-Bert, *Saint-Etienne.*

Joanny Chassagnard, arbitre de commerce, 28, rue des Jardins, *Saint-Etienne. (Ex. s.-japon.)*

Mathieu *CHATAIGNIER*, juge titulaire, en exercice, au Tribunal de Commerce de Saint-Etienne, constructeur-mécanicien, 85, rue Michelet, *Saint-Etienne.*

Jean-Léon *CHORLIER*, juge titulaire, en exercice, au Tribunal de Commerce de Saint-Etienne, maître de forges, 20, rue de la Préfecture, *Saint-Etienne.*

Clair frères, constructeurs-mécaniciens, 12, place Fourneyron, *Saint-Etienne. (Ex. s.-japon.)*

Alexandre Colcombet ✻, ancien président du Tribunal de Commerce de Saint-Etienne, fabricant de rubans, 13, place Marengo, *Saint-Etienne.*

Louis de Combes, ancien magistrat, membre de la Société littéraire et historique de Lyon, 16, rue Victor-Hugo, *Lyon.*

Joseph *COROMPT*, juge titulaire, en exercice, au Tribunal de Commerce de Saint-Etienne, pharmacien honoraire, 44, rue Gambetta, *Saint-Etienne.*

Henri Déchaud ✻, ancien juge au Tribunal de Commerce de Saint-Etienne, négociant en épicerie, 7, rue Mi-Carême, *Saint-Etienne.*

L'abbé P. Désiré, 4, rue de Camas, *Marseille.*

Jean-Baptiste Deville ✻, ancien juge au Tribunal de Commerce de Saint-Etienne, fabricant de rubans, 14, rue de la République, *Saint-Etienne. (Ex. s.-japon.)*

Antoine *DREVARD* ✻, juge titulaire, en exercice, au Tribunal de Commerce de Saint-Etienne, négociant en vins, 22, rue Paul-Bert, *Saint-Etienne.*

J. Dufaure de Citres, industriel, *Dunières* (Haute-Loire). *(Ex. s.-japon.)*

Joseph Dumas, 13, rue de la République, *Saint-Etienne.*

Paul *DUMOND*, juge titulaire, en exercice, au Tribunal de Commerce de Saint-Etienne, marchand de soies, 15, rue d'Arcole, *Saint-Etienne.*

Charles Duplay, marchand de soies, 30, rue de la Bourse, *Saint-Etienne. (Ex. s.-japon.)*

MM.

Jean-Jacques EPITALON, avocat, 32, rue d'Arcole, *Saint-Etienne*.

Jean-Marie EPITALON ✠ (1), fabricant de rubans, 5, rue Mi-Carême, *Saint-Etienne*. (*3 Ex.*)

Le chanoine Etienne FAUGIER, recteur de Notre-Dame-de-Fourvière, place de Fourvière, *Lyon*.

Jean FERRIER, notaire, *Le Coteau* (Loire). (*Ex. s.-japon.*)

Jules FERRIER, ancien juge au Tribunal de Commerce de Saint-Etienne, négociant en grains, 12, rue de Sorbiers, *Saint-Etienne*. (*Ex. hollande.*)

Paul *FERRIER*, juge suppléant, en exercice, au Tribunal de Commerce de Saint-Etienne, négociant en épicerie, 4, rue des Jardins, *Saint-Etienne*.

Ch. FICHOT, ancien président du Tribunal de Commerce de Jonzac, pharmacien, *Jonzac* (Charente-Inférieure).

L'Abbé Auguste FORESTIER, curé de Saint-Just-sur-Loire, *Saint-Just-sur-Loire* (Loire).

Lucien FRANC, manufacturier, *Saint-Rambert-en-Bugey* (Ain).

Louis FUSTIER, marchand de soies, 30, rue de la Bourse, *Saint-Etienne*. (*Ex. s.-japon.*)

Léon GARAND, ancien juge au Tribunal de Commerce de Saint-Etienne, fabricant de rubans, 16, rue de la Paix, *Saint-Etienne*. (*Ex. s.-japon.*)

J. GAUCHER, fabricant d'armes, 42, rue Michelet, *Saint-Etienne*. (*Ex. s.-japon.*)

Antoine GAUTHIER O ✻, ancien juge au Tribunal de Commerce de Saint-Etienne, fabricant de rubans, 10, rue Mi-Carême, *Saint-Etienne* (*Ex. s.-japon.*)

GAUTHIER-DUMOND, rentier, 5, rue d'Arcole, *Saint-Etienne*.

Louis GENTHON, industriel, *Saint-Paul-en-Cornillon* (Loire).

Antoine GEREST ✻, ancien juge au Tribunal de Commerce de Saint-Etienne, rentier, à La Digonnière, près Bellevue, *Saint-Etienne*.

Stéphane GERMAIN DE MONTAUZAN, avocat, ancien bâtonnier, 5, rue Mi-Carême, *Saint-Etienne*. (*Ex. s.-japon.*)

Pierre GIRINON (2), ancien juge au Tribunal de Commerce de Saint-Etienne, rentier, 2, rue du Général-Foy, *Saint-Etienne*.

Marcellin GIRON ✻ (3), fabricant de velours, à Chantegrillet, *Saint-Etienne*. (*Ex. hollande.*)

---

(1) M. Jean-Marie EPITALON-BALAY, chevalier de Saint-Grégoire-le-Grand, chef de la grande maison EPITALON FRÈRES, maire de l'Etrat, conseiller d'arrondissement, est décédé à l'Etrat, le 15 juin 1908, à l'âge de 83 ans. Sa souscription sera recueillie par ses fils, dignes continuateurs de cette importante maison.

(2) M. Pierre GIRINON, ancien fabricant de rubans, ancien membre de la Chambre de Commerce, ancien adjoint au maire de Saint-Etienne, est décédé à Saint-Etienne, le 4 décembre 1908, à l'âge de 87 ans. Sa souscription sera recueillie par l'un de ses enfants, Mme PENEL-GIRINON, qui a gracieusement communiqué son portrait pour le reproduire dans cet ouvrage.

(3) M. Marcellin GIRON-EPITALON, chevalier de la Légion d'honneur, chef de la grande maison GIRON FRÈRES, membre et ancien vice-président de la Chambre de Commerce, administrateur de la Banque de France et des Hospices, ancien président de la Chambre syndicale des tissus, est décédé à Saint-Etienne, le 13 juillet 1908, à l'âge de 80 ans. Sa souscription sera recueillie par l'un de ses enfants.

MM.

Etienne *GIRON*, président du Tribunal de Commerce de Saint-Etienne, en exercice, fabricant de velours, 32, rue d'Arcole, *Saint-Etienne*. (*Ex. hollande.*)

Jean-Jacques GIRON, fabricant de velours, 7, place de la Badouillère, *Saint-Etienne*.

Albert-Ernest GLANDAZ ✥, greffier en chef du Tribunal de Commerce de la Seine, *Paris* (IVᵉ). (*Ex. hollande.*)

Justin GODART ✥, avocat, 14, rue Hippolyte-Flandrin, *Lyon*.

Antoine *GOTARD*, juge suppléant, en exercice, au Tribunal de Commerce de Saint-Etienne, fabricant de rubans, 15, rue Paul-Bert, *Saint-Etienne*.

Hippolyte GRAND, ancien juge au Tribunal de Commerce de Saint-Etienne, rentier, 65, rue de la République, *Saint-Etienne*. (*Ex. s.-japon.*)

Adrien GUITTON, ingénieur électricien, 22, rue de la Bourse, *Saint-Etienne*.

Joseph DE LAGARDE, avocat, 18, rue des Jardins, *Saint-Etienne*.

Victor LEGRAND O ✥, ancien président du Tribunal de Commerce de la Seine, 115, rue Lafayette, *Paris* (Xᵉ).

Henri LE HÉNAFF, ancien juge au Tribunal de Commerce de Saint-Etienne, négociant en métaux, 39, rue d'Annonay, *Saint-Etienne*.

Achille LIGNON, ancien président du Tribunal de Commerce de Lyon, 146, grande rue de la Guillotière, *Lyon*. (*Ex. s.-japon.*)

Pierre MARCOUX-CHATEAUNEUF ✳, fabricant de rubans, 13, rue de la République, *Saint-Etienne*.

François MARTIN aîné, ancien juge au Tribunal de Commerce de Saint-Etienne, 12, rue Saint-Etienne, *Saint-Etienne*. (*Ex. s.-japon.*)

G. MARTOURET, fabricant de quincaillerie, 18, rue Saint-Paul, *Saint-Etienne*.

Fernand MÉHIER, ancien juge au Tribunal de Commerce de Saint-Etienne, négociant, 5, rue de la Loire, *Saint-Etienne*. (*Ex. s.-japon.*)

André MICHEL, négociant, 25, cours Victor-Hugo, *Saint-Etienne*. (*2 Ex.*)

C. MICHEL, marchand de soies, 25, rue de la Bourse, *Saint-Etienne*. (*Ex. s.-japon.*)

Fleury *MINAIRE*, juge suppléant, en exercice, au Tribunal de Commerce de Saint-Etienne, négociant en vins, 8, rue de Lodi, *Saint-Etienne*. (*Ex.*)

Pierre *MONMILLION*, juge titulaire, en exercice, au Tribunal de Commerce de Saint-Etienne, entrepreneur de constructions, 11, rue de Lodi, *Saint-Etienne*.

Joannès *MONTMARTIN*, juge suppléant, en exercice, au Tribunal de Commerce de Saint-Etienne, négociant en tissus, 18, rue du Général-Foy, *Saint-Etienne*.

Sébastien MULSANT, avocat, 2, rue Balay, *Saint-Etienne*.

Jean NADAUD, président du Tribunal de Commerce de Limoges, 16, cours Jean-Penicaud, *Limoges*.

Jean NEYRET, maire de Saint-Etienne, à Bel-Air, *Saint-Etienne* (*Ex. s.-japon.*)

Joseph NEYRET, ancien juge au Tribunal de Commerce de Saint-Etienne, fabricant de rubans, 16, rue du Jeu-de-l'Arc, *Saint-Etienne*. (*Ex. s.-japon.*)

Louis NEYRET, fabricant de rubans, 25, rue de la Visitation, *Saint-Etienne*.

Philippe NIOGRET, premier juge au Tribunal de Commerce de Lyon, négociant, 16, rue Dubois, *Lyon*.

MM.

Benoît Oriol O ✳, villa Grange-Pourrat, *Saint-Chamond* (Loire). (*Ex. s.-japon.*)

Le comte Roger Palluat de Besset, 10, avenue de l'Alma, *Paris* (VIII°).

N. Paponaud, constructeur, *Rive-de-Gier* (Loire).

Paul Poncetton, avocat, 1, rue du Lycée, *Saint-Etienne.*

Jean-Baptiste Preynat, ancien juge au Tribunal de Commerce de Saint-Etienne, marchand de nouveautés, 4, rue Michelet, *Saint-Etienne* (*Ex. s.-japon.*)

Ernest Rambaud, ancien notaire, 2, rue des Augustins, *Lyon*. (*Ex. hollande.*)

Eugène Ramel, ancien juge au Tribunal de Commerce de Lyon, rentier, *Lentilly* (Rhône). (*Ex. s.-japon.*)

Alexis Rivolier, président de la Chambre syndicale des fabricants d'armes, 21, rue César-Bertholon *Saint-Etienne*. (*Ex. s.-japon.*)

Joseph Rocher, agent général d'assurances, 13, place Dorian, *Saint-Etienne.*

Barthélemy *ROUSSET*, juge titulaire, en exercice, au Tribunal de Commerce de Saint-Etienne, marchand de fers, 41, rue de la Loire, *Saint-Etienne.*

Jacques-Louis Sablière(1), notaire honoraire, *Saint-Just-sur-Loire* (Loire).

Georges Sablonnière, maroquinier, 83, Grande-Rue, *Villemomble* (Seine). (*2 Ex.*)

Emile Sanial, ancien juge au Tribunal de Commerce de Saint-Etienne, négociant en charbons, 26, rue d'Arcole, *Saint-Etienne.*

Société Générale, Agence de Saint-Etienne, 6, place de l'Hôtel-de-Ville, *Saint-Etienne.*

Michel Soulavie fils ✿, ancien juge au Tribunal de Commerce de Saint-Etienne, fabricant d'ameublements, 17, rue Gambetta, *Saint-Etienne.*

J.-M.-Pascal Tavernier ✳, ancien président du Tribunal de Commerce de St-Etienne, négociant, 12, rue de la Paix, *Saint-Etienne.* (*4 Ex. s.-japon.*)

Joannès Terrat ✿, ancien juge au Tribunal de Commerce de Saint-Etienne, négociant en vins, 16, rue Coraly-Royet, *Saint-Etienne.* (*Ex. s.-japon.*)

Noël Thiollier, notaire, 10, rue du Général-Foy, *Saint-Etienne.*

Jean Trouilleux, représentant de commerce, 1, rue de la Tour-Varan, *Saint-Etienne.* (*Ex. s.-japon.*)

Antoine Vachez ✿, avocat, ancien président de l'Académie de Lyon, 2, place Saint-Jean, *Lyon.*

Augustin *VALANCOGNE*, juge suppléant, en exercice, au Tribunal de Commerce de Saint-Etienne, fabricant de rubans, 8, rue de la République, *Saint-Etienne.*

Charles Valancogne, notaire, 10, rue Mi-Carême, *Saint-Etienne.*

Pétrus Vallat, ancien juge au Tribunal de Commerce de Saint-Etienne, rentier, 4, rue d'Urfé, *Saint-Etienne.*

Joannès Verney ✳, ancien juge au Tribunal de Commerce de Saint-Etienne, fabricant d'armes, 45, rue Gambetta, *Saint-Etienne.*

Adrien *VICAT*, juge suppléant, en exercice, au Tribunal de Commerce de St-Etienne, représentant de bière, 23, rue de la Montat, *Saint-Etienne.*

---

(1) M. Jacques-Louis Sablière, après avoir exercé le notariat à Saint-Chamond, s'était retiré à Saint-Just-sur-Loire, où il est décédé le 29 mai 1908, à l'âge de 49 ans. Sa souscription sera recueillie par sa tante, Mlle Halder.

TABLE

DES REPRODUCTIONS ET PORTRAITS PHOTOCOLLOGRAPHIQUES

PORTRAITS DE MM. LES ANCIENS PRÉSIDENTS

PORTRAITS DE MM. LES ANCIENS JUGES

I

II

III

IV

X

XI

PORTRAITS DE MM. LES MEMBRES DU TRIBUNAL EN EXERCICE PENDANT L'ANNÉE 1908

XII

MM. Etienne Giron, Président du Tribunal;
Mathieu Chataignier, juge titulaire;
Barthélemy Rousset, juge titulaire;
Antoine Gotard, juge suppléant;
Joannès Montmartin, juge suppléant.

XIII

MM. Paul Dumond, 1er juge, Président;
Joseph Corompt, juge titulaire;
Antoine Drevard ✪, juge titulaire;
Paul Ferrier, juge suppléant;
Auguste Valancogne, juge suppléant.

XIV

MM. Pierre Monmillion, 2e juge, Président;
Mathieu Brenier, juge titulaire;
Jean-Léon Chorlier, juge titulaire;
Adrien Vicat, juge suppléant.
Fleury Minaire, juge suppléant;

TABLE DES MATIÈRES

INTRODUCTION

PREMIÈRE PARTIE

Les Juridictions Consulaires avant la Révolution.
La Conservation de Lyon.

DEUXIÈME PARTIE

Les Juridictions consulaires depuis la Révolution. Le Tribunal de Commerce de Saint-Etienne.

PAGES

APPENDICES

Saint-Étienne, Société de l'imprimerie Théolier, J. Thomas et Cie, rue Gérentet, 12.

9 782019 982461